Norddeutscher Lloyd Bremen

Die Entwickelung des Norddeutschen Lloyd Bremen

Norddeutscher Lloyd Bremen

Die Entwickelung des Norddeutschen Lloyd Bremen

ISBN/EAN: 9783954273300
Erscheinungsjahr: 2013
Erscheinungsort: Bremen, Deutschland

© maritimepress in Europäischer Hochschulverlag GmbH & Co. KG, Fahrenheitstr. 1, 28359 Bremen. Alle Rechte beim Verlag und bei den jeweiligen Lizenzgebern.

www.maritimepress.de | office@maritimepress.de

Bei diesem Titel handelt es sich um den Nachdruck eines historischen, lange vergriffenen Buches. Da elektronische Druckvorlagen für diese Titel nicht existieren, musste auf alte Vorlagen zurückgegriffen werden. Hieraus zwangsläufig resultierende Qualitätsverluste bitten wir zu entschuldigen.

Die Entwickelung des Norddeutschen Lloyd Bremen

Wesen und Bedeutung des Norddeutschen Lloyd

müssen nach Gesichtspunkten betrachtet werden, welche in ungewöhnlichem Maße über den Rahmen einer Erwerbsgesellschaft hinausragen. Wohl hat jede Reederei, sobald sie sich überhaupt über den Küstenverkehr des Heimatlandes hinaus erstreckt, Anspruch darauf, als ein völkerverbindendes Glied zu gelten, eine internationale Bedeutung sich beizumessen und im Leben der Nation, welcher sie angehört, einen volkswirtschaftlichen Wert zu beanspruchen. Die Geschichte des Lloyd aber ist mit größerem Maßstabe zu messen. Abgesehen von dem Umfange des Unternehmens, muß vor allen Dingen die Tatsache festgehalten werden, daß der Norddeutsche Lloyd schon zur Zeit seiner Gründung, als es noch kein Deutschland gab, auch die Anzeichen für eine Zusammenschweißung der deutschen Stämme noch nicht vorhanden waren, in seinem Prospekt bereits Ansichten vertrat, Aufgaben sich stellte, welche ihre volle Bedeutung nur dann gewinnen konnten, wenn die nationale Entwicklung Deutschlands sich in dem von den Gründern des Norddeutschen Lloyd erhofften und vorausgesehenen Umfange vollzog. In viel höherem Maße als irgendwo sonst ist die deutsche Reederei, und in erster Linie der Norddeutsche Lloyd, ein integrierender Bestandteil des Volkskörpers. Der Lloyd ist seit seinem Bestehen der volkswirtschaftlichen Entfaltung der deutschen Kräfte nicht etwa nur gefolgt und hat aus dieser Entfaltung für seine eigenen Zwecke den größtmöglichen Nutzen gezogen, sondern er hat vielmehr dieser Entwicklung die Wege geebnet und zum Teil mit Opfern seinerseits nicht nur dem deutschen Handel nach überseeischen Ländern Wege und Straßen geschaffen, sondern auch der deutschen Industrie, dem Schiffbau, den Eisenwalzwerken, allen mit dem Schiffbau zusammenhängenden Gewerbszweigen eine gar nicht hoch genug zu schätzende Förderung angedeihen lassen und ihnen ganz neue Bahnen eröffnet. Sobald eine Befreiung vom englischen Schiffbau überhaupt möglich erschien, sind, ganz abgesehen von den durch die Übernahme der Reichspostlinien gesetzlich bedingten Aufträgen, freiwillige Bestellungen des Norddeutschen Lloyd in großem Umfange bei den deutschen Werften erfolgt, und was mehr ist, der deutsche Schiffbau hat durch diese Bestellungen die direkte Anregung zur Schaffung von Dampfertypen bekommen welche, für die Weltschiffahrt vorbildlich geworden, den deutschen Werften internationale Ruhmestitel verschafft haben. — Es ist ferner ganz besonders zu beachten, welche außerordentlichen Schwierigkeiten der Entwicklung des Lloyd allein durch die Hafen- und Wasserverhältnisse der Weser bereitet wurden. Hier sind von seiten des Lloyd Aufgaben gelöst worden, welche sonst nicht im Rahmen des Betriebes einer Reederei zu liegen pflegen. Auf dem Gebiet der Hafenbauten in Bremerhaven ist es im wesentlichen dem Norddeutschen Lloyd zu danken, wenn infolge seiner Entwicklung Bremerhaven jetzt Einrichtungen aufweist, welche den höchsten Anforderungen des modernen Verkehrs entsprechen, deren Anlegung aber von staatlicher Seite niemals hätte geschehen können oder geschehen wäre, wenn nicht der Betrieb des Lloyd eine nutzbringende Verwertung jener Hafenanlagen teils in Aussicht gestellt, teils sogar garantiert hätte. Der Wunsch, den Hafen Bremen selbst in den Bereich des transozeanischen Verkehrs zu ziehen, hat unter wesentlicher Anteilnahme des

Konsul H. H. Meier.

Lloyd zu den großartigen Arbeiten der Weserkorrektion geführt, nach welcher bereits im Jahre 1894 die argentinischen Dampfer des Norddeutschen Lloyd bis Bremen heraufkommen konnten. Die weitere Verbesserung des Weserfahrwassers oberhalb Bremens, ebenfalls ein Werk, an welchem dem Lloyd ein wesentlicher Anteil zukommt, gibt die Unterlage für die Ausdehnung der Oberweserschiffahrt.

Mit der Veränderung und Ausgestaltung des Hafenbildes in Bremerhaven haben die dem Lloyd gehörenden Anlagen gleichen Schritt gehalten, in erster Linie die Docks und Werkstätten, welche zusammen jährlich fast 3000 Arbeiter beschäftigen. In Bremen selbst hat die ursprünglich kleine Reparaturwerkstatt des Lloyd sich ausgewachsen zur Norddeutschen Maschinen- und Armaturenfabrik (1911 in eine Aktiengesellschaft unter dem Namen „Atlas-Werke" umgewandelt) mit 1600 Arbeitern, in welcher unter anderen alle die sogenannten Fittings nunmehr in Bremen gearbeitet werden, welche bis dahin für den gesamten deutschen Schiffbau fast ausschließlich aus England bezogen werden mußten.

Die Ausdehnung der Betriebe des Lloyd hat im Auslande eine Anzahl großartiger Anlagen zur Notwendigkeit gemacht, durch welche der Lloyd ein wohlberechtigter landansässiger Bürger in Amerika, in Hinterindien, in China, in der Südsee und in Australien geworden ist. — Auf dem Gebiet der Wohlfahrtseinrichtungen hat sich der Ausbau und die Neuschaffung von Wohltätigkeitseinrichtungen in dem Maße vollzogen, wie das Unternehmen selbst gewachsen ist. — Überblickt man die Geschichte des Lloyd am Ende des ersten halben Jahrhunderts seines Bestehens, so lassen sich vier Perioden unterscheiden. Die erste derselben umfaßt die Lehrjahre des Norddeutschen

Die Eröffnung der Dampfschiffs-Verbindung Bremen-New York im Jahre 1847 durch Dampfer „Washington".

Lloyd unter den Direktoren Crüsemann (1857—1869), Stockmeyer und Peters, von denen der erstere bis 1877, der letztere bis 1872 dem Unternehmen vorstand.

Das Charakteristikum in diesen ersten Lehrjahren des Lloyd ist das unter den schwierigen Verhältnissen stets unbeirrt bleibende Vorwärtsstreben, welches in der Verfolgung der bereits im Prospekt niedergelegten Grundsätze mit der Ausdehnung der Betriebe die innere Konsolidierung Hand in Hand gehen läßt. Die zweite große Epoche der Lloydgeschichte umfaßt die Jahre von 1877—1892, die Zeit des Direktors Lohmann. In diese Zeit fällt die Schaffung der gesamten damaligen Schnelldampferflotte des Lloyd, welche die Gesellschaft mit einem Schlage an die Spitze aller transatlantischen Reedereien brachte, und die Über-

Ein Bild von der Weser um 1500.

nahme der Reichspostdampferlinien nach Australien und Ostasien durch Vertrag vom 3./4. Juli 1885. — Die dritte Ära der Lloydgeschichte beginnt mit dem Jahre 1892 und reicht bis zum Jahre 1909. In ihr vollzieht sich unter der Generalleitung von Dr. Heinrich Wiegand im Zusammenwirken mit dem am 1 Oktober 1911 von seinem Amte zurückgetretenen Vorsitzenden des Aufsichtsrats Geo. Plate die gewaltige Entfaltung des Unternehmens, welche, nach innen und außen nach neuen Gesichtspunkten arbeitend, den gegenwärtigen Stand des Lloyd bedingt hat.

In diese Epoche fällt die Umgestaltung der gesamten Lloydflotte durch Aufnahme des Doppelschraubensystems, durch die Schaffung einer Reihe neuer Dampfertypen, durch die außerordentliche Vermehrung der Sicherheitseinrichtungen, sowie durch Modernisierung der Innenausstattung. In diese Epoche fällt ferner die riesige Ausgestaltung des Liniennetzes des Lloyd durch die Aufnahme neuer transatlantischer Linien ebensowohl wie durch die Schaffung eines ungewöhnlich ausgedehnten Netzes von Zweiglinien in Ostasien und in der Südsee. Hand in Hand mit dieser Betriebsausdehnung ging u. a. die Erweiterung der bereits angedeuteten Anlagen an Land, die Schaffung einer Anzahl von Hilfen für den Lloydbetrieb sowohl wie für den Bremer Handel, die Schaffung eigener Industrien in und um Bremen, endlich die Heranziehung einer eigenen Seemannschaft des Lloyd für Offizierkorps und Maschinisten durch die Einstellung der Kadettenschulschiffe und die Einführung von Vorschriften und Kursen für die Seemaschinisten. Die Ausgestaltung der Wohlfahrtskassen ist ebenfalls eine auf sozialpolitischem Gebiet nicht hoch genug anzuschlagende Tat des Norddeutschen Lloyd.

Die Mannigfaltigkeit dieser großen Aufgaben charakterisiert am besten die umfassende, unermüdliche Tätigkeit des Generaldirektors Dr. Wiegand, der Ende März 1909 in Homburg v. d. H., erst 54 Jahre alt, einem Nierenleiden erlag. Seinem Nachfolger, Direktor Philipp Heineken, dem im April desselben Jahres der Vorsitz im Direktorium des Norddeutschen Lloyd übertragen wurde, war es vorbehalten, mit Hilfe seiner Kollegen im Vorstande den Lloyd über die Schwierigkeiten hinwegzuhelfen, welche die von den Vereinigten Staaten von Amerika ausgegangene wirtschaftliche Depression auch dem Norddeutschen Lloyd bereitete. Dank einer außerordentlich vorsichtigen Geschäftsführung und weiser Sparsamkeit auf allen Gebieten des weitverzweigten Unternehmens hat der Lloyd auch diese schwierigen Zeiten überwunden, so daß er in achtunggebietender Größe dasteht und nach wie vor als eine der größten Reedereien am Weltverkehr einen sehr bedeutenden Anteil hat.

DIE GESCHICHTE DES NORDDEUTSCHEN LLOYD IN BREMEN

Gründung und Entwicklungsgang.

Im Jahre 1847 war das erste Dampfschiff von Bremen nach New York abgegangen. Dieser Dampfer trug den Namen „Washington" und gehörte

Erster Lloyd-Direktor Crüsemann.

der unter Mitwirkung des bremischen Staats, benachbarter deutscher Staaten und einflußreicher Deutscher in New York begründeten Ocean Steamship Navigation

Company, der ersten Gesellschaft, welche zwischen dem Kontinent und den Vereinigten Staaten eine regelmäßige Dampferlinie eröffnete.

Zehn Jahre später, nachdem kurz vorher die Ocean Steamship Navigation Company ihren Dienst eingestellt hatte, erfolgte die Gründung des **Norddeutschen Lloyd**. Wenn von dieser und von der Entwicklung der Gesellschaft in den ersten Jahrzehnten ihres Bestehens die Rede ist, wird stets in erster Linie dabei der Name H. H. **Meier** genannt werden müssen, der Name des Mannes, dem man mit Recht die Bezeichnung „Vater des Norddeutschen Lloyd" beigelegt hat. Allerdings ging die erste Initiative zur Begründung des Norddeutschen Lloyd nicht von ihm aus, sondern von dem alsbaldigen ersten Direktor C. E. **Crüsemann**. Dieser hatte sich schon etwa ein Jahr, bevor die Gründung der Gesellschaft zu stande kam, lebhaft mit dem Plane beschäftigt und ihn auch seinem Vater mitgeteilt, der jedoch den Ideen seines damals erst 29 Jahre alten Sohnes ziemlich skeptisch gegenübergestanden haben muß, wie ein der Öffentlichkeit erst beim fünfzigjährigen Jubiläum des Lloyd bekannt gewordener Brief des Sohnes an den Vater zu beweisen scheint. Da die briefliche Erwiderung des jungen **Crüsemann** auf kritische Bemerkungen seines Vaters erkennen läßt, wie sehr der erstere von dem Gelingen seines Planes überzeugt war, so setzen wir sie hierher. **Eduard Crüsemann** schrieb am 9. Mai 1856, also $^3/_4$ Jahre vor der Gründung des Lloyd, an seinen Vater:

„Wie Du selbst zugibst, ist das Projekt des Norddeutschen Lloyd, was Dir vorliegt, keine schlechte Idee. Ein Geschäft, welches mit einem Kapital von drei Millionen Talern auf einem Platze wie Bremen betrieben wird, hat bei umsichtiger Leitung wohl einige Hoffnung auf ein gutes Resultat. Wir schreiten in der Zeit, wo die Kräfte des einzelnen nicht mehr ausreichend sind, immer mehr vorwärts. Ein Platz, der sich von der Assoziation ausschließt, muß zurückbleiben — die Gründung hat mit sehr großen Schwierigkeiten zu kämpfen, und wie sehr ich mich auch in die Sache hineingedacht habe, so verschließe ich nicht so weit die Augen, daß ich behaupte: es kann nicht fehlen.

Du glaubst, daß ich die Absicht habe, das Institut zu gründen und möglichst die hervorragendste Stelle dabei einzunehmen, und schließt daraus, daß infolgedessen die Ausführung unmöglich ist, zumal ich ein unbekannter junger Mensch ohne Erfahrung und eigene Mittel bin. Dein Glaube ist ein unrichtiger, wenngleich Deine Schlußfolgerung richtig sein mag. Ich habe diese Sache für möglich gehalten, weil ich weiß, daß Bremen einen guten Kredit im Auslande hat, da man unseren ersten Kaufleuten viele deutliche Beweise dieses Vertrauens nicht versagt. Ich selbst komme dabei gar nicht in Betracht, ich wollte nur den Impuls in der Hoffnung geben, daß die Realisierung durch gewiegte Köpfe von Ruf würde gesichert werden. Daß meine Idee so weit ging, selbst die dirigierende Stelle für mich zu haben, ist mir am Ende bei dem mir klaren Ziel nicht zu verdenken. Unsre neue

Bank hat einen jungen Mann von 33 Jahren, Disponent aus dem Bankiergeschäft in Braunschweig, von dessen Befähigung eklatante Beweise noch fehlen, zum Direktor erhalten. Die schwächste Seite des Projektes kannst Du dies also nicht nennen. Die Direktoren solcher Institute werden erst nach der Konstituierung gewählt. Hauptsächlich regiert der Verwaltungsrat. Besteht derselbe aus den ersten Kaufleuten, wie bei der Bank, warum soll dann dem Institut nicht dasselbe Vertrauen werden?

Doch das sind Gedanken, die nicht zum Kerne Deiner Zeilen gehören. Ich weiß recht wohl, daß mein Interesse großartigen Plänen gehört, die viel Geld erfordern, was auch im vorliegenden Falle zutrifft. Dieser aufstrebende Geist ist mir aber angeboren, ich kann ihn mir nicht nehmen, aber ihn auf ein Feld hinleiten, wo er Aussicht auf Frucht hat. Denke ich ruhig darüber nach, so finde ich, daß Du Dir viele Mühe gabst, mich zu ändern. — Dein Untergraben meines Selbstvertrauens, indem Du mir Überschätzung meines Wissens, zu hoch Hinauswollen vorwirfst und mir sagst, daß eine glückliche Mittelmäßigkeit mir nicht anstehe, könnte mir eigentlich den Mut benehmen. — Ich bitte Dich, laß mich gewähren — und wenn ich meine Selbständigkeit aufgebe, so denke ich das Glück in der Treue, die ich meiner Sache widmen werde, zu finden — und in dem Verfolgen eines großen nationalen Zieles."

Mehr Entgegenkommen als bei seinem Vater fand Crüsemann bei H. H. Meier, dem er einen fertigen Aufruf zur Gründung des Lloyd vorlegte, die dann im Laufe des Jahres 1856 dank der lebhaften Unterstützung, die H. H. Meier

Hansakoggen auf der Weser.

ihr zu teil werden ließ, gründlich vorbereitet wurde. Am 3. Januar 1857 fand die erste Versammlung des provisorischen Verwaltungsrats statt, welcher aus den Leitern erster Bremer Handelshäuser bestand. Die Hauptbestimmungen des Statuts gingen dahin: „Zweck der Gesellschaft ist, regelmäßige Dampfschiffahrts-Verbindungen mit europäischen und transatlantischen Ländern herzustellen, Fluß- und See-Assekuranzen zu übernehmen, den bisherigen Dampferverkehr für Personen und Güter, sowie für den Schleppdienst von Fluß- und Seeschiffen auf der Weser und deren Nebenflüssen oberhalb und unterhalb Bremens zu erhalten und zu erweitern." Als Grundkapital wurde die Summe von 3 Millionen Talern Gold festgesetzt. Bereits am 20. Februar 1857 konnte die Gründung des Norddeutschen Lloyd als Aktien-nunmehr die Weser-Hunte-Dampf-Schleppschiffahrts-Gesellschaft auf schleppschiffahrts-Gesellschaft auf meine Assekuranz-Anstalt für die bisherigen Aufgaben durch gere- zu lösen". An der Spitze des Ver- H. H Meier, der für die große sein sollte, auf beste vorbe- kaufmännische Erziehung in Vaters genossen und durch land und Amerika die treiben- und Verkehr kennen gelernt. wurde nicht nur in Bremen, Deutschlands die lebhaf- gebracht. Wenn es auch kopfschüttelnde Zweifler bald Respekt vor dem kühn der Bremer Kaufleute be- Geschäfte des Lloyd lag Händen. Neben Meier, gie, seine praktische Ein- gen Kenntnisse und seine den Dienst des neuen stand als erster Direktor Gründer der Gesellschaft, mann, der sich um Lloyd in den folgen- gängliche Verdienste er- Während des ersten Norddeutschen Lloyd Gesellschaft erfolgen, in welche schiffahrts - Gesellschaft, die der Unterweser, die Dampf- der Oberweser und die Allge- Oberweser aufgingen, „um ihre geltes Zusammenwirken besser waltungsrats stand der Konsul Aufgabe, die ihm beschieden reitet war. Er hatte seine dem Reedereigeschäft seines längeren Aufenthalt in Eng- den Kräfte im großen Handel Dem neuen Unternehmen sondern auch in vielen Teilen teste Sympathie entgegen- auf der anderen Seite viele gab, so sollten gerade diese vorwärts strebenden Mute kommen. Die Leitung der von Anfang an in guten der seine starke Ener- sicht, seine vielseiti- große Arbeitskraft in Unternehmens stellte, des Lloyd der ideelle Eduard Crüse- das Gedeihen des den Jahren unver- worben hat. Geschäftsjahres des wurde mit drei kleinen

Der Roland auf dem Marktplatz zu Bremen.

Dampfern, „Adler", „Möve" und „Falke", eine Linie nach England betrieben, ferner wurde ein Schleppdienst auf der Weser eingerichtet, der einige Jahre später nach Hamburg ausgedehnt wurde. Für die Linie nach New York, die sofort in Angriff genommen wurde, waren in England und Schottland vier große Schraubendampfer in Bau gegeben. Die Abfahrt des ersten transatlantischen Dampfers des Norddeutschen Lloyd, „Bremen", von der Weser nach New York war auf den 19. Juni 1858 festgesetzt worden. Einige Tage vorher, am 12. Juni, machte dieser Dampfer seine Probefahrt, die sich zu einer erhebenden patriotischen Feier gestaltete. Der Verwaltungsrat des Lloyd hatte dazu die Mitglieder des Senats und der Handelskammer, sowie verschiedene in näherer Beziehung zu dem Unternehmen stehende Persönlichkeiten eingeladen. Die Gesellschaft begab sich von Bremen aus mit dem Lloyddampfer „Roland" zu dem auf der Reede von Bremerhaven liegenden Schiffe. Die Probefahrt erstreckte sich bis zum Leuchtturm auf dem Hohenwege, und während der Rückfahrt fand in den geschmückten Räumen des in einen behaglichen Speisesaal verwandelten Zwischendecks ein Festmahl statt. Bei dieser Gelegenheit hielt Konsul H. H. Meier eine Ansprache, die auch heute noch bemerkenswert ist, weil sie die leitenden Grundsätze der Männer widerspiegelt, welche das damals so kleine und später so gewaltig anwachsende Unternehmen ins Leben riefen. Konsul Meier sagte in seiner Rede unter anderem:

Bark C. Melchers auf der Weser.

„Wir sind uns der großen Aufgabe und der bedeutenden Schwierigkeit unseres Werkes vollkommen bewußt gewesen, denn es genügt nicht, das Kapital zusammengebracht zu haben, die Schiffe zu bauen, den Betrieb herzustellen und einzurichten, nein, wir müssen dem Kapital auch eine angemessene Rente sichern, sonst hat unser Institut keinen Bestand und kann nicht auf die Dauer segensreich wirken; wir können auf Hilfe aus Staatsmitteln, wie

Salon I. Kajüte eines alten Paketsegelschiffes.

dies bei anderen Instituten dieser Art und zum Teil in sehr bedeutendem Maße der Fall ist, nicht rechnen, sind vielmehr auf unsere eigene Energie, Tätigkeit, Umsicht und eine verständige Sparsamkeit angewiesen, um das Kapital an unser Institut zu fesseln und dasselbe zu immer weiterer Ausdehnung unseres Unternehmens heranzuziehen. Bei unserem bisherigen Streben haben wir diese Faktoren stets ins Auge gefaßt, sie werden uns, so Gott will, zu günstigen Resultaten führen, um so mehr, da die bisherige Erfahrung bereits gezeigt hat, daß die Kombination der verschiedenen Geschäftszweige unseres Instituts eine glückliche war, daß das Ineinandergreifen derselben viele sonst unerreichbare Vorteile mit sich bringt, daß der eine Geschäftszweig reichliche Nahrung für den anderen bietet, und daß sich in den kleinen Zweigen Erfahrung und Kräfte für den großen heranbilden. Und so sind wir denn getrosten Mutes vorangeschritten. In unserem Wappen — einem Anker, der den Bremer Schlüssel kreuzt und den ein Eichenkranz umschließt — sehen Sie unseren Wahlspruch: In dem Anker halten wir die Hoffnung fest, daß der Schlüssel uns die Verkehrswege eröffnen werde, die wir mit deutscher Manneskraft, Ausdauer und Treue festhalten wollen."

Familienzimmer in der I. Kajüte.

Am 19. Juni 1858, nachmittags 6 Uhr, verließ dann der Dampfer „Bremen" die Reede von Bremerhaven zu seiner ersten Ozeanfahrt, die direkt auf New York gerichtet war, mit 100 Tons Frachtgütern, 1 Kajüts-

und 93 Zwischendeckspassagieren. Die Ankunft in New York erfolgte am 4. Juli, morgens 7 Uhr. Interessant mag es sein, einige Notizen aus der Beschreibung des Dampfers kennen zu lernen. Man wird gern damit die modernen Riesendampfer vergleichen. Dampfer „Bremen" hatte eine Länge von 334 Fuß und eine Breite von 42 Fuß über Deck. Die Ladefähigkeit belief sich auf etwa 850 Tons Kohlen und 1000 Tons Güter. Das Schiff war mit einer Maschine von 700 Pferdekräften versehen. Zu beiden Seiten des schönen, geräumigen Salons, den, wie die Beschreibung sagt, die feinsten Möbel und an den Wänden Medaillons mit Ansichten Bremens schmückten, waren die Schlafzimmer der I. Kajüte, welche für je 2—4 Personen eingerichtet waren, und außer den Betten Sofas, Waschtische und verschiedene verschließbare

Erster Lloyddampfer „Bremen" (1858)

Kästen enthielten. Schon damals hatte nicht nur die erste, sondern auch die zweite Kajüte ihr besonderes Rauchzimmer für Herren und ein elegantes Damenzimmer. Ferner besaß das Schiff ein treffliches Piano, zwei Badezimmer und eine Bibliothek. Die erste Kajüte konnte 60 Passagiere, die zweite 110 und das Zwischendeck 401 Personen aufnehmen. Am 30. Juli kam der Dampfer wieder auf der Weser an, nach einer Fahrt von nur $12^{1}/_{4}$ Tagen von New York. Schon während desselben Jahres wurden drei weitere transatlantische Dampfer, „Hudson", „Weser" und „New York", in Fahrt gestellt.

Das Jahr 1859 brachte dem Lloyd eine besondere Erleichterung des Verkehrs. Bis dahin hatte noch keine Bahnverbindung zwischen Bremen und Bremerhaven bestanden. Jetzt war die neue Geestebahn Bremen—Geestemünde vollendet, und fortan wurden die Fahrgäste direkt von Bremen bis nahe an die Dampfer gebracht. Mit seinen vier Dampfern eröffnete der Lloyd nun einen regelmäßigen 14tägigen Dienst nach New York.

Als ein wesentlicher Erfolg war zu verzeichnen, daß die Postverwaltungen in England und in den Vereinigten Staaten bereits im folgenden Jahre dem Lloyd die Beförderung der Post übertrugen, wodurch das junge deutsche Unternehmen den beiden in England bestehenden Gesellschaften, der Cunard- und der Inmanlinie, ebenbürtig an die Seite gestellt wurde.

Trotz mancherlei Mißgeschicke technischer Art, trotz des amerikanischen Bürgerkrieges entwickelte sich der Betrieb des Norddeutschen Lloyd stetig weiter. Ein neuer Dampfer „Amerika" trat am 23. Mai 1863 seine erste Reise nach New York an. Der Dampfer war mit einer Geschwindigkeit von 13 englischen Meilen bei einem täglichen Kohlenverbrauch von 45 Tons einer der schnellsten der damaligen Zeit. Obwohl der Dampfer bei Caird & Co. in Greenock erbaut, war seine Gußstahlwelle deutsches Fabrikat von Krupp in Essen. Das Aktienkapital wurde um eine weitere Million Taler erhöht, und im Jahre 1864 konnte der Bericht des Verwaltungsrats die Verteilung einer Dividende von 10 % vorschlagen. Nachdem im Jahre 1865 der amerikanische Bürgerkrieg zum Abschluß gekommen war, zeigte sich als natürliche Folge ein großer

Das Alt-Bremer Haus (Essighaus).

Aufschwung des Verkehrs mit Amerika und eine bedeutend zunehmende Auswanderung aus Europa dahin. Der Lloyd schloß in diesem Jahre mit einem Überschuß von 569 640 Talern ab und verteilte eine Dividende von 15 %. Personen- und Frachtverkehr nach und von New York nahmen gewaltige Dimensionen an. Am 7. Oktober 1866 wurde der neue Dampfer „Deutschland" in Fahrt gestellt.

Die große Zunahme des Verkehrs zeigte sich darin, daß die bisherigen 14tägigen Fahrten nicht mehr genügten. Im Jahre 1867 trat die wöchentliche Fahrt zwischen Bremen und New York ins Leben, die durch acht große Dampfer vermittelt wurde. Nachdem im Jahre 1866 65 Rundreisen nach New York eine Einnahme von etwa 2½ Millionen Talern geliefert, wurde im Jahre 1867 eine Dividende von 20 % an die Aktionäre verteilt. Von neuem wurde dem Lloyd seitens des Generalpostmeisters der Vereinigten Staaten die Beförderung der Post übertragen.

Diese überaus günstigen Ergebnisse führten die leitenden Männer des Lloyd dem Gedanken näher, den vorhandenen Dampferverbindungen neue Linien hinzuzufügen. Im Frühjahr 1866 wurde die Linie nach **Baltimore** eröffnet, die von Amerika ebenso dringend gewünscht, wie sie von Bremen gefördert worden war. Eine sehr vorteilhafte Übereinkunft, die der Lloyd mit der Baltimore-Ohio-Eisenbahngesellschaft abschloß, erleichterte den Beschluß. Der erste Baltimore-Dampfer: „Baltimore", eröffnete am 1. März 1866 die neue Linie; die Bevölkerung der amerikanischen Stadt feierte die Ankunft des ersten Bremer Dampfers in Baltimore durch ein wahrhaft volkstümliches Fest.

In diese Zeit fiel der Besuch König Wilhelms I. von Preußen, des Oberhauptes des Norddeutschen Bundes, in Bremerhaven. Der König folgte am 15. Juni 1869 der Einladung des Verwaltungsrates zum Besuch des im Hafen liegenden Dampfers „Deutschland". In der Begleitung des Königs befanden sich Prinz Adalbert, der Großherzog von Mecklenburg, Minister von Roon, Graf Bismarck und Graf Moltke. Auf dem Dampfer wurde der König durch eine kurze Ansprache des Konsuls H. H. Meier begrüßt; hierauf wurde die königliche Standarte am Hintermast gehißt und sowohl von der „Deutschland" wie von den anderen im Hafen liegenden Lloyddampfern mit dreiunddreißig Schüssen salutiert.

Im Jahre 1869 richtete der Norddeutsche Lloyd eine 14 tägige Fahrt nach **New Orleans,** dem großen Stapelplatz für Baumwolle und Tabak, ein. Für New Orleans wurde dann im Jahre 1884 **Galveston** als Anlaufhafen gewählt. — Der deutsch-französische Krieg brachte natürlich eine vorübergehende Stockung in dem fortschreitenden Entwicklungsgange. Aber bereits im Herbst 1870 konnte der Betrieb wieder in ziemlich bedeutendem Umfange einsetzen. — Im Jahre 1871 richtete der Lloyd eine Dampferverbindung nach **Westindien** und **Mittelamerika** ein, die er zwar sechs Jahre darauf wieder eingehen ließ, aber im Jahre 1901 durch eine Linie **Bremen-Cuba** wieder aufnahm. — Am 18. Januar 1872 wurde das neue Trockendock des Norddeutschen Lloyd in Bremerhaven durch Docken des Lloyddampfers „Deutschland" eröffnet. In den ersten fünf Monaten wurde das Dock von 15 Dampfern benutzt. Seine ursprüngliche Länge betrug 121 m*). Die folgenden Jahre brachten dem Norddeutschen Lloyd manche Schwierigkeiten. Nach dem wirtschaftlichen Aufschwung, der dem Kriege folgte, hatte sich ein schwerer Rückschlag eingestellt, der natürlich auch den Norddeutschen Lloyd beeinflußte. Leider traten auch Schiffsverluste ein. Trotz aller Schwierigkeiten scheute aber der Lloyd nicht vor neuen Unternehmungen zurück.

---

*) Die eine Hälfte des Docks wurde 1881 um 19 m verlängert. Am 21. September 1881 wurde das 1000. Schiff, Dampfer „Lloyd", im Trockendock gedockt. Die 2000. Dockung wurde am 4. Januar 1900 mit Dampfer „Aller" erreicht.

Am 1. März 1876 wurde eine neue Linie nach **Südamerika** eingerichtet, die zunächst in monatlich einmaliger Fahrt via Antwerpen und Lissabon nach Brasilien und den La Plata-Staaten betrieben wurde. Im Jahre 1878 entschloß man sich zu einer monatlich 2maligen Expedition, wovon die eine via Antwerpen und Lissabon nach **Brasilien** mit den Hafenplätzen Bahia, Rio de Janeiro und Santos, die andere via Antwerpen nach dem **La Plata** mit den Häfen von Montevideo und Buenos Aires ging.

Direktor Lohmann.

Im Jahre 1869 verlor der Lloyd seinen ersten Direktor Crüsemann, von dem der Verwaltungsrat in einem Nachruf sagte: „Die Blüte und das Gedeihen des Norddeutschen Lloyd war sein steter Gedanke, sein rastloses Streben, sein ganzer Ehrgeiz." Die Leitung der Geschäfte wurde von dem bisherigen zweiten Direktor Hermann Peters und Karl Heinrich Stockmeyer übernommen. Peters starb schon drei Jahre später infolge eines Schlaganfalles. Die Direktion wurde nunmehr von Karl Heinrich Stockmeyer allein weiter geführt, der aber gleichfalls nach wenigen Jahren (1877) dahinschied.

Nun galt es, für die Gesamtleitung der Geschäfte eine neue tüchtige Kraft zu gewinnen. Man fand diese in dem bisherigen Mitgliede des Verwaltungsrates, Joh. G. Lohmann. Mit Lohmann kam der richtige Mann an den richtigen Platz, und der Lloyd sollte unter seiner Leitung nach einer Reihe schwieriger Jahre glänzende Fortschritte in seiner Entwicklung machen.

Die neue Periode in der Geschichte des Norddeutschen Lloyd ist durch die Einführung der **Schnelldampfer** charakterisiert, worüber an anderer Stelle des näheren berichtet wird.

In diese neue Periode des Werdens und Gedeihens fiel das **25jährige Jubiläum** der Gesellschaft, das am 20. Februar 1882 festlich begangen wurde. Im Jubiläumsjahre des Norddeutschen Lloyd besaß die Gesellschaft 29 transatlantische Dampfer, 7 Dampfer für die europäische Fahrt, 14 Flußdampfer und 48 Leichterfahrzeuge, im ganzen also 98 Schiffe, die einen Rauminhalt von zusammen 104 500 Registertonnen repräsentierten. Damals war der Norddeutsche Lloyd bereits die viertgrößte Dampfergesellschaft der Erde; er wurde nur übertroffen von der „Peninsular and Oriental Steam Navigation Company" und den beiden französischen Gesellschaften „Compagnie Générale Transatlantique" und „Messageries Maritimes". Die Dampfer des Norddeutschen Lloyd hatten im Jahre 1881 eine Meilenzahl zurückgelegt, welche 23 Mal dem Umfang der Erde gleich war. Auf sämtlichen Schiffen des Norddeutschen Lloyd wurde der Tag als hoher Festtag gefeiert. Den Beamten des Lloyd wurde eine Gratifikation von 10% ihres Jahresgehalts gewährt.

Das Bestreben des Norddeutschen Lloyd, dem Publikum rasche Verkehrsmittel zu bieten, fand auch von seiten des **deutschen Reichspostamts** gebührende Anerkennung, indem dasselbe die deutsche Post, die der Norddeutsche Lloyd bisher nur für seine Sonntags von Bremen abgehenden Dampfer erhalten hatte, der Gesellschaft auch für die Mittwochs von Bremen fahrenden Dampfer überwies. Ebenso benutzte der **Generalpostmeister der Vereinigten Staaten** mehr und mehr die Bremer Schnelldampfer. Es war damals ein besonderer Ruhmestitel des Norddeutschen Lloyd, daß die schnellste Postbeförderung, die bis dahin von New York nach London erreicht worden war, durch den Lloyddampfer „Werra" vermittelt wurde. Die rascheste Reise von Southampton nach New York machte im Jahre 1882 die „Elbe" in acht Tagen einer Stunde, die rascheste Rückreise die „Werra" in sieben Tagen 20 Stunden 15 Minuten.

Außer den Schnelldampfern suchte der Norddeutsche Lloyd gleichzeitig auch andere Typen von Dampfern, welche den gewaltig anwachsenden neuen Verkehr bewältigen sollten, zu beschaffen. In den Dampfern der „Dresden"- und „Gera"-Klasse schuf der Lloyd einen neuen Typ kombinierter Fracht- und Passagierdampfer, welche gleichzeitig umfangreiche Ladungsquantitäten, sowie Kajüts- und Zwischendeckreisende in großer Zahl aufzunehmen vermögen. Ein großer Teil dieser Dampfer hat sich auch als vorzügliches Material für die **Truppentransporte** bewährt.

In das Jahr 1885 fällt der Abschluß des Vertrags des Norddeutschen Lloyd mit dem Reich wegen Einrichtung und Unterhaltung von Postdampferlinien nach **Ostasien und Australien**. Fürst Bismarck hatte bereits am 6. April 1881 dem Reichstag eine Denkschrift überreicht, welche das französische Gesetz, betreffend die staatlichen Unterstützungen der Handelsmarine, enthielt. In dieser Denkschrift wurde die Frage aufgeworfen, ob unter den gegebenen Verhältnissen Deutschlands Schiffahrt und Handel gegenüber der durch staatliche Mittel begünstigten Mitbewerbung anderer Nationen in gedeihlicher Weise sich werde fortentwickeln können, und diese Frage wurde auf Grund einer Statistik über den deutschen Handel in Ostasien und Australien einer ernsten Erwägung unterzogen. Drei Jahre später, am 23. Mai 1884, wurde dem Reichstage der Entwurf eines Gesetzes, betreffend die Verwendung von Geldmitteln aus Reichsfonds zur Errichtung und Unterhaltung von Postdampferlinien mit überseeischen Ländern, vorgelegt. Der erste Paragraph dieses Entwurfs lautete: „Der Reichskanzler wird ermächtigt, die Einrichtung und Unterhaltung von regelmäßigen Postdampferverbindungen zwischen Deutschland einerseits und Ostasien, beziehungsweise Australien

Typischer Salon I. Klasse aller alten Lloyddampfer bis 1882.

andererseits auf eine Dauer bis zu 15 Jahren an geeignete Privatunternehmungen zu übertragen und in den hieraus abzuschließenden Verträgen Beihilfen bis zum Höchstbetrage von jährlich 4 Millionen Mark aus Reichsmitteln zu bewilligen." Aus der dem Entwurf beigefügten Begründung war zu ersehen, wie große Subventionen von den europäischen Regierungen damals den Dampfergesellschaften gewährt wurden. Daraus ging hervor, daß die Aufwendungen für den Seepostdienst bei der großbritannischen Postverwaltung gegen 13 Millionen Mark, bei der französischen Verwaltung rund 20 Millionen Mark, bei der österreichischen Postverwaltung rund 4 Millionen Mark, bei der italienischen Postverwaltung rund 7 Millionen Mark betrugen. Hierzu kamen in Großbritannien noch die sehr erheblichen Subventionsbeträge aus Fonds der Kolonialregierungen und in Frankreich die Schiffahrtsprämien, welche aus Staatsmitteln den nichtsubventionierten Dampfern bezahlt wurden. Ferner wurde darauf hingewiesen, daß die deutschen Dampfschiffahrtslinien, welche deutsche Reeder nach asiatischen, australischen und afrikanischen Verkehrshäfen hergestellt hätten, hauptsächlich auf das Frachtgeschäft gerichtet seien; die Dampfer besäßen keine große Fahrgeschwindigkeit und es würde kein Wert darauf gelegt, pünktliche fahrplanmäßige Überfahrtszeiten einzuhalten; wegen dieser Unregelmäßigkeit und langen Dauer der Fahrten deutscher Dampfer nach Ostasien und Australien sei die Reichspostverwaltung gezwungen, sich der Vermittelung fremdländischer Dampferlinien zuzuwenden; das Fehlen deutscher Dampfschiffahrtslinien mit regelmäßigem Fahrplan, beschleunigter Fahrtdauer und bestimmten, auf jeder Fahrt einzuhaltenden Zwischenstationen mache sich für die Verbindung mit Ostasien und Australien um so empfindlicher fühlbar, je mehr der Postverkehr zwischen Deutschland und den betreffenden Ländern im Laufe der Jahre an Umfang und Bedeutung zugenommen habe. Sodann wurde darauf hingewiesen, daß die unmittelbaren Beziehungen zwischen Deutschland, Ostasien und Australien stetig an Ausdehnung gewonnen hätten. Die Herstellung direkter deutscher Postdampferlinien mit China, Japan und Australien würde von wesentlichem Nutzen für die Erweiterung des Absatzmarktes für deutsche Erzeugnisse in den überseeischen Ländern sein. Auch für die Zwecke der kaiserlichen Marine würde eine Subvention deutscher Linien nach dem Osten von großer Bedeutung sein, nicht nur wegen der unmittelbaren Besorgung des Postdienstes im Verkehr mit den deutschen Marinestationen, sondern auch besonders wegen der Beförderung der Marineablösungsmannschaften und sonstiger Militärtransporte. Der Entwurf eines Gesetzes, betreffend die Verbindung mit überseeischen Ländern, wurde am 20. November 1884 vom Reichskanzler dem Reichstage von neuem vorgelegt, bis schließlich im Jahre 1885 das Gesetz nach langen Beratungen zustande kam. Die Submissionsausschreiben für die Reichspostdampferlinien wurden an eine Anzahl Hamburger und zwei Bremer Firmen abgesandt. **Den Zuschlag erhielt der Norddeutsche Lloyd.** Die Generalversammlung des Lloyd beschloß die Aufnahme einer neuen Anleihe von 15 Millionen Mark. Kurz darauf wurde dieser Betrag auf 20 Millionen Mark erhöht. Der Norddeutsche Lloyd begann sofort die vielseitigen und umfassenden Vorarbeiten, welche die Gründung der neuen Linien erforderte. Die neuen Reichspostdampferlinien, welche der Vertrag des Reiches mit dem Norddeutschen Lloyd bedingte, waren folgende: eine Hauptlinie nach China mit den Anschlußlinien nach Japan und Korea, eine Hauptlinie nach dem australischen Festlande mit den Anschlußlinien nach den Samoa- und Tongainseln, eine Zweiglinie von Triest über Brindisi nach Alexandrien. Direktor Lohmann ging auf eine Informationsreise nach Italien und Ägypten, um die in Frage kommenden Häfen zu besuchen.

Unterdessen war eine große deutsche Werft fieberhaft damit beschäftigt, für die neuen deutschen Linien neue Dampfer zu schaffen. Wir sagen eine „deutsche" Werft, denn eine sehr bedeutsame Bestimmung des neuen

Gesetzes verlangte, daß das gesamte neu zu beschaffende Dampfermaterial ausschließlich auf deutschen Werften und aus deutschem Material gebaut werden müsse. Bei der Stettiner Maschinenbauaktiengesellschaft Vulkan waren die drei Schwesterschiffe „Preußen", „Sachsen" und „Bayern" in Auftrag gegeben worden, die bei 3600 Tons Tragfähigkeit eine Geschwindigkeit von 14 Knoten erhalten sollten, ferner die etwa halb so großen Dampfer der Anschlußlinien „Stettin", „Lübeck" und „Danzig", welche eine Tragfähigkeit von etwa 1500 Tons besitzen und $12^1/_2$ Seemeilen in der Stunde zurücklegen sollten. Hierzu kam

Lloyddampfer „Hudson" (1858).

noch der Umbau einiger anderer Postdampfer des Norddeutschen Lloyd, welche für den Dienst der neuen Linien einzurichten waren. Im besonderen wurde hierbei darauf Rücksicht genommen, daß diese Dampfer für Tropenfahrten geeignet sein mußten.

So rasch wurden alle Vorbereitungen getroffen, daß bereits am 30. Juni 1886 die Reichspostdampferlinie nach Ostasien durch den Dampfer „Oder" eröffnet werden konnte. Der Tag gestaltete sich zu einer patriotischen Feier, zu welcher Vertreter der obersten Reichs- und bremischen Staatsbehörden, der chinesische Gesandte in Berlin und zahlreiche Mitglieder des Bundesrats und des Reichstags erschienen. — Die neue Reichspostdampferlinie nach Australen wurde am 14. Juli 1886 durch den Dampfer „Salier" eröffnet.

Am 21. April 1890 folgte S. M. Kaiser Wilhelm II. einer Einladung des Bremer Senats und besichtigte bei dieser Gelegenheit das Trockendock und die sonstigen Schiffs- und Maschinenbauanstalten des Norddeutschen Lloyd in Bremerhaven. Am nächsten Tage begab sich der Kaiser mit seinem Gefolge an Bord des Lloyddampfers „Lahn", welcher hierauf die Fahrt nach der Jademündung antrat. Die „Lahn" hißte die Kaiserflagge. Kurz vor Wilhelmshaven nahm der Kaiser von der Kommandobrücke der „Lahn" aus eine Flottenparade über die Panzerschiffe „Deutschland", „Preußen", „Friedrich der Große" und „Irene" ab.

Auch das letzte Jahrzehnt des 19. Jahrhunderts stand im Zeichen andauernder Entwicklung des bereits zu hohem Ansehen emporgeblühten Instituts. Es begann 1890 mit der weiteren Ausdehnung des Verkehrs mit New York durch die Errichtung einer Schnelldampferlinie Genua—Gibraltar—New York, die eine außerordentlich bequeme Verbindung für den Reiseverkehr zwischen Amerika und Italien, der Schweiz, Süddeutschland usw. darstellte. Auch der Verkehr mit Südamerika erfuhr eine wesentliche Steigerung. Die Dampfer nach Brasilien wurden alle 14 Tage expediert.

Von besonderer Wichtigkeit war eine postalische Neuerung im Frühjahr 1891. Um diese Zeit wurde für die Beförderung der Post zwischen Bremerhaven bezw. Hamburg einerseits und New York andererseits ein Seepostdienst auf den Schnellpostdampfern des Lloyd und der Hamburg-Amerikanischen-Paketfahrt-Aktiengesellschaft eingerichtet. Es war der Generalpostmeister Stephan, dem die Anregung zu diesem bedeutenden Fortschritt zu verdanken ist, auf welche die amerikanische Postverwaltung bereitwillig einging. (Über die Entwicklung der Seepost vergl. den besonderen Artikel.)

Einen schweren Verlust erlitt der Norddeutsche Lloyd durch den plötzlichen Tod des Direktors Lohmann, der am 9. Februar 1892 erfolgte. In weiten Kreisen wurde das Dahinscheiden dieses bedeutenden Mannes schmerzlich empfunden. Kaiser Wilhelm sandte ein Telegramm an den Norddeutschen Lloyd, in welchem es u. a. heißt: „Möge der Lloyd auch ferner die hohe Stellung behalten und die erhabenen Ziele verfolgen, welchen Lohmann ihn entgegenzuführen bestrebt war."

* * *

Zum Nachfolger Lohmanns wurde auf Veranlassung des im Jahre 1892 zum Präsidenten des Norddeutschen Lloyd gewählten Geo. Plate der damalige Rechtskonsulent des Norddeutschen Lloyd Dr. Heinrich Wiegand gewählt. Unter der Ära Plate-Wiegand hat sich der Norddeutsche Lloyd neben der Hamburg-Amerika-Linie zu einem der bedeutendsten und angesehensten Verkehrsinstitute der Welt entwickelt. In vielen Dingen, besonders auf dem Gebiete des Schiffbaues, ist der Norddeutsche Lloyd bahnbrechend vorgegangen, und durch das Prinzip der Solidität, das er von Anfang an im Auge behalten hat, hat er sich eine Stellung im Weltverkehr erworben, um die ihn das Ausland nicht ohne Grund beneidet.

Von Anfang an hat die Leitung des Norddeutschen Lloyd es als eine Aufgabe von höchster Bedeutung angesehen, das schwimmende Material nicht nur den Anforderungen der Zeit entsprechend zu gestalten, sondern auch den jeweiligen Bedürfnissen der verschiedenen Linien anzupassen. Seit dem Jahre 1892 ist die Flotte des Norddeutschen Lloyd einer umfassenden Reorganisation unterzogen worden. Ältere, nicht mehr zeitgemäße Schiffe wurden allmählich verkauft und an ihre Stelle traten neue, moderne Fahrzeuge, die mit allen Erfindungen der Neuzeit ausgestattet wurden. Speziell wurde bei den Passagierdampfern, in erster Linie den Schnelldampfern, den Dampfern der Barbarossa-Klasse und den im Reichspostdienst zu verwendenden Dampfern besonderer Wert darauf gelegt, die Einrichtungen für die Passagiere so vollkommen und komfortabel wie möglich zu gestalten, daß sie in jeder Weise den Anforderungen der Passagiere entsprechen mußten.

Lloyddampfer „Oder" (1874).

Über die hauptsächlichsten Typen der Lloydflotte, wie sie sich im Laufe der Jahre entwickelt haben, orientiert ein besonderer Abschnitt dieses Heftes.

Als die neuen Männer an die Spitze des Norddeutschen Lloyd traten, bedrohte ein schwerer Tarifkampf der transatlantischen Linien mit äußerst gedrückten Fracht- und Passagepreisen die Rentabilität des Geschäfts. Aber dank der Umsicht und Tatkraft der leitenden Männer konnte der Lloyd ihn ohne großen Schaden überstehen. Jener Kampf zeitigte das bekannte Abkommen zwischen den an dem Passagierverkehr nach Nordamerika beteiligten Dampfschiffahrtsgesellschaften, der Hamburg-Amerika-Linie, der Red Star Line, der Holland-Amerika-Linie und dem Norddeutschen Lloyd, wonach jeder der genannten Gesellschaften ein bestimmter Anteil an dem Zwischendecks-Passagiergeschäft gesichert wird. Durch diese Vereinigung der Linien, den „nordatlantischen Dampferlinienverband", hoffte man die Passagepreise auf normaler Höhe halten zu können.

Nächst dieser Angelegenheit waren die ersten Bemühungen der neuen Leitung des Lloyd darauf gerichtet, die bis dahin trotz stetiger Weiterentwickelung mit teilweise erheblichem Verluste arbeitenden **Reichspostdampferlinien** gewinnbringend zu gestalten. Der Vorstand sah es daher als eine seiner wichtigsten Aufgaben an, die Reichspostdampferlinien so umzugestalten, daß man für das in diesen Linien beschäftigte Kapital weiterhin auf befriedigende Verzinsung rechnen konnte. Die der Reichsregierung unterbreiteten Vorschläge gingen dahin, die Mittelmeerlinie unter Wegfall der dafür vereinbarten Subvention aufzuheben, den Dampfern der Hauptlinien zu gestatten, die Post in Neapel aufzunehmen und zu landen, für das Anlaufen von Neapel die dem Norddeutschen Lloyd zu zahlende Subvention um 100 000 Mark pro Jahr zu erhöhen und endlich an Stelle der vierwöchentlichen Samoalinie eine achtwöchentliche Verbindung von Singapore über Batavia nach Neu-Guinea zu setzen, unter gleichzeitiger Ermäßigung der Fahrgeschwindigkeit von $11^1/_2$ auf 9 Meilen für diese Zweiglinie. Diese Vorschläge fanden die Zustimmung der Reichsregierung. Man stellte ferner in die Linien Dampfer ein, welche genügend Laderaum hatten, um den an die Dampfer dieser Strecke gestellten Anforderungen entsprechen zu können. Schon der Bericht des folgenden Jahres konnte melden, daß infolge der neuen Vorkehrungen ein Betriebsüberschuß von 1 184 000 Mark erzielt worden war.

Einen gewaltigen Fortschritt machten die Reichspostdampferlinien im Jahre 1900 dadurch, daß der Norddeutsche Lloyd statt der bisherigen vierwöchentlichen Fahrten nach Ostasien **vierzehntägige Expeditionen** einführte. Die Subvention wurde erhöht, und der Lloyd verpflichtete sich, die vierzehntägigen Expeditionen mit erstklassigen Postdampfern und mit einer Fahrgeschwindigkeit von $13^1/_2$ Meilen für die neu einzustellenden Schiffe einzurichten. Während die Verhandlungen mit der Reichsregierung schwebten, hatte die **Hamburg-Amerika-Linie** sich entschlossen, auch ihrerseits die Verbindung zwischen Deutschland und dem fernen Osten aufzunehmen, wozu die Erwerbung von Kiautschou und die sich daran knüpfenden Hoffnungen der deutschen Geschäftswelt auf schnelle Weiterentwickelung unserer Verkehrsbeziehungen zu China die erste Veranlassung gegeben haben werden. Der Norddeutsche Lloyd verständigte sich mit der Hamburg-Amerika-Linie dahin, daß dieselbe eine Anzahl Postdampfer in den in der Leitung des Norddeutschen Lloyd verbleibenden ostasiatischen Reichspostdampferdienst einstelle. Gleichzeitig verständigte sich der Lloyd mit der Hamburg-Amerika-Linie wegen Betreibung eines gemeinschaftlichen **Frachtdampferdienstes** nach dem Osten, zu welchem Zwecke von beiden Gesellschaften die Dampfer der Deutschen Dampfschiffs-Reederei (Kingsin-Linie) angekauft wurden. Im Jahre 1902 wurde das Vertragsverhältnis aber bereits wieder aufgelöst. Seither betreibt der Lloyd wieder allein den Reichspostdampferdienst, während die Frachtdampferlinie ausschließlich der Hamburg-Amerika-Linie verblieben ist.

Die Eröffnung des vierzehntägigen Dienstes nach Ostasien erfolgte am 4. Oktober 1899 durch den neuen Reichspostdampfer „König Albert", dem vor der Abfahrt die hohe Ehre der Besichtigung seitens des Königs und der Königin von Sachsen zu teil wurde. Mit der Reise des Dampfers „König Albert" begann eine wesentliche Änderung des Reichspostdampferdienstes nach Ostasien, indem der Lloyd die Zweiglinie Hongkong—Yokohama eingehen und die Dampfer nunmehr über Shanghai nach den japanischen Häfen weiter fahren und von dort in der nämlichen Weise zurückkehren ließ.

Von größter Wichtigkeit für eine weitere Entwickelung der Reichspostdampferlinie war eine Informationsreise, welche der Generaldirektor des Norddeutschen Lloyd, Dr. Wiegand, im Herbst 1898 nach Ostasien unternahm. Während die kommerziellen und industriellen Bestrebungen Deutschlands schon längst in eine geregelte und erfolgreiche Verbindung mit Siam, China und

Schnelldampfer „Eider" (1884).

Japan gebracht worden waren, wurde jetzt an die Hauptlinie ein umfangreiches Netz kleinerer Nebenlinien angeknüpft, das fast den gesamten Dienst an den Küsten Hinterindiens und Südchinas beherrscht. Diese Linien waren vorher in englischen Händen und standen durchaus unter englischem Einfluß; indem eine deutsche Schiffahrtsgesellschaft sie ankaufte, wurden sie in deutsche Linien umgewandelt und gliederten sich naturgemäß eng an die deutsche Reichspostdampferlinie an. Dr. Wiegand erkannte an Ort und Stelle die Notwendigkeit, den Handel an der indischen und südchinesischen Küste unter deutschen Einfluß zu bringen, und als den wirksamsten Weg zur Erreichung dieses Zieles die Erwerbung der beiden Linien, welche bisher den größten Teil des Passagier- und Frachtverkehrs an den Küsten von Hinterindien und Südchina besorgt hatten. Es waren dies die Scottish Oriental Steamship Company und die East Indian Ocean Steamship Company, kurz die Holtline genannt. Durch den Ankauf dieser Linien im Frühjahr des Jahres 1900 vergrößerte sich die ostasiatische Küstenflotte des

Norddeutschen Lloyd, die bisher nur aus dem einen auf der Fahrt zwischen Deli und Singapore beschäftigten Dampfer „Sumatra" bestanden hatte, auf 26 Dampfer mit 35 145 Brutto-Register-Tonnen. Der Lloyd blieb indessen bei dieser starken Vergrößerung seiner Flotte keineswegs stehen, sondern setzte sofort ihren weiteren Ausbau ins Werk. Neun Dampfer (mit gegen 14 000 Registertonnen) wurden bei mehreren Werften in Auftrag gegeben, eine Reihe weiterer Dampfer angekauft und auf mehreren der Dampfer gründliche Umbauten vorgenommen.

Die Vermehrung der Flotte war deswegen eine unbedingte Notwendigkeit, weil der Lloyd nicht etwa den Dienst der beiden englischen Gesellschaften einfach fortzuführen gedachte, sondern weil er das bestehende Liniennetz nach jeder Seite auszudehnen, auszubauen und für die deutschen Interessen fruchtbar zu machen suchte. Wie groß die Fortschritte sind, die hier in überraschend kurzer Zeit gemacht wurden, zeigt ein Blick auf die Karte. Bei Übernahme der Dampfer der beiden englischen Gesellschaften im Januar 1900 waren folgende Linien in Betrieb: Singapore—Bangkok, Singapore—Labuan (Nordwest-Borneo), Bangkok—Swatow—Hongkong, ferner die bisher von dem Norddeutschen Lloyd unterhaltene Linie Singapore—Deli. Im Laufe des Jahres 1900 sind neu hinzugekommen die Verbindungen: Penang—Deli, Singapore—Asahan, Labuan—Sulu, Singapore—Labuan—Manila, Singapore—Sandakan (Nordost-Borneo), Singapore—Palembang (Nordost-Sumatra), Singapore—Pontianak (Süd-Borneo).

Mit Rücksicht auf den neu eingerichteten Dienst und dessen täglich wachsende Ausdehnung hat der Norddeutsche Lloyd eine eigene Inspektion in Hongkong errichtet.

Durch den Erwerb der Flotten der genannten Gesellschaften und den sich daran anschließenden Ausbau der Küstenschiffahrt des Norddeutschen Lloyd in den hinterindischen Gewässern dominierte damals die deutsche Flagge vollständig in Singapore und Bangkok.

Auch die chinesische Küstenschiffahrt hat sich seit der Informationsreise Dr. Wiegands ebenso wie die ostindische kräftig entwickelt. Im Herbst des Jahres 1899 richtete der Norddeutsche Lloyd gemeinsam mit der Firma Melchers & Co. in Shanghai eine Fahrt zwischen Swatow—Chingkiang und Hankow ein, die mit zwei Dampfern betrieben wurde. Einen viel größeren Umfang hat die eigentliche Yangtse-Dampfschiffahrt genommen. Der Norddeutsche Lloyd hat die Fahrt, die er im Jahre 1899 auf dem Yangtse bis Hankow eingerichtet hatte, schon im nächsten Jahre zusammen mit der Bremer Firma Rickmers nach Chungking am oberen Yangtse ausgedehnt dergestalt, daß seither regelmäßig auf dem unteren Yangtse bis Hankow in zweimal wöchentlichem Dienst der Norddeutsche Lloyd drei Dampfer und die Firma Rickmers zwei Dampfer, auf dem mittleren Yangtse von Hankow bis Ichang in vierzehntägigem Dienst der Norddeutsche Lloyd einen Dampfer, und auf dem oberen Yangtse von Ichang bis Chunking die Firma Rickmers in vierwöchentlichem Dienst einen Dampfer verkehren ließen.

Schnelldampfer „Lahn".
Speisesaal I. Klasse mit dem Blick in den Lichtschacht.

Im Jahre 1901 hat die Hamburg-Amerika-Linie die Dampfer der Firma Rickmers angekauft und von da ab den Dienst auf dem Yangtse gemeinsam mit dem Norddeutschen Lloyd fortgesetzt. Die Einrichtung der Fahrten der deutschen Dampfer hat die Etablierung mehrerer deutscher Niederlassungen in Chunking, Wuhu, Ichang, Nanking, Chinkiang und Thungking zur Folge gehabt. — Innerhalb Jahresfrist hat sich die Küstenschiffahrt des Norddeutschen Lloyd in den ostindischen und chinesischen Gewässern annähernd verdoppelt: während die Zahl der Dampfer am Anfang des Jahres 1900 26 betrug, ist sie im Jahre 1901 einschließlich der Neubauten auf 45 (mit 63543 Brutto-Register-Tonnen) gestiegen. Im Jahre 1908 waren es 52 Küstendampfer mit 75676 Brutto-Register-Tonnen und folgende 13 Linien: Penang—Belawan (Deli), Singapore—Belawan (Deli)—Asahan, Singapore—Bangkok, Singapore—Britisch-Nord-Borneo, Singapore—Celebes—Molukken, Singapore—Südphilippinen, Hongkong—Bangkok, Hongkong—Singapore—Bangkok, Hongkong—Swatow—Singapore—Bangkok, Hongkong—Amoy—Swatow—Straits—Bangkok, Hongkong—Hoihow—Singapore—Bangkok, Hongkong—Kudat—Sandakan, Shanghai—Hankow. — Die zwei größten und wichtigsten Handelsgebiete Deutschlands im Osten, das hinterindisch-siamesische einerseits, das Yangtse-Gebiet andererseits, sind der deutschen Schiffahrt im weitesten Umfange gewonnen und der Grund für eine hoffnungsvolle Weiterentwicklung des deutschen Handels in Ostasien gelegt.

Im Herbst 1904 nahm der Norddeutsche Lloyd an der Zweiglinie der ostasiatischen Reichspostdampferlinie die wichtige Neuerung vor, indem er die Dampfer nicht mehr von Singapore über Batavia, Makassar, Samarang, Friedrich-Wilhelmshafen, Herbertshöhe, Matupi, Townsville, Brisbane nach Sydney fahren ließ, sondern von Sydney über Neu-Guinea nach Hongkong und Yokohama. Ein Jahr später erhielt die Linie den Namen **Austral-Japan-Linie;** als japanischer Endpunkt wurde Kobe bestimmt. Die Anlaufhäfen der Linie sind jetzt der Reihe nach folgende: Sydney, Brisbane, Rabaul, Friedrich-Wilhelmshafen, Maron, Yap, Angaur, Manila, Hongkong, Kobe, Yokohama und auf der Rückreise: Yokohama, Hongkong, Manila und weiter wie auf der Ausreise. In Sydney hat die Linie Anschluß an die australische, in Hongkong an die ostasiatische Reichspostdampferlinie des Norddeutschen Lloyd. In Rabaul ist durch Anlage von Pierbauten und Lagerschuppen eine Zentrale für das Neu-Guinea-Gebiet geschaffen worden, von welcher mittels des Dampfers „Sumatra" der Verkehr mit den umliegenden Inselgruppen unterhalten wird. Dieser vierwöchentliche Dienst mit den Dampfern „Prinz Sigismund", „Prinz Waldemar" und „Coblenz" hat sich für die deutschen Kolonien in Neu-Guinea infolge der durch sie sowohl nach Ostasien wie nach Australien hergestellten Verbindung als sehr nutzbringend erwiesen, während die verhältnismäßig hohen Betriebskosten dieser Linie dem Lloyd eine genügende Rentabilität nicht ermöglichten. In Rücksicht hierauf, sowie um sich in den Stand zu setzen, die in dem Gebiete der Kolonie allgemein als dringend notwendig bezeichnete Wiederherstellung der Verbindung zwischen dem Neu-Guinea-Gebiet und Singapore zur Ausführung zu bringen, beantragte der Norddeutsche Lloyd bei der deutschen Reichsregierung eine Erhöhung der für die Verbindung des Neu-Guinea-Gebiets mit dem ostasiatischen und australischen Festlande zurzeit bestehenden Subvention um weitere 500000 Mark. Aus Sparsamkeitsrücksichten lehnte jedoch der Reichstag den Antrag in dieser Form ab und bewilligte im Frühjahr 1908 nur die Summe von 230000 Mark für die Einbeziehung der Insel Yap in die Austral-Japan-Linie. Der Verkehr zwischen der Insel Yap und den auf der dortigen Reede ankommenden Dampfern wird zurzeit durch eine im Hafen von Yap stationierte Barkasse unterhalten. Im Februar 1909 brachte die Regierung die Vorlage wegen Wiedereinrichtung der **Singapore-Neu-Guinea-Linie** von neuem ein. Der Reichstag bewilligte die Forderung von 270000 Mark, wogegen der Norddeutsche Lloyd sich verpflichtete, alle acht Wochen im Anschluß an die ausgehenden und heimkehrenden ostasiatischen Reichspostdampfer einen Dampfer zu expedieren. Der Dienst wird von dem Dampfer „Manila" versehen, der folgende Häfen berührt: ausgehend von Singapore: Batavia, Makassar, Amboina, Banda, Eitape-Reede, Berlinhafen (Seleo), Potsdamhafen, Friedrich-Wilhelmshafen, Erimahafen (Stephansort), Finschhafen, Rabaul und zurück über Morobe (Adolfhafen), Finschhafen, Erimahafen (Stephansort), Friedrich-Wilhelmshafen, Eitape-Reede, Makassar nach Singapore. Die Linie wurde am 4. April 1909 wieder eröffnet. — Ferner eröffnete der Norddeutsche Lloyd im Oktober 1905 zur Erweiterung seines australischen Dienstes eine **Frachtdampferlinie** nach **Niederländisch-Indien** und **Australien,** durch welche in Verbindung mit der Reichspostdampferlinie der Dampferverkehr des Norddeutschen Lloyd zwischen deutschen Häfen und Australien zu einem 14tägigen ausgestaltet wurde. Die Dampfer gingen ursprünglich von Bremerhaven über Amsterdam,

Agentur des Norddeutschen Lloyd in New-York.

Antwerpen, Genua, durch den Suezkanal nach Padang (Sumatra), Batavia, Soerabaya, von dort durch die Torresstraße nach der Ostküste Australiens: nach Townsville, Brisbane, Sydney und auf der Rückreise über Melbourne und dann über sämtliche auf der Ausreise angelaufenen Häfen. Dieser Dienst wird von folgenden sechs Dampfern versehen: „Franken", „Hessen", „Schwaben", „Westfalen", „Lothringen" und „Thüringen" Im Laufe des Jahres 1912 werden vier weitere neue Dampfer in diesen Dienst eingestellt, zunächst die Dampfer „Rheinland" und „Elsaß", mit je ca. 11 000 Tonnen Tragfähigkeit. Seit Juli 1907 werden die Dampfer dieser Linie nicht mehr durch den Suezkanal über Niederländisch-Indien, sondern um das Kap der guten Hoffnung direkt nach Australien geleitet. Während der Wollsaison kehren die Schiffe, ohne Niederländisch-Indien anzulaufen, durch den Suezkanal zurück.

Während die erfolgreiche Entwickelung des Reichspostdampferdienstes die volle Aufmerksamkeit der Leiter des Norddeutschen Lloyd in Anspruch nahm, ließ man keineswegs die anderen Linien aus dem Auge und suchte jede zu erweitern und zu vervollkommnen. So wurde im Jahre 1893 eine **neue Linie zwischen Bremen und New York** eröffnet, welche in erster Linie für den Frachtverkehr bestimmt war und den Namen **Rolandlinie** erhielt nach dem bekannten Wahrzeichen Bremens auf dem dortigen Marktplatz. Der Betrieb der Linie Genua—New York wurde durch Einstellung neuer Dampfer umfangreicher gestaltet.

Lloyd-Wartehalle in Bremerhaven.

Auf der Linie nach Brasilien wurden von 1890 an monatlich zwei Expeditionen angesetzt und die ebenfalls 14tägige Verbindung nach dem La Plata über Antwerpen, Coruña und Vigo wurde 1893 dahin abgeändert, daß jeder zweite Dampfer außerdem Southampton anlaufen sollte. In die La Plata-Fahrt wurde neben den Dampfern „Pfalz" und „Mark" der Doppelschraubendampfer „H. H. Meier" eingestellt und für die Brasilfahrt die „Crefeld"-Klasse mit vier Dampfern gebaut. Ferner wurde 1895 für Herstellung einer Verbindung mit den südbrasilianischen Häfen der Dampfer „Möwe" zwischen den Häfen Rio, Santos, Paranagua, São Francisco, Desterro und Rio Grande versuchsweise in den Dienst eingestellt. Nachdem infolge der Anregungen des Generaldirektors des Norddeutschen Lloyd, Dr. Wiegand, der 1894/95 eine fünfmonatliche Reise nach Südamerika unternommen hatte, das „von der Heydtsche Reskript" abgeändert worden war, rief der Norddeutsche Lloyd gemeinsam mit der Hamburg-Südamerikanischen Dampfschiffahrts-Gesellschaft die Hanseatische Kolonisations-Gesellschaft ins Leben, deren Gründung, die Kolonie „Hansa" im brasilianischen Staate Santa Catharina, eine der größten und aussichtsreichsten Siedlungen Südamerikas bildet. Die letzten Jahre haben ein weiteres Anwachsen des Verkehrs nach Südamerika

Lloyd-Agentur in Bremerhaven.

mit sich gebracht. Die gegenwärtigen Linien des Lloyd dorthin umfassen erstens: einen Doppelverkehr nach Brasilien in 14tägigen Zwischenräumen, so zwar, daß der erste Dampfer von Bremen über Antwerpen, Leixões-Oporto, Lissabon nach Pernambuco, Rio und Santos, der darauffolgende Dampfer über dieselben Zwischenhäfen nach Bahia, Rio und Santos geht. Demnach ist mit Rio und Santos eine 14tägige, mit Pernambuco und Bahia eine vierwöchentliche Verbindung hergestellt. Die erstgenannten Dampfer laufen außerdem São Francisco do Sul, und zwar auf dem Wege von Rio nach Santos an. Das Anlaufen dieses Hafens geschieht, um eine ständige Verbindung mit den deutschen Kolonien in Brasilien zu unterhalten. Die brasilianischen Linien werden betrieben durch die Dampfer der „Crefeld"-Klasse, welche durch die Dampfer der „Würzburg"-Klasse mit einem Tonnengehalt von etwa 4000 Brutto-Reg.-Tonnen ergänzt werden. Die Linie Bremen—La Plata wird ebenfalls in 14tägigen Zwischenräumen betrieben. Sie geht von Bremen über Antwerpen und einen spanischen Hafen (Coruña, Villagarcia oder Vigo) nach Montevideo und Buenos Aires. Bei großem Frachtangebot werden auch Zwischendampfer nach dem La Plata expediert. Für den La Plata-Verkehr wurden im Jahre 1907 fünf neue Dampfer von ca. 3500—4200 Brutto-Reg.-Tonnen („Schlesien", „Göttingen", „Greifswald", „Gotha" und „Gießen") gebaut und in

Schnelldampfer „Ems" (1884).

Dienst gestellt. Später sind auch die neuen Dampfer „Coburg", „Eisenach" und „Holstein" in diese Linie eingestellt worden, denen demnächst vier weitere neue Passagier- und Frachtdampfer, die Dampfer der sogen. „Sierraklasse", folgen werden. — Die Zunahme des Passagierverkehrs nach dem Mittelmeer und im Mittelmeer hat im Laufe des letzten Jahrzehnts zu bedeutungsvollen Erweiterungen des Dienstes daselbst geführt, so daß der Norddeutsche Lloyd einschließlich der beiden Reichspostdampferlinien zurzeit nicht weniger als sechs eigene Linien im Mittelmeer unterhält, die im Laufe der Jahre allerdings vielfachen Abänderungen unterworfen gewesen sind. Dafür waren nicht allein die Konjunktur, sondern zu einem sehr erheblichen Teile auch die gesundheitlichen Verhältnisse und vielfach auftretende Quarantäneschwierigkeiten, die auf den Passagierverkehr ungünstig einwirkten, maßgebend. Im November 1904 wurde zunächst die Linie Marseille-Neapel-Alexandrien eröffnet und mit den Dampfern „Hohenzollern" und „Schleswig" achttägig betrieben. Diese Linie besteht auch heute noch. Sie bildet eine sehr wertvolle Ergänzung der durch die Reichspostdampfer des Norddeutschen Lloyd gebotenen Fahrgelegenheit nach Ägypten und insbesondere auch eine sehr bequeme Anschlußlinie für die von England und aus ganz Frankreich kommenden Reisenden, insonderheit auch für die von Amerika kommenden Passagiere des Norddeutschen Lloyd, welche einerseits in Cherbourg, andererseits in Genua die großen von New York kommenden Dampfer verlassen, um nach Ägypten weiterzureisen, und umgekehrt. Vorübergehend haben dann Linien bestanden zwischen Genua und Tunis, Syrakus-Alexandrien, sowie Genua-Neapel-Alexandrien. Die Tunislinie mußte jedoch im Jahre 1911 infolge des italienisch-türkischen Krieges wieder aufgeben werden. Von Herbst 1912 ab wird der Norddeutsche Lloyd

seinen Ägyptenverkehr wie folgt regeln: eine Linie führt von Marseille direkt nach Alexandrien, eine zweite nimmt ihren Weg von Marseille über Neapel dorthin, während eine dritte, an Stelle der bisherigen Tunislinie, von Venedig nach Alexandrien geführt wird. Der auf der letzteren verkehrende Dampfer „Schleswig" wird im Frühjahr auch Korfu anlaufen.

Im Jahre 1905 trat der Norddeutsche Lloyd auch in den östlichen Mittelmeer-Dienst ein, und zwar durch ein Übereinkommen mit der Deutschen Levante-Linie in Hamburg, nach welchem beide Gesellschaften gemeinsam eine Linie von Marseille bezw. von Genua aus über Neapel nach den Haupthäfen der Levante (Piräus-Athen, Smyrna, Konstantinopel) und des Schwarzen Meeres (Odessa, Nikolajew und Batum) betrieben. Diese Betriebsgemeinschaft dauerte bis Ende des Jahres 1907. Nachdem mit dem 31. Dezember 1907 die Deutsche Levante-Linie ausgeschieden war und ihre Dampfer „Pera", „Stambul" und „Galata" zurückgezogen hatte, stellte der Norddeutsche Lloyd neben den bisher auf dieser Linie beschäftigten Dampfern „Therapia" und „Skutari" die früheren ostasiatischen Reichspostdampfer „Preußen", „Bayern" und „Sachsen" in diese Linie ein, welche er nunmehr

Schnelldampfer „Spree". Speisesaal I. Klasse.

unter der Bezeichnung „Mittelmeer-Levante-Dienst" des Norddeutschen Lloyd allein weiterführte. Im Laufe des Jahres wurden in die Reihe der Anlaufhäfen des Mittelmeer-Levante-Dienstes zunächst Messina, sowohl für die Ausreise wie auch für die Heimreise, später die kleinasiatischen Häfen Trapezunt, Samsun und Ineboli am Schwarzen Meer aufgenommen. Die letzteren wurden jedoch nach einiger Zeit als Anlaufhäfen wieder aufgegeben. Auch die Dampfer „Preußen", „Bayern" und „Sachsen" schieden nach einem Jahre infolge Verkaufs aus der Lloydflotte aus, worauf die Linie allein mit den Dampfern „Therapia" und „Skutari", zu denen später noch der Dampfer „Stambul" hinzukam, aufrechterhalten wurde. Der türkisch-italienische Krieg rief dann im Jahre 1911 auch in diesem Dienst mancherlei Störung hervor, so daß die Dampfer, von denen Dampfer „Stambul" inzwischen verkauft ist, gezwungen waren, zeitweise ihren Dienst einzustellen. Weiter sind die Beziehungen bemerkenswert, in welche der Norddeutsche Lloyd im Herbst 1905 zu der **Königl. rumänischen Dampfschiffahrtsgesellschaft** (Serviciul Maritim Român) trat. Auf Grund eines Vertrages mit der Gesellschaft wurde vom Herbst 1906 ab mit fünf Schiffen eine Schnelldampferlinie zwischen Konstantza, Konstantinopel und Alexandrien eingerichtet, die auch heute noch besteht, wenngleich die Vereinbarungen der beiden Gesellschaften über die ursprüngliche Betriebsgemeinschaft inzwischen aufgehoben sind und nur noch bestimmte Abmachungen wegen des Passagierverkehrs bestehen. Wichtiger noch war das Übereinkommen zwischen dem Lloyd und der Königlich rumänischen Dampfschiffahrts-Gesellschaft mit Rücksicht darauf, daß die Hin- und Rückfahrkarten wechselweise Gültigkeit erhielten für die Dampfer des Norddeutschen Lloyd von Port Said (Reichspostdampfer) und Alexandrien. Unter Einbeziehung des Levante-Dienstes des Norddeutschen Lloyd ist die Rückreise von Konstantza über Konstantinopel, Smyrna und Athen nach Neapel oder Genua und unter gleichzeitiger Einbeziehung der Linie Marseille—Alexandrien nach Marseille ermöglicht. Von noch größerer Tragweite für den Reiseverkehr ist der Umstand, daß die sämtlichen Schiffsstrecken in die zusammenstellbaren Fahrscheinhefte des „Vereins deutscher Eisenbahnverwaltungen" einbezogen werden können. Es ergibt sich daraus von selbst eine sehr bemerkenswerte Erleichterung des Reiseplanes und eine außerordentliche Bewegungsfreiheit der Reisenden, die das Mittelmeer in seinen hauptsächlichsten Teilen kennen zu lernen wünschen.

Die gewaltige Entwicklung des Norddeutschen Lloyd ist in den letzten Jahrzehnten stetig fortgeschritten, aber sie hat sich keineswegs ohne Anfechtung und ohne schwere Schicksalsschläge vollzogen. Mehr als einmal haben den Lloyd neben ernsten Tarifkämpfen elementare Katastrophen, wie es bei einem so umfangreichen Unternehmen kaum verwunderlich erscheinen kann, heimgesucht, die nicht ohne Einwirkung auf das Geschäft geblieben sind. Aus derartigen Unfällen hat der Lloyd aber andererseits sich stets bemüht, Lehren zu ziehen. Sie sind ihm stets ein Ansporn gewesen, weiterhin auf die Sicherheit der Schiffe Bedacht zu nehmen und ungeachtet der dadurch entstehenden Kosten die Maßnahmen an Bord zu treffen, die für Passagiere, Besatzung, Schiff und Ladung als die am zuverlässigsten wirkenden gelten konnten.

Eine eigenartige Gefahr drohte den deutschen Gesellschaften im Jahre 1901 von amerikanischer Seite, als Pierpont Morgan den Versuch machte, mit dem gesamten transatlantischen Verkehr auch den deutschen unter seinen Einfluß und unter seine Kontrolle zu bringen. Die Leiter der deutschen Dampfschiffahrts-Gesellschaften hatten diese Gefahr rechtzeitig erkannt. Nach energischem Widerstande des Lloyd und der Hamburg-Amerika-Linie kam es schließlich zu Vereinbarungen mit dem Morgan-Trust, wonach dieser sich verpflichtete, mit keinem seiner Schiffe ohne die Zustimmung der beiden deutschen Gesellschaften nach deutschen Häfen zu kommen. Ferner wurde vereinbart, daß gegen andere etwa entstehende Konkurrenz beide Seiten verpflichtet sein sollten, sich gegenseitig in entstehenden Tarifkämpfen

Schnelldampfer „Saale". Treppe zum Speisesaal.

Reichspostdampfer „Prinz Waldemar" vom Norddeutschen Lloyd am Pier in Rabaul (Simpsonhafen), Neu-Guinea.

Beistand zu leisten. Außerdem wurde eine wechselseitige Gewinnbeteiligung verabredet, die darauf hinauslief, daß die Amerikaner bei guten Geschäftserträgen der deutschen Gesellschaften ein Viertel von der Summe erhalten, die an die deutschen Aktionäre über 6% hinaus gezahlt wird. Umgekehrt müssen sie, wenn die deutsche Geschäftslage zu einer geringeren Dividende als 6% führt, zu der Summe, die den Deutschen fehlt, um 6% zahlen zu können, ein Viertel zuschießen. Den Deutschen wurde also auf Basis von 6% eine beschränkte Dividendengarantie und Dividendenversicherung gewährt. Andere Bestimmungen des Vertrages sichern auch in weiteren Punkten dauernd ein freundschaftliches geschäftliches Verhalten, verhindern aber andererseits Schritte, die zu einer Fusion der Betriebe führen könnten, denn solche Fusion würde für Deutschland, das seine nationale Reederei nötig braucht, politisch unerwünscht sein. — Einen schweren Kampf hatten die beiden deutschen Gesellschaften mit der Cunard-Linie auszufechten. Es handelte sich dabei um den Versuch der englischen Gesellschaft, eine Ablenkung des starken ungarischen Auswandererstromes, der sonst zum größten Teil dem Norddeutschen Lloyd zufiel, auf die nach Triest kommenden Cunard-Dampfer herbeizuführen. Auch in diesem Kampfe zeigte sich der Lloyd auf dem Posten.

Im Jahre 1906 sah der Norddeutsche Lloyd sich veranlaßt, um der infolge des gesteigerten Verkehrs auf allen Linien erforderlich gewordenen Erweiterung des Betriebes Rechnung tragen zu können, eine Erhöhung des Aktienkapitals um 25 000 000 Mk. vorzunehmen. Damit stieg das Aktienkapital auf 125 000 000 Mk.

Das Jahr 1907 war für den Norddeutschen Lloyd von besonderer Bedeutung. Am 20. Februar jährte sich zum 50. Mal der Tag, an welchem die Gesellschaft ins Leben trat. Die Jubiläumsfeier gestaltete sich zu einer äußerst imposanten und zeigte aufs deutlichste, in welch hohem Maße der Lloyd seine nationalen und internationalen Verdienste um die Hebung des Verkehrs und die auf die Förderung von Handel, Industrie und Gewerbe gerichteten Bestrebungen im In- und Auslande einmütig anerkannt sah. Die Jubiläumsfeierlichkeiten erstreckten sich über die Tage vom 19. bis 23. Februar.

Seine Majestät der Kaiser gab dem eingehenden Interesse, welches er der Entwicklung des Lloyd seit seinem Regierungsantritt gezeigt hat, dadurch Ausdruck, daß er den Prinzen Friedrich Wilhelm als seinen Vertreter zum Jubiläum des Lloyd entsandte und eine große Anzahl von Orden und Ehrenzeichen an die leitenden Persönlichkeiten sowohl wie an einfache Arbeiter des Lloyd verlieh. Von den deutschen Fürsten trafen zahlreiche telegraphische Glückwünsche ein, ebenso von den Senaten von Hamburg und Lübeck, vom Reichskanzler, den Staatssekretären des Reichsmarineamts, des Innern und des Auswärtigen, sowie Tausende von Glückwunschtelegrammen aus allen Teilen der Welt.

Gleichzeitig mit dem Lloyd konnte Herr Direktor Friedrich Bremermann sein 50jähriges Jubiläum bei der Gesellschaft feiern. An demselben Tage, an welchem der Lloyd gegründet wurde, trat Friedrich Bremermann bei ihm als Lehrling ein. Seit dem Jahre 1892 gehört er dem Vorstand an. Der internen Feier seines Jubiläums war der 19. Februar gewidmet.

Am 20. Februar fand der Empfang der zahllosen Glückwunschdeputationen im Lloydgebäude statt und mittags um 12 Uhr die Grundsteinlegung zum Mittelbau des riesigen neuen Verwaltungsgebäudes, welches im Frühjahr 1910 ganz vollendet wurde.

Am Nachmittag des 20. Februar gab der Senat der Stadt Bremen aus Anlaß des Jubiläums des Norddeutschen Lloyd in der oberen Rathaushalle ein Festmahl, welchem Prinz Friedrich Wilhelm von Preußen als Vertreter des Kaisers beiwohnte. Nach einer längeren Rede des Herrn Bürgermeister Dr. Marcus auf den Kaiser und nach einem Trinkspruch des Prinzen Friedrich Wilhelm von Preußen auf den Senat feierte Bürgermeister Dr. Marcus den Norddeutschen Lloyd mit folgenden Worten:

„Königliche Hoheit, meine Herren! Wenn wir heute das 50jährige Bestehen des Norddeutschen Lloyd festlich begehen und dabei unsere Blicke zurücklenken in die Zeit, in der der Grund gelegt wurde zu dem jetzt so blühenden Unternehmen, so sehen wir, wie in sie noch hineinragt die markanteste Figur, die Bremens neuere Geschichte aufweist, der einzige Mann, dem Bremen bislang in seinen Mauern ein Standbild gesetzt hat, der große Bürgermeister Johann Smidt, der dort im Marmorbilde auf uns herabblickt. Wenige Monate nach der Begründung des Norddeutschen Lloyd, als Vierundachtzigjähriger und als Präsident des Senats aus seinem erfolgreichen Wirken abberufen, erscheint er nicht direkt beteiligt bei dieser Schöpfung. Und doch ist es seines Geistes, was die Männer des Lloyd gedacht und getan. Hat Smidt doch als Begründer Bremerhavens erst die Voraussetzung geschaffen, ohne die Bremen nie daran hätte denken können, den ozeanischen Verkehr an sich zu fesseln, und ist sein doch ganzes Sinnen und Trachten darauf gerichtet gewesen, vereint mit gleichgesinnten Männern — es sei hier nur des Namens Duckwitz gedacht — all die staatlichen Einrichtungen ins Leben zu rufen, die der Weltverkehr erheischt.

Fahrzeug der Neu-Guinea-Eingeborenen mit Bemannung.

Aber die Männer, die dann sich der schweren Aufgabe unterzogen, das, was im bloßen Rahmen gegeben, mit lebenskräftigem Gebilde auszufüllen, sie waren seiner würdig. Ein H. H. Meier, ein Crüsemann planten und schufen weitschauenden Geistes, was, um mit einem Kaiserwort zu reden, für die „Zukunft Deutschlands auf dem Wasser" von großer Bedeutung werden sollte.

Welcher Wagemut gehörte aber damals dazu für die bremische Kaufmannschaft. Was war denn das Bremen von 1857? Eine Stadt von nur 60000 Einwohnern! Und dieses Bremen war allein auf seine Kräfte angewiesen. Noch stand nicht hinter ihm ein staatlich geeintes Deutschland, das, wo es geboten, mit seinen mächtigen Mitteln eingreift; noch war Deutschland nicht zu dem kraftvollen Wirtschaftskörper erstarkt, der es heute ist. Und fürwahr, auch sonst war das Jahr 1857 nicht dazu angetan, zu weitausholenden Unter-

Sitz der Lloyd-Agentur in Hongkong.

nehmungen anzureizen. Die große Krisis des Jahres 1857, von den Vereinigten Staaten ausgehend, hat ihre verhängnisvollen Wellen nach Europa weitergetragen und gab hier zu manchen Sorgen Anlaß. Wenn trotz alledem Bremens Kaufleute den Zeitpunkt für gekommen erachteten, an das große Unternehmen heranzutreten, so hat die Folgezeit erwiesen, daß sie die Zeichen der Zeit verstanden haben.

Und wie die Männer, die den Begründern des Lloyd gefolgt sind, das Begonnene großzügig weiter entwickelt haben, das zeigen schlagend die Flotte von dreiviertel Millionen Register-Tonnen, die der Norddeutsche Lloyd heute sein eigen nennt, und das gewaltige Netz seiner Linien, das heute den Erdball umspannt.

Da entspricht die Jetztzeit nur einer tiefempfundenen Pflicht, wenn sie den Gedenktag des Lloyd in feierlicher Weise begeht, um dadurch den lebenden und kommenden Geschlechtern die Erinnerung wach zu halten an die große nationale Tat, die die kühne Begründung und die zielbewußte Ausgestaltung des Lloyd in sich schließen. Der Senat, dem es zur Freude gereicht, diese Feier zu veranstalten, hat im Einklang mit dem Gesagten beschlossen, den heutigen Tag durch die Stiftung einer von hervorragender Künstlerhand entworfenen Denkmünze besonders auszuzeichnen. Meine geehrten Herren vom Lloyd! Nehmen Sie hiermit die Denkmünze, wenn auch zunächst nur in symbolischer Form, freundlichst entgegen. Fügen Sie sie ein in die große Zahl der Trophäen, die dem Lloyd in seiner 50jährigen Betätigung erwachsen sind. Betrachten Sie sie aber vor allem als den Ausdruck der herzlichen Glückwünsche, die Ihnen am heutigen Tage von Bremens gesamter Bürgerschaft dargebracht werden. Ein fröhliches Blühen und Gedeihen dem Norddeutschen Lloyd!"

Im Namen des Norddeutschen Lloyd erwiderte Herr Präsident Geo. Plate mit einer Rede, in welcher er dem Senat und der Bürgerschaft dankte für das Fest und das Ehrengeschenk, welches der Senat dem Lloyd gemacht hatte. Daran schloß der Redner warme Worte des Dankes für das Erscheinen des Prinzen Friedrich Wilhelm von Preußen und weihte diesem sein Glas.

Am Abend des 20. Februar fand im Ratskeller die Begrüßung der Gäste statt, welche der Lloyd für den 21. Februar nach Bremerhaven geladen

*Die Feier des 50jährig. Bestehens an Bord des Schnelld. „Kaiser Wilhelm II."
Das kaufmännische Personal auf der Brücke und dem Vorderdeck des Dampfers.*

hatte und welche in der Zahl von mehreren Hunderten aus allen Teilen Deutschlands, aus dem europäischen und dem überseeischen Auslande herzugeströmt waren.

Am 21. Februar führten Extrazüge die Festteilnehmer nach Bremerhaven, wo an Bord des „Kaiser Wilhelm II." ein glänzendes Festmahl von 500 Gedecken die Freunde des Lloyd vereinigte. An diesem Festmahl nahmen auch Se. Königl. Hoheit Prinz Friedrich Wilhelm, sowie die zur Feier nach Bremen gekommenen Staatssekretäre teil. — Nach dem Festessen brachte die Bürgerschaft Bremerhavens dem Lloyd einen großartigen Fackelzug, welcher vom Balkon des Lloydgebäudes durch den Prinzen Friedrich Wilhelm und Herrn Generaldirektor Dr. Wiegand abgenommen wurde.

Denkmünze vom Bremer Senat dem Lloyd anläßlich des Jubiläums gestiftet.

Am Sonnabend, den 23. Februar, endlich fand wiederum an Bord des „Kaiser Wilhelm II." die interne Feier für sämtliche Beamten des Norddeutschen Lloyd in Bremen und Bremerhaven, sowie für die anwesenden Kapitäne und Lloydoffiziere statt.

Aus Anlaß des 50jährigen Jubiläums des Lloyd wurde an die Seemanns-Witwen- und Waisenkasse der Betrag von 500 000 Mark überwiesen. An das untere Beamten-Personal und die Arbeiter des Lloyd wurde die Summe von 300 000 Mark verteilt.

Im übrigen wurde die Jubiläumsfeier des Norddeutschen Lloyd auf den Schiffen, welche die Lloydflagge trugen, überall entsprechend begangen.

Das Jahr 1906 brachte in wirtschaftlicher Beziehung eine außerordentlich günstige Entwicklung, die sowohl in Europa sowie in den für den Lloyd in Betracht kommenden überseeischen Ländern auch in den ersten Monaten des Jahres 1907 noch anhielt. Der hierauf einsetzende Rückgang der allgemeinen Konjunktur, der zuerst seinen Ausdruck in der Geldkrisis in den Vereinigten Staaten im Oktober 1907 fand, mußte auch die Betriebsergebnisse der verschiedenen Linien des Norddeutschen Lloyd mehr oder weniger beeinträchtigen. Bei der ungewöhnlich starken Auswanderung in den Frühjahrsmonaten des Jahres 1907 reichten die vorhandenen Schiffe zur Beförderung nicht aus, so daß zeitweilig für den Lloyd mit erheblichen Unkosten verknüpfte Stockungen unvermeidlich waren. Auch die große Zahl von Extradampfern, welche eingestellt werden mußten, ergaben keinen dem Umfang der Beförderung entsprechenden Nutzen. Durch die amerikanische Krisis wurde dann gegen Ende 1907 ein scharfer Rückgang der Auswanderung herbeigeführt, welchen die um dieselbe Zeit sehr starke Rückwanderung nicht auszugleichen vermochte. Auch der Warenaustausch zwischen Deutschland und den Vereinigten Staaten hatte aus gleichem Grunde erheblich zu leiden. Hinzu traten einschneidende Tarifkämpfe bei verschiedenen Hauptlinien. Dadurch, sowie auch durch erhebliche Steigerung der Kohlenpreise und der Arbeitslöhne, sowie vorübergehend auch infolge großer Streiks in verschiedenen Häfen blieb das Gesamtergebnis des Jahres 1907, obwohl auf fast allen Linien eine Verkehrszunahme zu verzeichnen war, nicht unerheblich hinter dem Vorjahre zurück.

Bemerkenswert ist, daß im Jahre 1907 die Einstellung des vierten großen Schnelldampfers „Kronprinzessin Cecilie" in die Bremen—New Yorker Schnelldampferlinie erfolgte. Am 6. August trat der Dampfer, den die Amerikaner sofort als „the Queen of the Sea" bezeichneten, seine erste Reise von Bremerhaven nach New York an. Seine hervorragende Einrichtung und Ausstattung riefen allseitig volle Anerkennung hervor. Mit der Indienststellung dieses Dampfers wurde der Lloyd in die Lage versetzt, einen regelmäßigen wöchentlichen Schnelldampferdienst zwischen Bremen und New York

Der Rotesand-Leuchtturm in der Wesermündung.

einzurichten, der in bezug auf fahrplanmäßige Pünktlichkeit, Sicherheit und Bequemlickkeit unübertroffen dasteht.

Gegen Ende des Jahres 1907 fanden auf verschiedenen wichtigen Verkehrsgebieten Verständigungen der beteiligten Schiffahrtsgesellschaften statt, die eine ruhigere und nutzbringendere Entwicklung des Geschäftes für die nächsten Jahre gewährleisten dürften. So wurde zwischen dem Norddeutschen Lloyd und der im Juli 1907 ihm angegliederten Hamburg-Bremer Afrika-Linie einerseits, der Woermann-Linie und der Hamburg-Amerika-Linie andererseits eine Einigung in der westafrikanischen Fahrt erzielt, welche auch dem Lloyd einen Anteil am Afrikadienste sicherte. Weiter wurde zu Anfang 1908 zwischen den am nordatlantischen Verkehr beteiligten kontinentalen englischen und amerikanischen Linien ein Abkommen für die Dauer von drei Jahren geschlossen, wodurch das Kajüts- und Zwischendecksgeschäft geregelt und das Herabsinken der Fahrpreise unter den normalen Stand verhütet wird, ferner wurden zwischen dem Norddeutschen Lloyd und der Hamburg-Amerika-Linie für die Dauer von vier Jahren Vereinbarungen getroffen, die sich auf den nordatlantischen und ostasiatischen Verkehr, sowie auf die Veranstaltung von Vergnügungsfahrten bezogen und ein ersprießliches Nebeneinanderarbeiten der beiden Gesellschaften sicherten. Was das Abkommen zwischen den beiden Gesellschaften in bezug auf den ostasiatischen Verkehr betrifft, so verzichtete die Hamburg-Amerika-Linie auf die Passagierbeförderung nach Ostasien zu Gunsten des Norddeutschen Lloyd, wofür dieser ihr bestimmte Zugeständnisse in bezug auf den ostasiatischen Frachtverkehr sowie auf den Zwischendecksverkehr nach Nordamerika machte. Auf die Nachricht von diesem Übereinkommen hin sandte der Kaiser an Generaldirektor Wiegand ein Telegramm, in dem er seine Freude über die Beseitigung der internen Gegensätze ausdrückte.

Um dieselbe Zeit wurde auch ein während des ganzen Jahres geführter Ratenkampf zwischen dem Norddeutschen Lloyd und der Nippon Yusen Kaisha auf der Bangkok—Hongkong-Fahrt beendet, wodurch sich dem Norddeutschen Lloyd die Aussicht eröffnete, weiterhin auf eine gesunde Entwicklung seiner ostasiatischen Küstenschiffahrt rechnen zu dürfen, da die Nippon Yusen Kaisha sich verpflichtete, sich aus der hinterindischen Schiffahrt zurückzuziehen und dieselbe unter gewissen Bedingungen dem Lloyd allein zu überlassen. Im Laufe des Jahres 1908 fanden dann weitere Verständigungen zwischen den beteiligten Dampf-

Handels- und Kriegsschiffe der Neuzeit auf der Weser.

schiffahrtsgesellschaften in bezug auf verschiedene Verkehrsgebiete statt. Im Februar traten nach erfolgreicher Beendigung der Vorverhandlungen alle großen Linien der nordatlantischen Fahrt in London zusammen und arbeiteten die Grundlagen für einen ehrenvollen Frieden aus. Schließlich wurde ein Abkommen auf drei Jahre über die Passagiertransporte erster und zweiter Kajüte sowie über die Zwischendeckspassage erzielt. Der alte Vertrag über die Kajütspreise, der allmählich abgebröckelt und schließlich über Bord geworfen war, wurde in verbesserter Form erneuert. Die Preise wurden wieder auf die Höhe gebracht, die sie vor dem Ausbruch des hartnäckigen Kampfes gehabt hatten. Vor allen Dingen trat auch die Cunard-Linie dem Vertrage bei und außerdem wurde die direkte englische Auswanderung in das Abkommen mit einbezogen. Dem Abkommen der am nordatlantischen Passagierverkehr beteiligten Linien sind außer den beiden größten deutschen Reedereien, dem Norddeutschen Lloyd und der Hamburg-Amerika-Linie, die Allan Line, die Anchor Line, die American Line, die Atlantic Transport Line, die Canadian Pacific Co., die Compagnie Générale Transatlantique, die Cunard Line, die White Star Line, die Dominion Line, die Leyland Line, die Holland-Amerika-Linie, die Red Star Line, die Austro-Americana, sowie die russische ostasiatische Linie beigetreten.

Ein ernster Ratenkampf entstand im April 1908 zwischen den im Verkehr Mittelmeer—New York beteiligten Gesellschaften. Verhandlungen, die über die Beilegung des Konfliktes in verschiedenen Konferenzen gepflogen wurden, führten erst im Februar 1909 zu einem zufriedenstellenden Resultat. Desgleichen wurde zwischen den am südamerikanischen Passagierverkehr beteiligten Linien eine Verständigung herbeigeführt, welche ebenfalls ein gedeihliches Zusammenarbeiten gewährleistet.

Das Jahr 1908 hat, wie den meisten andern Dampfschiffahrtsgesellschaften, auch dem Norddeutschen Lloyd eine schwere Krisis gebracht, wie sie solcher Art bisher wohl kaum zu verzeichnen gewesen ist. Vor allem hatte die ungünstige Konjunktur einen ungemein intensiven, wohl noch nie dagewesenen Rückgang der Auswanderung nach den Vereinigten Staaten zur Folge, von welchem der Norddeutsche Lloyd um so stärker betroffen wurde, als der Schwerpunkt seines Unternehmens in dem Passagierverkehr liegt und er an demselben mehr beteiligt ist als irgendeine andere Reederei. Der Lloyd hatte im Jahre 1908 im Zwischendecksverkehr einen Ausfall von rund 185 000 Personen zu verzeichnen, worin auch im wesentlichen die Ursache des außerordentlich ungünstigen finanziellen Erträgnisses, das beim Abschluß in einem Verlust von 17 653 000 Mark zum Ausdruck kam, zu erblicken ist. Einem so gewaltigen Ausfall gegenüber konnte die größere Rückwanderung von Nordamerika nach Italien keine Bedeutung gewinnen, zumal die Passagepreise infolge des erst im Februar 1909 beigelegten Tarifkampfes zwischen den am Mittelmeerdienst beteiligten Dampfergesellschaften auf ein Niveau herabgedrückt worden waren, welches einen Gewinn von vornherein ausschloß. Dazu kam die ungünstige Lage des Frachtenmarktes, die ebenfalls auf mehreren Linien durch Konkurrenzkämpfe noch verschärft wurde.

Wenn der Lloyd auch der Ungunst der Lage soweit wir irgend möglich durch größte Sparsamkeit, durch Einschränkung seines Betriebes und durch Auflegen einer Reihe von Dampfern Rechnung trug, so waren ihm doch durch seinen während des größten Teils des Jahres wöchentlich stattfindenden Schnell- und Postdampferverkehr zwischen Bremen und New York, sowie durch den Dienst zwischen Italien und New York, welche beide auf regelmäßigen, feststehenden Abfahrten basieren und wegen der vielen im voraus erfolgten Passagebuchungen aufrecht erhalten werden mußten, in dieser Beziehung bestimmte Grenzen gezogen.

Einen außerordentlich schweren Verlust erlitt der Norddeutsche Lloyd am 29. März 1909 durch den infolge eines Nierenleidens in Homburg v. d. H. eingetretenen Tod seines Generaldirektors **Dr. Wiegand**. Das Ableben dieses Mannes, der 17 Jahre lang die Leitung des Norddeutschen Lloyd inne gehabt hatte, bedeutete nicht nur für den Norddeutschen Lloyd, sondern auch für die Stadt Bremen und nicht in letzter Linie auch für das deutsche Vaterland einen schweren Schlag. Die Verdienste Dr. Wiegands um den Norddeutschen Lloyd sind bereits in dem einleitenden Kapitel dieses Heftes in gedrängter Form hervorgehoben worden. Es ist hier nicht der Ort, des näheren darauf einzugehen, indessen darf hier auf die außerordentlich große Anteilnahme hingewiesen werden, welche der Tod des sowohl um den Lloyd wie um seine Vaterstadt sowie auch um die deutsche Industrie, speziell um den deutschen Schiffbau hochverdienten Mannes hervorgerufen haben. Zahllose Telegramme und Briefe gingen dem Vorstande des Norddeutschen Lloyd anläßlich des Ablebens Dr. Wiegands zu und aus allen sprach die Hochachtung, die Dr. Wiegand sich mit seinem reichen Wissen, seiner regen Schaffenskraft und seinem gütigen Herzen allerseits erworben hatte. Nicht in konventionellen Worten, wie es so oft geschieht, kam hier die allgemeine Teilnahme zum Ausdruck, sondern vielmehr jedes Telegramm, jeder Brief gedachte in herzlichen Worten einer besonderen Eigenschaft des Verstorbenen, wie sie sich im Verkehr mit dem Absender offenbart hatte. Einfach und herzlich waren die Worte, die der Kaiser dem Entschlafenen widmete. Unter den ersten Beileidskundgebungen, die dem Norddeutschen Lloyd zugingen, befand sich folgendes Telegramm:

„Die Nachricht von dem Hinscheiden des Generaldirektors Dr. Wiegand hat mich sehr bewegt; ist doch mit ihm ein Mann dahingegangen, der Großes im Leben geleistet hat; ein Mann harter Arbeit, ein Mann mit treuem, warmem Herzen. Der Norddeutsche Lloyd hat sehr viel an ihm verloren, aber sein Geist wird lebendig bleiben in dem großen Unternehmen, dessen nationale Bedeutung niemand höher würdigt als ich und welches gerade jetzt nach langer Zeit schweren wirtschaftlichen Kampfes wieder anfängt aufwärts zu gehen. Das wird dem von uns Gegangenen das Scheiden erleichtert haben. Ich werde mich bei der Bestattung vertreten lassen, und bitte heute nur, den Hinterbliebenen mein herzlichstes Beileid zu übermitteln. Wilhelm I. R."

Es ist unmöglich, auch nur die wichtigsten weiteren Beileidsbezeugungen von Vereinen, Korporationen, Gesellschaften, Bankinstituten, von Behörden,

Schnelldampfer „Kronprinzessin Cecilie" vor den Wolkenkratzern in New York.

insbesondere von den Reichsämtern, sowie auch von deutschen Fürsten hier aufzuführen. Erwähnt sei nur, was die Bremer Handelskammer an den Norddeutschen Lloyd schrieb:

> Dem Aufsichtsrat und dem Vorstande des Norddeutschen Lloyd sprechen wir in tiefem Schmerze unsere Teilnahme aus an der Trauer, die den Norddeutschen Lloyd durch den Tod seines hochverdienten Generaldirektors, Herrn Dr. Wiegand, ergriffen hat. Diese herbe Trauer wird in weiten Kreisen Deutschlands empfunden, in erster Linie aber in der bremischen Kaufmannschaft, zu deren führenden Mitgliedern der Verewigte gehörte. Innige Liebe zu seiner Vaterstadt hat seine rastlose Arbeit beherrscht, und bei allen Erfolgen, die er anbahnte und zum Ziele führte, galt es ihm, die wirtschaftliche Entwicklung Bremens machtvoll zu fördern.
>
> Was der Name Wiegand in der Geschichte der deutschen Schiffahrt und insonderheit des Norddeutschen Lloyd bedeutet, bedarf nicht unserer Darlegung. Einer der ersten Männer unseres Zeitalters ist dahingegangen. Möge seine zu früh unterbrochene Lebensarbeit fortwirkend Früchte tragen. Bremens Kaufmannschaft wird ihm ein von Dankbarkeit getragenes Andenken bewahren.
>
> Die Handelskammer.
J. K. Vietor, Präses.

In der Generalversammlung des Norddeutschen Lloyd am 24. April widmete der Vorsitzende des Aufsichtsrats, Präsident Geo. Plate, dem Entschlafenen einen warmen Nachruf, in dem er u. a. unter Anerkennung der hervorragenden Verdienste Dr. Wiegands für den Norddeutschen Lloyd besonders seine Energie und unentwegte Tatkraft hervorhob, „die er bis zu seinem letzten Atemzuge an die Verfolgung der Ziele setzte, denen er sein Leben gewidmet hatte und deren Erreichung er seine beste Manneskraft und seine schönsten Jahre geopfert hat. Die Verwaltung des Norddeutschen Lloyd empfindet den Verlust Dr. Wiegands auf das allertiefste, denn sein stets schaffender und hohe Ziele verfolgender Geist, die Unerschöpflichkeit seiner Tatkraft in der Förderung der Interessen des Norddeutschen Lloyd werden schmerzlich von der Gesellschaft entbehrt werden."

Als Nachfolger Dr. Wiegands erhielt Herr Direktor **Philipp Heineken** die Leitung der Geschäfte; er war bereits während der längeren Abwesenheit seines Vorgängers mit dessen Vertretung betraut gewesen. Direktor Heineken entstammt einer alten Bremer Familie. Er ist am 1. März 1860 als Sohn des früheren Rechtsanwalts und Konsulenten des Norddeutschen Lloyd Dr. Johannes Heineken in Bremen geboren. Seine kaufmännische Ausbildung erhielt er bei der Bremer Firma Friedrich Sparkuhle. Nach beendigter dreijähriger Lehrzeit und nachdem er seiner Militärpflicht genügt hatte, ging er nach England, wo er sechs Jahre lang im Geschäfte der Baumwollfirma de Jersey & Co. in Liverpool tätig war. Die Bestrebungen der deutschen Baumwollspinnereien, einen eigenen großen deutschen Baumwollmarkt in Bremen zu schaffen, veranlaßten Herrn Heineken, Ende 1886 nach Bremen zurückzukehren und dort gemeinschaftlich mit Herrn Johannes Vogelsang aus Dülken unter der

Generaldirektor Dr. Wiegand.

Firma Heineken & Vogelsang ein Baumwollimport- und Versandgeschäft zu gründen, das bald an Ausdehnung gewann und zu den größten und angesehensten am Platze gehörte. Häufige Reisen nach Amerika führten zur Etablierung von Zweigniederlassungen im Süden der Vereinigten Staaten, wie auch in New York und Liverpool, Hamburg und Havre, von denen die meisten ebenso wie die Bremer Firma unter dem gleichen Namen heute noch bestehen. Als Mitglied des Vorstandes der Bremer Baumwollbörse wurde Herr Heineken bald deren II. und später I. Vizepräsident. Dies Amt hat er lange Jahre bis zu seinem Eintritt in den Vorstand des Norddeutschen Lloyd verwaltet. Im Jahre 1898 wurde er zum Mitglied der Bremer Handelskammer, im folgenden Jahre in die bremische Bürgerschaft gewählt. 1905 hatte er das Präsidium der Handelskammer inne, 1902 wurde er in den Aufsichtsrat des Norddeutschen Lloyd gewählt. Im Jahre 1905, nach dem Ableben seines Associés Vogelsang, entschloß Herr Heineken sich, ein ihm vom Norddeutschen Lloyd gemachtes Anerbieten anzunehmen, aus seiner Firma auszutreten und Mitglied des Vorstandes des Norddeutschen Lloyd zu werden. Am 1. März 1906 trat er als Direktor in den Norddeutschen Lloyd ein, wo ihm die Leitung der sämtlichen Frachtabteilungen und bald auch die Vertretung des Generaldirektors übertragen wurde. Mit der Leitung der Frachtabteilungen des Norddeutschen Lloyd wurde der am 1. Mai mit dem Titel eines stellvertretenden Direktors in den Vorstand berufene bisherige Prokurist und Leiter der Abteilung „Südamerika- und Kuba-Fahrt", Herr C. Stapelfeldt, betraut.

Die Besserung in der allgemeinen Lage des Weltmarktes, deren Anzeichen sich bereits im Jahre 1908 bemerkbar machten, schritt in den Jahren 1909/10 allmählich weiter fort und rief im Jahre 1911 eine außerordentlich günstige Konjunktur hervor, aus der auch die Reederei erheblichen Nutzen ziehen konnte. 1909 war die Nachwirkung der wirtschaftlichen Krisis des Jahres 1907 noch zu stark gewesen, um ein zufriedenstellendes Ergebnis zuzulassen. Wenn auch die Abschreibungen auf Dampferimmobilien und Beteiligungen des Norddeutschen Lloyd an dritten Unternehmungen in voller Höhe vorgenommen werden konnten, so reichten die Überschüsse doch nicht aus, um für 1909 eine Dividende zur Verteilung zu bringen. Der in den Jahren 1910 und 1911 zu verzeichnende weitere Aufschwung hielt sich in ruhigen Bahnen und gestattete es dem Norddeutschen Lloyd, entsprechend der ruhigen Weiterentwicklung, deren er sich namentlich infolge der Zunahme des Frachtenverkehrs auf den hauptsächlichsten Linien zu erfreuen hatte, nach reichlichen Abschreibungen Dividenden von 3 und 5 % zur Verteilung zu bringen. Wenn trotz der günstigen Ergebnisse die Dividenden für die beiden Jahre nicht höher festgesetzt wurden, so geschah dies in Rücksicht auf die notwendig erscheinende weitere innere Erstarkung des Norddeutschen Lloyd. In bezug auf das Jahr 1911 betonte der Vorstand in seinem Jahresbericht, daß, wenn auch in diesem Jahre der noch aus 1910 übernommene nicht unerhebliche Rest an Werft- und Bankschulden aus den erzielten Überschüssen gänzlich zur Tilgung gelangt sei, so erheischten doch die dem Lloyd bevorstehenden großen Aufgaben der kommenden Jahre eine rechtzeitige und genügende finanzielle Rüstung.

Die Lösung dieser großen Aufgaben trat zunächst in die Erscheinung durch die Bestellung einer Reihe von neuen Dampfern, die im australischen Frachtverkehr, für den Passagier- und Frachtverkehr nach Südamerika, sowie für den New Yorker Dienst Verwendung finden sollen. Auch in dieser Beziehung ging der Norddeutsche Lloyd mit der gebotenen Vorsicht zu Werke, indem er sorgsam die Bedürfnisse an Schiffsmaterial auf den verschiedenen Linien prüfte und unter möglichster Ausnutzung der Konjunktur die Schiffe in Auftrag gab, wie sie ihm für seine Zwecke am geeignetsten schienen. Für den australischen Frachtdampferverkehr wurden dem Bremer Vulkan in Vegesack vier moderne, mit großen Kühlräumen versehene Frachtdampfer von je 11000 Tonnen Tragfähigkeit, für den La Plata-Dienst dem Bremer Vulkan in Vegesack und dem Stettiner Vulkan in Bredow je zwei Passagier- und Frachtdampfer von ca. 8500 Tonnen Tragfähigkeit und für den New Yorker Verkehr der Firma F. Schichau in Danzig ein großer Passagier- und Frachtdampfer von etwa 35000 Brutto-Register-Tonnen in Auftrag gegeben. Der Dampfer wird einen verbesserten Typ des Dampfers „George Washington" darstellen, der sich in seinem jetzt dreijährigen Betriebe auf das glänzendste bewährt hat. Während der „George Washington" einen Raumgehalt von 25570 Brutto-Register-Tonnen besitzt, wird der neue Dampfer, der den Namen „Columbus" erhalten wird, um etwa 10000 Tonnen größer sein und auch entsprechend mehr Passagiere aufnehmen können.

Gleichzeitig mit dieser nunmehr in Angriff genommenen Erneuerung seiner Flotte war der Norddeutsche Lloyd darauf bedacht, ältere Schiffe unter möglichst günstigen Bedingungen abzustoßen.

In bezug auf die verschiedenen Dampferlinien sind im Laufe der letzten Jahre einschneidende Veränderungen nicht zu verzeichnen, soweit irgendwie bemerkenswerte Änderungen in Frage kommen, ist bereits früher bei Erwähnung der einzelnen Linien darauf hingewiesen worden. Hinzuzufügen wäre nur noch der in Gemeinschaft mit anderen Gesellschaften im Jahre 1908 eingerichtete Dienst zwischen Hamburg-Bremen und Rotterdam nach Kanada, sowie die in den letzten Jahren veranstalteten Vergnügungsfahrten im Mittelmeer (Kaukasusfahrt) und die Polarfahrten, die sich allgemeiner Anerkennung beim Publikum erfreuen.

An besonderen Ereignissen sind aus den letzten drei Jahren zu erwähnen: eine zweitägige Reise, welche der Kaiser im März 1910 an Bord des Schnelldampfers „Kaiser Wilhelm II." nach der norwegischen Küste unternahm, die im Herbst 1910 an Bord des Dampfers „Prinz Ludwig" unternommene Reise des Kronprinzenpaares nach Ceylon, ferner die Informationsreise, welche der Vorsitzende des Direktoriums, Herr Philipp Heineken, von Mai 1910 bis Februar 1911 nach Australien und Ostasien unternahm, sowie der Besuch des Kaisers im Verwaltungsgebäude des Norddeutschen Lloyd in Bremen am 8. März 1912.

Schließlich sei auch der Veränderungen gedacht, die im Laufe der letzten drei Jahre im Vorstand und im Aufsichtsrat des Norddeutschen Lloyd sich vollzogen haben. Im Juli 1909 trat Herr Dr. jur. Wilh. Greve als neues Mitglied in den Vorstand ein. Im September 1910 schied der Leiter der Passageabteilung Herr C. v. Helmolt aus, um in die Firma Oelrichs & Co., der New Yorker Vertretung des Norddeutschen Lloyd, als Teilhaber einzutreten. Die Leitung der Passageabteilung wurde dem im Herbst 1911 zum Direktor ernannten bisherigen Prokuristen Herrn Julius Föhr übertragen, der gleichzeitig mit dem zum Direktor ernannten Leiter der Abteilung 3. Klasse und Zwischendeck, Freiherrn von Plettenberg-Mehrum, in den Vorstand berufen wurde. Die bisherigen stellvertretenden Direktoren Herren Max Walter und C. Stapelfeldt wurden im Herbst zu ordentlichen Direktoren ernannt.

Im Mai 1912 trat Herr Direktor Leist, der länger als 46 Jahre dem Norddeutschen Lloyd angehört hatte, aus dem Vorstand aus.

Besonders bemerkenswert ist der Wechsel im Präsidium des Norddeutschen Lloyd. Am 1. Oktober 1911 sah sich der langjährige Präsident, Herr Geo. Plate, infolge eines schweren Augenleidens veranlaßt, von seinem Posten zurückzutreten. Seit 1887 Mitglied und seit 1892 Vorsitzender des Aufsichtsrats, hat er sich während dieser Zeit durch seinen weitschauenden Blick und seinen großzügigen Unternehmungsgeist Verdienste um den Norddeutschen Lloyd erworben, die seinen Namen in der Geschichte nicht nur des Norddeutschen Lloyd, sondern auch der deutschen Schiffahrt und des Schiffbaus unvergeßlich machen werden. An seine Stelle trat Herr Konsul

Fritz Achelis, der seit 1877 dem Aufsichtsrat als Mitglied angehört und seit 1892 Vizepräsident des Norddeutschen Lloyd gewesen ist. In dieser langen Zeit hat er neben Plate Teil genommen an dem Aufschwung des Lloyd, unter der Leitung Lohmanns, Dr. Wiegands und Heinekens, so daß er an der gewaltigen Ausdehnung der Gesellschaft neben Plate einen dauernden persönlichen Anteil beanspruchen darf. Als Vizepräsident hat er häufig Gelegenheit gehabt, den Lloyd bei wichtigen Anlässen auch nach außen hin zu vertreten.

Zum Vizepräsidenten an Stelle des Herrn Achelis wurde der Leiter der Dampfschiffahrtsgesellschaft „Neptun", Herr Konsul H. A. Nolze, gewählt.

Über den gegenwärtigen Betriebsumfang des Norddeutschen Lloyd geben die folgenden Kapitel im einzelnen Auskunft.

DIE SCHNELLDAMPFER-FLOTTE DES NORDDEUTSCHEN LLOYD

Vor dem Jahre 1878 betrug die normale Fahrtleistung eines Dampfers durchschnittlich etwa 12 Seemeilen in der Stunde, während man 20 Jahre zuvor mit einer Geschwindigkeit von 8 Seemeilen in der Stunde schon Großes erreicht zu haben glaubte. Aber so kurze Zeit verflossen war, seit Dampfer auf Flüssen und Meeren verkehrten, so rastlos war der erfinderische Geist des Menschen bestrebt gewesen, das neugewonnene Gebiet des Verkehrs zu vergrößern und zu vervollkommnen. Im Jahre 1878 war der Dampfer „Arizona" der Guion-Linie bis auf 16 Seemeilen in der Stunde gekommen. Dieser gewaltige Fortschritt wurde von den Leitern des Norddeutschen Lloyd in Bremen in seiner vollsten Bedeutung gewürdigt. Das Streben der folgenden Jahre ging nun dahin, zwischen Bremen und New York einen regelmäßigen Dienst mit schnellfahrenden Dampfern einzurichten; dies in großartiger, den Wettbewerb aller anderen Linien weit übertreffender Weise durchgeführt zu haben, ist Lohmanns unvergeßliches Verdienst. Der erste Schnelldampfer des Norddeutschen Lloyd war die „Elbe", die im Jahre 1881 in den Dienst der Gesellschaft gestellt wurde. Der erste Schnelldampferkapitän des Lloyd war Chr. Leist, der im Jahre 1881 mit der „Elbe" fünf Reisen machte. Der „Elbe" folgten in kurzen Zwischenräumen die „Werra" und „Fulda", so daß der Lloyd im Jahre 1883 mit Zuhilfenahme der schnellsten unter den älteren Schiffen eine regelmäßige wöchentliche Schnellfahrt zwischen Bremerhaven und New York ins Leben rufen konnte, durch welche die Reise nach und von New York auf 8 bis 9 Tage abgekürzt wurde. Der Typ dieser Dampfer („Elbe", „Fulda", „Werra", „Eider", „Ems", „Aller", „Trave", „Saale") bedeutete insofern einen großen Fortschritt gegenüber den bis dahin im Passagierverkehr verwendeten Dampfertypen, als neben der Erhöhung der Schnelligkeit wesentlich größere und besser eingerichtete Kajüten die Annehmlichkeit des Reisens erheblich erhöhten: die Verlegung der 1. Klasse vom Hinterschiff, das bis dahin allgemein noch aus der Zeit des Segelschiffes als der bevorzugte Platz der 1. Klasse gegolten, nach mittschiffs, der Ausbau eines langen Mitteldeckhauses auf dem Oberdeck mit darüberliegendem Promenadendeck, die Einrichtung eines auf dem Hauptdeck liegenden, von Bord zu Bord reichenden Speisesaales, sowie endlich die künstlerische Aus-

Schnelldampfer „Kronprinz Wilhelm".

Schnelldampfer „Kaiser Wilhelm II." kurz vor der Abfahrt von Bremerhaven.

stattung der Räume waren Fortschritte, welche die Schnelldampfer des Norddeutschen Lloyd als einen neuen Typ von Dampfern charakterisierten, den der Lloyd auch bei seinen weiteren Schnelldampferbauten bis zum Ausgang der 90er Jahre beibehielt. Die Bevorzugung der Schnelldampfer des Norddeutschen Lloyd seitens der deutschen und amerikanischen Postverwaltung rechtfertigte die Anschaffung neuer Schnelldampfer. Nach einer Erhöhung des Gesellschaftsvermögens durch eine Anleihe von 15000000 Mk. wurden im Jahre 1884 zwei neue Schnelldampfer, „Eider" und „Ems", mit einer Schnelligkeit von 17 Meilen in die nordamerikanische Fahrt eingestellt, zwei Jahre später folgten die Schwesterschiffe „Aller", „Trave" und „Saale", die 18 Meilen in der Stunde machten, und von 1887 bis 1890 wurden vier weitere Schnellpostdampfer fertiggestellt, nämlich „Lahn", „Kaiser Wilhelm II." (später „Hohenzollern" genannt), „Spree" und „Havel", die ersten Schnelldampfer, welche in Deutschland, und zwar beim Stettiner Vulkan, gebaut wurden.

Die dritte Periode in der Entwicklung des deutschen Schnelldampferdienstes begann in den 90er Jahren, als der Norddeutsche Lloyd sich entschloß, seine Einschraubenschnelldampfer durch Doppelschraubendampfer eines neuen Typs zu ersetzen. Bereits im Jahresbericht

Promenadendeck mit Windschutzvorrichtungen.

von 1893 hatte der Vorstand des Norddeutschen Lloyd mitgeteilt, daß die Gesellschaft beabsichtige, für die Schnelldampfer das Doppelschraubensystem einzuführen, daß aber vorläufig noch weitere Erfahrungen auf diesem Gebiet gesammelt werden müßten. Nachdem die Schiffbautechnik in diesen Jahren weitere Fortschritte gemacht hatte, beauftragte der Vorstand im Jahre 1895 den Stettiner Vulkan mit dem Bau des Doppelschrauben-Schnellpostdampfers „Kaiser Wilhelm der Große", der trotz des größeren Deplacements die Geschwindigkeit der „Campania" und „Lucania" mit nur 28 000 Pferdestärken weit überholte. Der Bauauftrag war das Ergebnis sehr eingehender Beratungen, bei welchen der Generaldirektor des Norddeutschen Lloyd Dr. Wiegand unter Mitwirkung des Oberingenieurs, jetzigen Direktors Walter, das Programm für den Neubau auf Grundlage der Erfahrungen feststellte, welche der Norddeutsche Lloyd in seinem Passagierdienste, insbesondere in einem 15jährigen Schnelldampferbetriebe, gesammelt hatte. Diese Grundzüge, die zu der Gestaltung desjenigen Typs geführt haben, der heute als der moderne Schnelldampfertyp bezeichnet werden kann, umfaßten folgende Punkte:

1) Höchstmögliche Sicherheit, dementsprechend eine Schotteinteilung, welche ganz erheblich über die bisherige Schotteinteilung der Schnelldampfer hinausging. Während die in den Jahren 1893—94 in England gebauten Schnelldampfer „Campania" und „Lucania" die höchste Stufe bedeuteten, welche die Entwicklung des Schnelldampferbaues bis dahin erreicht

hatte, indem sie über 13 wasserdichte Schotten verfügten, erhielt dieser neue Typ nicht weniger als 16 und zwar wesentlich verstärkte Schotten; insbesondere wurde im Gegensatz zu den letzten englischen Schnelldampferbauten die Anordnung getroffen, daß jede Kesselgruppe in einem besonderen, durch wasserdichte Schotten abgeteilten Kesselraum unterzubringen sei. Aus der Ausführung dieser Vorschrift ergab sich der mit vier Schornsteinen versehene Dampfer, dessen äußere Erscheinung für den neuen Typ so charakteristisch geworden ist.

2) **Verteilung der Passagiere** der verschiedenen Klassen sowie der Besatzung in einer Weise, welche die Kommunikation in der Längsrichtung des Schiffes in Rücksicht auf die zu erwartende große Länge desselben möglichst einschränkte. Hier handelt es sich um die strikte Durchführung eines Grundsatzes, dem man sich bisher nur mit Widerstreben anbequemt hatte. Der I. Klasse wurde, wie schon auf den älteren Schnelldampfern des Norddeutschen Lloyd, das Mittelschiff zugewiesen, während das Hinterschiff ausschließlich für die II. Klasse, das Vorderschiff ausschließlich für die III. Klasse bestimmt wurde. Die Verteilung der Mannschaft sollte in der Weise erfolgen, daß dieselbe in möglichster Nähe ihrer regelmäßigen Arbeitsstätten ihr Logis fand: die Deckmannschaft im Vorderschiff, die Maschinen- und Heizermannschaft in nächster Nähe der Maschinen- und Kesselräume, das Bedienungspersonal bei den Passagierräumen der I. bezw. II. Klasse, das Küchen- und Bäckereipersonal in der Nähe der Küche bezw. der Bäckerei, die Offiziere auf dem Brückendeck. Im Anschluß hieran wurden auch die Proviant- räume geteilt in der Weise, daß die einzelnen Proviantvorräte, um einen längeren Transport des Proviants zu vermeiden, in tunlichster Nähe derjenigen Küchen untergebracht wurden, in denen ihre Verwendung erfolgt.

3) **Bestmögliche Ausgestaltung der Passagierräume.** Hier stellte Generaldirektor Dr. Wiegand die Bedingung, daß die mittschiffs

Beim Ringspiel auf dem Sonnendeck.

gelegenen Räume des Oberdecks ausschließlich für die Unterbringung der Kajütspassagiere I. Klasse Verwendung fänden. Die nautisch-technischen Sachverständigen des Norddeutschen Lloyd erhoben hiergegen die lebhaftesten Bedenken, da eine solche Verwendung den notwendigen Gang, welcher für die Mannschaft zwischen Vorder- und Hinterschiff bleiben müsse, aufhebe. Die Rücksicht hierauf habe bei den älteren Schnelldampfern des Norddeutschen Lloyd zu der Einrichtung des dem Verkehr der Mannschaft

Blick in den Speisesaal I. Klasse auf Schnelldampfer „Kaiser Wilhelm II".

dienenden Backbordganges und bei den Doppelschraubenschnelldampfern zu der Einrichtung der offenen, seitlichen Gänge geführt, auch bei diesen neuen Dampfern sei es notwendig, die eine oder andere Verbindung herzustellen. Das Endergebnis der Erwägungen war jedoch die Bestimmung, daß das **Oberdeck, unter Wegfall der dem Verkehr der Mannschaft dienenden Gänge, lediglich für Passagiereinrichtungen zu dienen habe.** Der Verkehr der Mannschaften in der Längsrichtung des Schiffes, für den durch die vorgesehene Verteilung nur noch ein beschränktes Bedürfnis verblieb, wurde auf das Promenaden- und Brückendeck verwiesen.

Der Beschluß, das Oberdeck ausschließlich für Kajütszimmer zu verwenden, welche hier innerhalb des Schiffes eine so hohe Lage erhielten, daß selbst bei ungünstiger Witterung ihre Fensteröffnungen durch Seeschlag kaum gefährdet waren, führte dazu, den Speisesaal der I. Klasse, der auf den Doppelschraubendampfern bis dahin in der Regel seinen Platz auf dem Oberdeck gefunden, wiederum auf das Hauptdeck, in nächster Verbindung mit den Pantry- und Kücheneinrichtungen, zu verlegen, so daß auf dem Hauptdeck für Passagierkammern nur ein beschränkter Raum zur Verwendung blieb.

Die Verteilung der Räume in der hier vorgesehenen Weise hat, wie inzwischen die praktische Erfahrung ergeben hat, ganz wesentlich dazu beigetragen, den neuen deutschen Schnelldampfern eine außerordentliche Beliebtheit beim reisenden Publikum zu verschaffen, sie hat es möglich gemacht, die sämtlichen Räume der I. sowohl wie der II. Klasse zu in sich geschlossenen Abteilungen des Schiffes zu verbinden, welche den Passagieren überall einen leichten und bequemen Verkehr ermöglichen, ihnen für jeglichen Aufenthalt die angenehmsten Räume gewähren und sie auch bei schlechtem Wetter durch die Bequemlichkeiten, welche sie bieten, vergessen lassen, daß sie sich an Bord eines Schiffes befinden.

Aus diesen Grundzügen heraus hat der „Vulkan" den neuen Schiffstyp gestaltet, der zuerst in dem Dampfer „Kaiser Wilhelm der Große" verkörpert wurde, nicht ohne die stetige Mitwirkung des Vorstandes und der technischen Beamten des Norddeutschen Lloyd, welche bis in alle Details hinein bei der Verteilung und Einrichtung der Räume die praktischen Erfahrungen des Dienstes mit zur Geltung brachten. Ganz besonders muß hervorgehoben werden, daß der neue Typ, insbesondere infolge des vollen Ausbaues des Oberdecks, sich als ein ganz hervorragend gutes Seeschiff bewährt hat; die gleichmäßigen, von den Einflüssen von Wind und Wetter nahezu unabhängigen Leistungen der Schiffe dieses neuen Typs dürften dafür den überzeugenden Beweis erbringen.

Für die Geschwindigkeit der Schnelldampfer waren lediglich die Bedürfnisse des praktischen Dienstes maßgebend, die es geboten erscheinen ließen, daß die Schiffe so frühzeitig den Be-

Zum Dinner.

stimmungshafen erreichten, um ihre Passagiere bei Tageszeit landen zu können. Um dies auf den Reisen von Europa nach New York auch in der Zeit der sogenannten langen Tracks zu ermöglichen, war bei siebentägiger Fahrzeit eine Geschwindigkeit von 21 Meilen Vorbedingung. Tatsächlich leistete der Dampfer „Kaiser Wilhelm der Große" von Anfang an wesentlich mehr, so daß er auch auf den Reisen von New York nach Europa seine Passagiere bei Tageszeit zum Bestimmungsplatze brachte. Die Schnelldampfer „Kronprinz Wilhelm", „Kaiser Wilhelm II." und „Kronprinzessin Cecilie" des Norddeutschen Lloyd, alle in den wesentlichen Punkten nach demselben Typ gebaut und, abgesehen von geringen Differenzen in den Dimensionen, sich nur in der Maschinenanlage unterscheidend, bieten mit ihrer etwa um eine halbe bis eine ganze Meile höheren Durchschnittsgeschwindigkeit die Sicherheit, daß sie in beiden Richtungen sowohl in der Zeit der kurzen wie in der Zeit der langen Tracks ihre Passagiere bei Tageszeit zum Bestimmungshafen bringen.

Der Schnelldampfer „**Kaiser Wilhelm der Große**" lief am 4. Mai 1897 in Gegenwart des Kaisers, vieler Mitglieder des Reichstags usw. und etwa 30000 Personen vom Stapel. Die Taufrede wurde von Frau Plate, der Gemahlin des Vorsitzenden des Aufsichtsrats vom Norddeutschen Lloyd, gehalten. In der von Arthur Fitger gedichteten Taufrede wurde vor allem

Obersteward-Bureau auf einem Lloyd-Schnelldampfer.

Kaiser Wilhelms des Großen gedacht, dessen Namen das ablaufende Schiff tragen sollte. Am 26. September desselben Jahres traf der Dampfer zum ersten Male in New York ein. Das Schiff wurde am Dock in Hoboken von einer großen Menschenmenge begrüßt und an einem Tage von 40000 Personen besichtigt.

Der Dampfer „Kaiser Wilhelm der Große" ist 198 m über Deck lang, er besitzt eine Breite von 20 m und vom Hauptdeck bis zum Kiel eine Tiefe von 13 m. Sein Inhalt beläuft sich auf 14 349 Br.-Reg.-Tonnen, die Wasserverdrängung stellt sich auf 20 000 Tonnen, die gewaltigen Maschinenanlagen indizieren 28000 Pferdekräfte und verleihen dem Schiffe eine durchschnittliche Geschwindigkeit von 22 bis 23 Seemeilen in der Stunde.

Druckerei an Bord.

Die Einstellung des zweiten Riesenschnelldampfers, der beim Stapellaufe am 30. März 1901 den Namen „Kronprinz Wilhelm" erhielt, erfolgte im Herbst 1901. Zum Stapellauf war der deutsche Kronprinz nach Stettin gekommen. Fräulein Martha Achelis, die Tochter des jetzigen Präsidenten des Norddeutschen Lloyd, sprach ein von Ernst v. Wildenbruch verfaßtes Taufgedicht.

Der Dampfer „Kronprinz Wilhelm" ist ein Schwesterschiff des Dampfers „Kaiser Wilhelm der Große". Seine Abmessungen sind folgende: Länge: 202 m = 663 Fuß, Breite: 20,1 m = 66 Fuß, Tiefe: 13,1 m = 43 Fuß; der Raumgehalt des Schiffes beträgt etwa 15000 Br.-Reg.-Tonnen, die Wasserverdrängung des voll beladenen Schiffes 21300 Tonnen. Der Dampfer ist noch um etwa 15 Fuß länger als „Kaiser Wilhelm der Große" und hat auch dessen Geschwindigkeit noch um etwas übertroffen. Er besitzt 4 mächtige Schornsteine und hat Einrichtungen für die Beförderung von etwa 650 Passagieren I., 350 II. Klasse und 700 Zwischendeckspassagieren.

Daß bei dem Bau dieser Schiffe für die Sicherheitseinrichtungen in weitestgehendem Maße Sorge getragen ist, versteht sich von selbst. Außer einem sich fast über die ganze Länge des Schiffes erstreckenden, aus 24 wasserdichten Abteilungen bestehenden Doppelboden sind die Schiffe noch durch 16 bis zum Oberdeck hinaufgeführte Querschotte und ein Längsschott im Maschinenraum in 17 wasserdichte Abteilungen geteilt. Die Pumpenanlagen, die Feuerlöscheinrichtung und die Bootsausrüstung tragen weiterhin zur Sicherheit der Passagiere bei. Um einen möglichst ruhigen Gang des Schiffes zu erzielen, sind die Maschinen nach dem bekannten Schlickschen System ausbalanciert, während an den beiden Schiffsseiten außenbords angebrachte Schlingerkiele die Schwingungen des Schiffes auf ein Minimum beschränken. Die Schiffe werden in allen Räumen elektrisch erleuchtet; zur Beleuchtung sind je etwa 1900 Lampen vorhanden, welche von je 4 Dampfdynamomaschinen gespeist werden, von denen jede eine Stärke von 825 Ampère bei 100 Volt Spannung besitzt.

Die riesige Maschinenanlage des „Kronprinz Wilhelm" besteht aus zwei sechszylindrigen, vierfachen Expansionsmaschinen von insgesamt 33000 Pferdekräften, welche dem Schiffe eine Geschwindigkeit von $22^{1}/_{2}$ bis 23 Seemeilen in der Stunde geben. Der erforderliche Dampf wird in 16 mächtigen

Schnelldampfer Kaiser Wilhelm II. von New York die Rückfahrt antretend.

Kesseln, und zwar 12 Doppel- und 4 Einfachkesseln, gewonnen. Der Kohlenverbrauch stellt sich auf etwa 500 Tonnen pro Tag; die Bunkerräume vermögen ein Quantum von 4450 Tonnen Kohlen aufzunehmen. Die Besatzung besteht aus etwa 500 Personen.

Es kann hier nicht der Ort sein, auf alle technischen Einzelheiten an Bord dieser Dampfer einzugehen, doch dürften einige spezielle Angaben von Interesse sein. Eine verzweigte Telephonanlage verbindet beispielsweise den Kapitän mit den verschiedenen Ressortchefs des Dampfers. Ferner hat sich das Bedürfnis herausgestellt, das Bureau des Oberstewards zu vergrößern, so daß es jetzt dem Bureau eines modernen Hotels entspricht, wo das Publikum sich in allen die Reise betreffenden Fragen, in Billetangelegenheiten, Gepäckfragen, Zimmerangelegenheiten usw. Rats erholen kann. Besondere Sorgfalt ist auf die Wirtschaftsräume verwandt. Die Kühlräume zur Aufbewahrung des Proviants sind ausgedehnter als auf den bisherigen Dampfern, und große Lindesche Eismaschinen sorgen für Aufrechterhaltung der nötigen niedrigen

Auf dem Bootsdeck.

Temperatur in den Kühlräumen und in den im Schiff verteilten Kühlschränken und Trinkwasser-Kühlern. Die Küche ist selbstverständlich mit zahlreichen, modernen Apparaten für eine Zubereitung der Speisen, die auch dem verwöhntesten Geschmack Rechnung trägt, ausgestattet. Zu bemerken ist noch, daß die Staats- und Luxuskabinen mit dem Oberstewardsbureau durch eine Telephonanlage verbunden sind. Der Aufstieg zum Mastkorb erfolgt nicht mehr außerhalb, sondern auf einer Leiter, die innerhalb des Mastes angebracht ist. Der Mastkorb ist mit der Kommandobrücke durch ein Sprachrohr verbunden, was gleichfalls zur Sicherheit des Schiffsdienstes beiträgt. Sämtliche Uhren, welche sich in den Salons, auf den Vorplätzen, in der Küche usw. befinden, werden von einer Zentrale aus, die sich im Kartenhaus befindet, auf elektrischem Wege reguliert. Auch ist der Dampfer, wie alle großen Passagierdampfer des Norddeutschen Lloyd, mit einem Apparat für drahtlose Telegraphie ausgerüstet. Als wichtige Neuerung ist endlich noch die Einführung des sog. Schottüren-Verschlusses zu erwähnen, welcher ermöglicht, sämtliche unter Wasser befindlichen Türen der Schotten durch einen einzigen Druck von der Kommandobrücke aus gleichzeitig zu schließen.

Als der Dampfer „Kronprinz Wilhelm" vom Stapel lief, hatte die Werft des „Vulkan" bereits den Bau eines dritten Schnellpostdampfers für den Lloyd begonnen, der noch gewaltigere Dimensionen hatte als sein Vorgänger.

Schnelldampfer „Kaiser Wilhelm II."

Der Schnelldampfer „**Kaiser Wilhelm II.**" stellt einen weiteren Fortschritt im deutschen Schnelldampferbau dar. Seine Hauptdimensionen sind folgende: Länge 216 m, Breite 22 m, Tiefe 16 m. Die Wasserverdrängung (Deplacement) des vollbeladenen Schiffes beträgt 26000 Tonnen. Die Vermessung des Schiffes ergibt einen Tonnengehalt von rund 20000 Brutto-Reg.-Tonnen. — Das Ablaufsgewicht des Schiffes betrug 11200 Tonnen, während dasjenige des Schnelldampfers „Kronprinz Wilhelm" 8950 Tonnen betrug. — Der Schnelldampfer „Kaiser Wilhelm II." ist wie seine Vorgänger aus bestem, deutschen Stahlmaterial erbaut, mit einem sich über die ganze Schiffslänge erstreckenden, in 26 wasserdichte Abteilungen geteilten Doppelboden versehen und durch 16 bis zum Oberdeck hinauf geführte Querschotte und ein Längsschott im Bereich der Maschinenräume in 19 wasserdichte Abteilungen geteilt. Die Schotte sind so verteilt, daß selbst beim Vollaufen zweier benachbarter Abteilungen das Schiff noch schwimmfähig bleibt. — Bis zum Oberdeck sind in dem Schiffe 4 stählerne, durchlaufende Decks eingebaut. Oberhalb des Oberdecks befinden sich noch folgende Aufbauten:

1. Ein von vorn bis hinten durchlaufendes Spardeck, dessen mittlerer Teil als unteres P r o m e n a d e n - deck dient.
2. Eine Back, ein 135 m langes und 15 m breites Mittschiffshaus und ein 24 m langes hinteres Deckshaus auf dem Spardeck über dem Mittschiffshaus und dem hinteren Deckshaus ist auf eine Länge von 164 m ein o b e r e s Promenadendeck erbaut.
3. Ein 136 m langes Deckshaus auf dem oberen Promenadendeck, über welchem das Bootsdeck liegt.

Auf diese Weise sind in zwei Decks seitlich der Deckshäuser zwei übereinanderliegende breite, bequeme und geschützte Promenaden zum Aufenthalt der Passagiere im Freien geschaffen, während alle bisher in Fahrt gestellten Schnelldampfer nur über je ein solches Promenadendeck verfügen. Als Promenadendeck ist teilweise auch noch das Sonnendeck benutzbar.

Es können auf dem Schiffe im ganzen 700 Passagiere I. Klasse in 290 Kammern, 330 Passagiere II. Klasse in 107 Kammern und 799 Passagiere

III. Klasse untergebracht werden. Hierzu kommt noch die Schiffsbesatzung, welche aus 665 Köpfen besteht. Das vollbesetzte Schiff kann also gegen **2500 Menschen** über den Ozean tragen.

Außer den bequem und wohnlich eingerichteten Kammern für 1, 2, 3 und 4 Personen sind für I.-Klasse-Passagiere 2 ganz besonders komfortable Wohnungen, dazu 8 Luxusräume, 8 Staatszimmer und 4 mit nebenliegendem Badezimmer versehene Kammern eingerichtet. Den Passagieren I. Klasse stehen folgende luxuriös eingerichtete Räume zur Verfügung: ein im Hauptdeck

Auf der Kommandobrücke (Backbordseite).

liegender Speisesaal mit 554 Sitzplätzen, ein Rauchzimmer, ein Gesellschafts- und ein Lese- und Schreibzimmer auf dem oberen Promenadendeck, ein Kindersalon auf dem unteren Promenadendeck, sowie zwei Cafésalons auf dem Sonnendeck.

Die Kammern für Passagiere II. Klasse sind ebenso eingerichtet wie die Wohnkammern I. Klasse, nur etwas einfacher gehalten. Den II-Klasse-Passagieren stehen für gemeinsame Benutzung folgende Räume zur Verfügung: ein auf dem Hauptdeck befindlicher Speisesalon mit 190 Sitzplätzen, ein Gesellschaftssalon und ein Rauchzimmer, welche beide auf dem hinteren Teile des Promenadendecks liegen. Zum Aufenthalt im Freien dient der hintere Teil des Promenadendecks vor und seitlich von dem Gesellschafts-

und Rauchzimmer, welcher durch das obere Promenadendeck geschützt ist, und der hintere Teil des oberen Promenadendecks, dem ein Sonnendeck Schutz bietet. — Ebenso ist für die gesunde und bequeme Unterbringung der Passagiere III. Klasse und der Mannschaften die größte Sorge getragen worden. — Von den 52 wasserdichten Türen sind 24 Schottüren mit Dörrscher Türschließvorrichtung versehen, welche es ermöglicht, diese 24 Türen vom Steuerhause aus zu schließen. Aus einem im Kartenhause befindlichen Schottentableau kann der Kapitän sofort ersehen, ob alle, bezw. welche der wasserdichten Türen geschlossen sind. — Alle bewohnten Räume sind mit elektrischer

Empfangsstation im Maschinenraum für die von der Kommandobrücke kommenden Befehle.

Beleuchtung, Dampfheizung, ausgiebigster Ventilation usw. und den höchsten Anforderungen der Neuzeit entsprechenden Einrichtungen versehen. Im ganzen dienen ca. 2700 elektrische Lampen zur Beleuchtung des gesamten Schiffes; zur Erzeugung des elektrischen Stromes sind 5 Dynamomaschinen aufgestellt. Die Elektrizität findet auf dem Schiffe ausgiebigste Verwendung, teils zur Bequemlichkeit für die Passagiere, teils zur Sicherheit für das Schiff. Ebenso ist das Schiff mit Telephon-Anlagen reichlich ausgestattet.

Die Zahl der Badezimmer für allgemeinen Gebrauch I. und II. Klasse beträgt 28, außer den Bädern der Luxuskammern usw.

Die vom „Vulkan" erbaute Maschinen- und Kesselanlage besteht aus vier vierzylindrigen, dreikurbeligen Vierfach-Expansions-Hammermaschinen mit Oberflächenkondensation und Massenausbalancierung nach Schlicks System. Je zwei dieser Maschinen, welche zusammen 45000 Pferdekräfte indizieren, sind hintereinander aufgestellt, um es zu ermöglichen, zwischen ihnen ein wasserdichtes Querschott aufzubauen und hierdurch die Zahl der wasserdichten Abteilungen und dadurch die Unsinkbarkeit des Schiffes zu vergrößern. Die Maschinen treiben mittels je einer ca. 42 m langen Wellenleitung zwei vierflügelige Bronzeschrauben von 7 m Durchmesser. Den Dampf liefern 12 Doppel- und 7 Einfachkessel, welche mit

Spiele auf dem Sonnendeck.

15 Atmosphären Überdruck arbeiten und 10000 qm Heizfläche, 124 Feuerungen und 290 qm Rostfläche besitzen. Die Kessel sind in vier Gruppen angeordnet, deren jede einen Schornstein von 5 m Durchmesser und 40 m Höhe hat.

Der Stapellauf des Dampfers „Kaiser Wilhelm II." fand am 12. August 1902 in Gegenwart des Kaisers, einer glänzenden Festgesellschaft und einer vieltausendköpfigen Menge auf der Werft des „Vulkan" in Bredow bei Stettin statt. Die Taufe des Riesen vollzog Fräulein Wiegand mit einem von Dr. Ludwig Stettenheim verfaßten Taufgedicht.

Als vierter Schnelldampfer kam dann im August 1907 der Dampfer **„Kronprinzessin Cecilie"** hinzu. Dieser Dampfer wurde am 1. Dezember 1906 in Gegenwart der Gemahlin des jungen deutschen Thronfolgers auf der Werft des Stettiner Vulkan unter den üblichen Feierlichkeiten seinem Elemente übergeben. Kaum 22 Monate hat die Bauzeit und Ausrüstung des gewaltigen Schiffes, das in seinen Abmessungen dem Schnelldampfer „Kaiser Wilhelm II." gleicht, in Anspruch genommen. Im Oktober 1905 wurde der Kiel gestreckt, am 30. Juli 1907 traf der stolze Dampfer nach befriedigend ausgefallener Probefahrt in seinem Heimatshafen ein und am 6. August 1907 hat er unter Kapitän Högemanns bewährter Führung seine erste Reise übers Weltmeer angetreten. Das Schiff ist nicht nur ein vorzügliches Seeschiff, sondern es hat auch hinsichtlich seiner Einrichtungen in jeder Beziehung den Erwartungen entsprochen. — Die Länge des Dampfers vom Heck bis zum Vordersteven beträgt 215,34 m, d. i. eine Ausdehnung, welche die Höhe des Ulmer Münsters noch

Siesta.

um 54 m, die der Freiheitsstatue in New York noch um 122 m und die der Siegessäule in Berlin sogar um fast 154 m übertrifft.

Die größte Breite des Dampfers beträgt 21,95 m, die Höhe bis zur Seite Oberdeck 13,46, die Höhe von Oberkante Kiel bis zur Seite des unteren Promenadendecks 16 m, bis zum Schornstein 41 m. Der Tiefgang des vollbeladenen Schiffes beträgt 9,15 m, seine Wasserverdrängung (Deplacement) 27 000 Tonnen. Die Vermessung ergibt einen Raumgehalt von rund 20 000 Brutto-R.-T. Das Ablaufgewicht des Riesenrumpfes beim Stapellauf stellte sich auf etwa 11 200 Tonnen = 11 200 000 Kilogramm. Der Doppelboden bildet gleichsam das Erdgeschoß des schwimmenden Palastes. Über ihm erheben sich 7 Stockwerke von 4,29—2,89 m bezw. 2,49 m Höhe.

Der Schnelldampfer „Kronprinzessin Cecilie" ist im wahren Sinne des Wortes ein schwimmendes Prachthotel, dem nur wenige Luxushotels am Lande gleichkommen. Nicht mit Unrecht haben amerikanische Blätter ihn bei seiner

Speisesaal I. Klasse auf dem Schnelldampfer „Kronprinzessin Cecilie".

ersten Anwesenheit im Hafen von New York als „The queen of the sea" bezeichnet. Alles, was sich erfinderische Köpfe zur Bequemlichkeit der Reisenden ausdenken konnten, hat hier seine Verwirklichung gefunden, und obgleich überall der größte Luxus herrscht, dient doch alles in erster Linie der Behaglichkeit und Zweckmäßigkeit.

Der Dampfer enthält 297 Passagierkammern I. Klasse und 109 II. Klasse. Er bietet insgesamt Räumlichkeiten zur Aufnahme von 713 Passagieren I. Klasse, 314 II. Klasse und 798 III. Klasse. Die Ausgestaltung der Passagierräume ist besonders luxuriös. Während die Entwürfe für die Ausstattungen der großen Salons I. Klasse, wie des Speisesaals, Gesellschaftszimmers, Rauchsalons, Lesezimmers, sowie der beiden Wiener Cafés der Meisterhand des auf dem Gebiete der Schiffsinnenarchitektur rühmlichst bekannten Bremer Architekten Joh. Poppe entstammen und wegen der Durchbildung ihrer vorwiegend älteren Stilarten einen mehr einheitlichen Charakter tragen, hat man bei den Luxuskabinen die verschiedensten Kunst- und Geschmacksrichtungen zu Worte kommen lassen. Von seiten des Norddeutschen Lloyd war nur die Hauptgrundriß-Anordnung der einzelnen Räume festgelegt, den Künstlern aber bezüglich der weiteren Ausbildung ihrer Räume der weitestgehende Spielraum gewährt worden, soweit sich dies irgend mit den Forderungen eines derartigen Dampferbetriebes vereinigen ließ.

So ist gegenüber den sonst meist dunkel gehaltenen Speisesälen anderer Dampfer der Speisesaal der „Kronprinzessin Cecilie" ausschließlich in hellen Farben gehalten. Der Lichtschacht erhebt sich durch vier Decks hindurch über dem mittleren Teil des Saales im Stile der Florentiner Renaissance. Die ganze Architektur ist auf Weiß gestimmt und reich mit Ornamenten durchgebildet. Die Wände des Kinderzimmers sind mit dunkelblauem Stoff bis zu zwei Dritteln der Höhe bespannt. Darüber sind Malereien angebracht, Kinderszenen darstellend, dazwischen bronzeartig behandelte Reliefs, die Motive aus bekannten Märchen wiedergeben und der Phantasie der Kleinen reiche Anregung gewähren. Das Non plus ultra der Gemütlichkeit finden wir im Rauchsalon, der hinsichtlich seiner Einrichtung wohl kaum noch übertroffen werden kann. Der hochgewölbte Saal ist in modern römischer Art gehalten, die, reich durchgebildet, einen domartigen Teil besonders betont. Sitze und Sessel mit grünblauem Leder bezogen und der Boden mit Gummifliesen belegt, geben dem Ganzen den überaus warmen Ton. Die bildnerische Ausschmückung des Rauchsalons weist ausschließlich Motive aus Mecklenburg-Schwerin, der Heimat unserer Kronprinzessin, auf, und zwar in erster Linie aus den alten Hansestädten Rostock, Wismar, Doberan etc. Das Café für Nichtraucher ist im Louis-seize-Stil, eine Laube im ostfriesischen Stil, der Gesellschaftssalon im strengen Empire, Bibliothek und Schreibzimmer in Altmahagoni mit kornblumenblauem Stoff ausgeführt, während in den Kaiser- und Luxuskabinen die moderne Kunst zu ihrem Rechte gekommen ist. Die Luxuswohnungen umfassen je zwei bis drei Zimmer mit dem zugehörenden Baderaum, die in ihrer vornehmen Behaglichkeit selbst dem verwöhntesten Reisenden die bequemen Gewohnheiten des eigenen Heims ersetzen. Die „Kronprinzessin Cecilie"

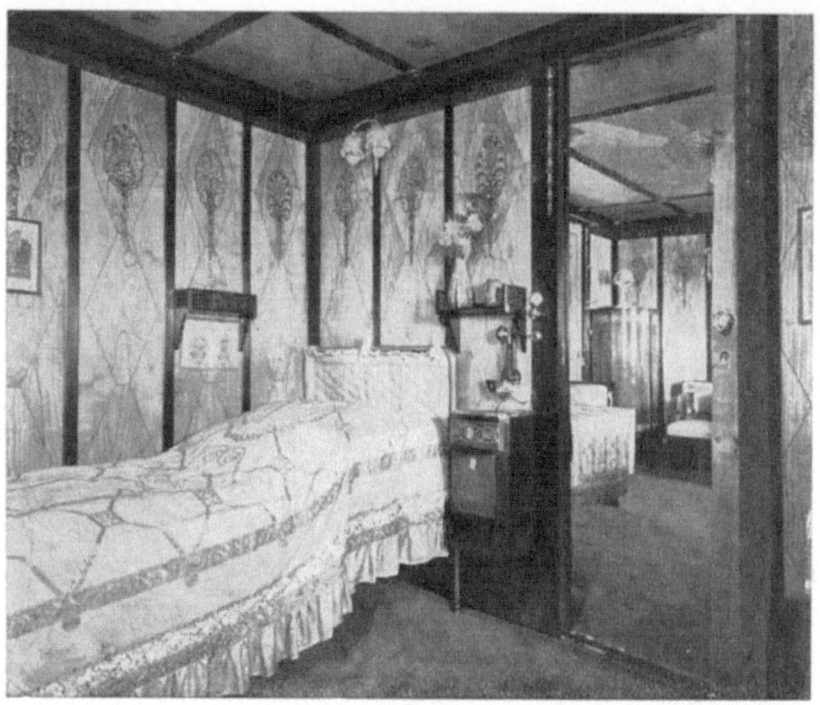

Blick in eine Luxuskabine (Dampfer „Kronprinzessin Cecilie").

enthält 10 solcher Wohnungsgruppen mit zusammen etwa 30 Kabinen, die an beiden Seiten des obersten und des Promenadendecks, also in den beiden obersten Etagen des sechsstöckigen bewohnten Schiffskörpers, liegen. Sie sind nicht einem einzelnen Künstler zur Ausstattung übergeben worden, sondern es war der originelle und im Erfolg sehr lehrreiche Plan des Generaldirektors Dr. Wiegand, die Arbeit zu einem Wettbewerb zu bestimmen, bei dem drei berühmte deutsche Meister der Innenkunst mit vier leistungsfähigen bremischen Architekten und einigen Ausstattungsfirmen in Köln und Berlin ungefähr die gleiche Aufgabe zu behandeln hatten. Abbehusen & Blendermann, Wellermann & Frölich, Runge & Scotland und Eeg & Runge sind die bremischen Kräfte, Bruno Paul, der Direktor der Berliner Kunstgewerbeschule, J. Olbrich, der bekannte im Jahre 1908 früh verstorbene Führer der Darmstädter, und Richard Riemerschmid aus München sind die übrigen, die zur Mitarbeit eingeladen waren.

Die deutsche Kunstwelt hat voll gespannter Erwartung auf das Ergebnis dieses neuartigen Versuchs im Dienst des Lloyd hingesehen. Mochten hie und da auch unter den Sachverständigen die Ansichten über die Lösung der gestellten Aufgabe auseinandergehen, darin waren alle einig, daß der Norddeutsche Lloyd dadurch, daß er der modernen Kunst die Wege ebnen half, der höchsten Anerkennung wert sei. — Dieselbe Sorgfalt der Ausstattung, die den Einrichtungen der I. Kajüte zuteil geworden ist, hat man auch den Räumen der II. Kajüte zugewandt. Wenn sich hier naturgemäß auch nicht der Luxus der I. Klasse zeigt, so ist es dennoch vornehme Behaglichkeit, die sich hier geltend macht. Die Kabinen der II. Klasse sind bequem und wohnlich, die der gemeinsamen Geselligkeit der Passagiere dienenden Räume von gediegener, gefälliger Einfachheit. Wer zu seiner Überfahrt über den Ozean die II. Kajüte auf einem Schnelldampfer des Norddeutschen Lloyd benutzt, wird nichts vermissen, was seiner Bequemlichkeit förderlich ist, und wird die Annehm-

Waschtoilette im Baderaum eines Lloyd-Schnelldampfers.

lichkeit der Seereise in solch schwimmendem Palast ebenso wohltuend empfinden, wie der Nabob in der luxuriösesten Wohnung der I. Kajüte.

Von der früher auf den Dampfern des Norddeutschen Lloyd üblichen Art der Verpflegung hat man auf den Schnelldampfern neuerdings gänzlich Abstand genommen. Sowohl beim Lunch wie beim Dinner ist jeglicher Zwang beseitigt. Wie in einem großstädtischen Restaurant erscheinen die Passagiere jetzt auch an Bord der Schnelldampfer innerhalb gewisser Stunden zur Mahlzeit, für die kein einseitig festgesetztes Menu mehr maßgebend ist, sondern lediglich eine äußerst reichhaltige Speisekarte, die es auch dem verwöhntesten Feinschmecker ermöglicht, sich seine Mahlzeit selbst zusammenzustellen. Irgendwelche Mehrkosten erwachsen den Passagieren dadurch nicht. Diese Art der Verpflegung hat außerordentlich große Anerkennung gefunden und ist von den Passagieren als ein großer Fortschritt begrüßt worden.

In bezug auf die riesigen Maschinenanlagen sei zunächst bemerkt, daß die Dampfer des Norddeutschen Lloyd sämtlich mit Kolbenmaschinen ausgestattet sind. Die Maschinen des Dampfers „Kronprinzessin Cecilie" sind im wesentlichen die gleichen wie die als ganz vorzüglich erprobten Maschinen des Schnelldampfers „Kaiser Wilhelm II." Nicht weniger als 72 Dampfmaschinen befinden sich auf dem Schiff, deren Vibration durch ingeniöse Ausbalancierung auf

Einfahrt des Schnelld. „Kronprinzessin Cecilie" in den Hafen von New York.
(Von einem Wolkenkratzer aus aufgenommen.)

ein Minimum reduziert ist. Die beiden vierflügeligen Bronzeschrauben haben einen Durchmesser von 42 Fuß; sie repräsentieren das stattliche Gewicht von 79200 Pfund. Fünf große Dynamos speisen nicht weniger als 3100 elektrische Lampen; dazu kommen noch allerlei Apparate zur Bequemlichkeit der Passagiere, wie elektrische Zigarrenanzünder, elektrische Fächer zur Ventilation der Salons usw. Selbstverständlich ist der Dampfer auch mit drahtloser Telegraphie ausgerüstet, welche es ermöglicht, in ständiger Verbindung mit dem Lande, sei es nun mit Europa oder mit Amerika, während der ganzen Reise zu bleiben.

Auch die Kesselanlage des Schnelldampfers „Kronprinzessin Cecilie" hat, entsprechend der Riesengröße des Schiffes, eine außerordentliche Ausdehnung. 19 große Zylinderkessel, von denen 12 Doppel- und 7 Einfachkessel sind, bilden die Anlage zur Erzeugung des Dampfes für die mächtigen Maschinen dieses Riesen des Meeres. Die Gesamtzahl der Feuerungen in den Kesseln beträgt 124 mit einer Rostfläche von 290 qm, auf welcher in 24 Stunden etwa 700 Tonnen Kohlen verbrannt werden müssen, um die Dampfkraft zu erzeugen, die für den Antrieb der Hauptmaschinen notwendig ist. Abhängig von der Rostfläche ist die Heizfläche, die nicht weniger als 10000 qm mißt. Der größte Teil der Heizfläche liegt in den Heizröhren, von denen zusammen 15438 Stück in den Kesseln untergebracht sind. Um das erwähnte Quantum Kohlen täglich in die Feuer zu schaffen, müssen in den Heizräumen jederzeit 81 Mann stark beschäftigt sein, die nach vierstündiger Arbeit acht Stunden Ruhe genießen. Den nötigen Zug für die Feuerungen liefern die großen Windrohre, die noch unterstützt werden von einem ganzen System von elektrisch angetriebenen Ventilatoren.

Die Kessel eines solchen Schnelldampfers stellen Stahlbauwerke dar, die in ihrer Konstruktion und Schwere als Einheit kaum zu übertreffen sind. Beträgt doch das Gewicht eines leeren Doppelkessels etwas über 100 Tonnen, wozu noch ein Wasserinhalt für den Betrieb von 50 Tonnen kommt, so daß in betriebsfertigem Zustande ein solcher Kessel über 150 Tonnen wiegt.

Die Ventilation in den Kesselräumen ist eine durchaus musterhafte zu nennen. Riesige, elektrische Fächer treiben die heiße Luft durch die großen Ventilatoren und sorgen für gründliche Abkühlung.

Die Besatzung des Schiffes zählt etwa 650 Personen. Außer dem Kapitän mit einem Stab von 24 Offizieren, Ärzten, Zahlmeistern und Postbeamten sind auf dem Schiff 61 Maschinisten, Elektrotechniker, Kesselschmiede und Schmierer, 231 Oberheizer,

Ankunft in New York.

Heizer und Kohlenzieher, 229 Stewards, Stewardessen und Zwischendeckswärter, 33 Köche, Bäcker, Schlachter und Konditoren, 9 Barbiere, Friseure, Buchhändler, Gepäckmeister, Marconibeamte, 33 Aufwäscher und Pantryleute und endlich 59 Steuer-, Boots- und Zimmerleute, Segelmacher, Matrosen und Lampenwärter.

Indessen hat sich der Lloyd nicht mit der ursprünglichen Ausrüstung begnügt, sondern er ist unausgesetzt bestrebt gewesen, diese Schiffe nicht nur durch tadellose Instandhaltung, sondern auch durch zeitgemäße Neuerungen ganz auf der Höhe der Zeit zu erhalten. Naturgemäß waren Industrie und Technik im Erbauungsjahre des Dampfers „Kaiser Wilhelm der Große" noch nicht soweit vorgeschritten wie zehn Jahre später beim Bau der „Kronprinzessin Cecilie", und so sind fortgesetzt größere oder kleinere Änderungen vorgenommen worden, die dazu angetan sind, nicht nur das Stammpublikum den Schiffen zu erhalten, sondern noch jährlich neues zu gewinnen. Hatte schon das letzte Jahr dem „Kaiser Wilhelm II." und der „Kronprinzessin Cecilie" eine sehr erwünschte Annehmlichkeit durch den Einbau von Schiebefenstern an der Außenseite des oberen Promenadendecks sowie eine große Bequemlichkeit durch die Herstellung von Personenaufzügen durch die verschiedenen Decks gebracht, so ist auch im Winter 1911/12 ein großer Fortschritt in der Entwicklung eingetreten dadurch, daß die Einrichtungen für die Passagiere I. Klasse einer umfassenden Modernisierung unterzogen worden sind. Es handelte sich in der Hauptsache um die Schaffung großer Kammern, deren Ausstattung dem Geschmack und den Anforderungen der Neuzeit entspricht. Dies wurde erzielt durch die Abschaffung der Unter- und Oberkojen, an deren Stelle hochmoderne Metallbetten Verwendung finden. Die Größe der Kammern erlaubt es trotzdem in den meisten Fällen, auf das beliebte Sofabett nicht verzichten zu müssen. Die Korbsessel, die auf Vorplätzen und in Rauchsalons allgemeine Beliebtheit sich erworben haben, finden auch in verschiedenen Kammern Verwendung. Besonderer Wert wurde auch gelegt auf die Schaffung großer, bequemer Kleiderschränke. Selbstverständlich fehlt am Kopfende des Bettes die beliebte Leselampe nicht. Ein den ganzen Boden bedeckender Teppich, moderne Gardinen und Zugvorhänge vor den Fenstern, Betten und Türen erhöhen den vornehmen Eindruck und die behagliche Eleganz solcher prachtvollen Wohnung und geben der gesamten Kabinenausstattung das Gepräge eines ganz neuen Schiffes.

Die Schnelldampferlinie Bremen—New York stellt nach wie vor die schnellste Verbindung zwischen Deutschland und den Vereinigten Staaten dar. Drei Wochen genügen vollauf zur Hin- und Rückfahrt bei achttägigem Aufenthalt in New York oder in den von dort mit der Eisenbahn leicht erreichbaren Städten der Union. Die Regelmäßigkeit und die Pünktlichkeit dieses Dampferdienstes sind es in erster Linie, die neben allem Komfort, den die Dampfer bieten, und nicht zuletzt auch im Zusammenwirken mit der als hervorragend anerkannten Verpflegung, der Schnelldampferlinie des Norddeutschen Lloyd die größten Sympathien sowohl bei Vergnügungs- als auch bei Geschäftsreisenden eingetragen und dauernd befestigt haben.

Die vier großen Schnelldampfer haben dem Norddeutschen Lloyd lange Jahre die Führung im transatlantischen Schnelldampferverkehr erhalten. Das brachte nicht allein ihre Schnelligkeit, sondern ganz besonders auch die Pracht der inneren Einrichtung und die den Passagieren gebotenen Bequemlichkeiten mit sich. Dazu kam nicht in letzter Linie auch die Regelmäßigkeit des Betriebes, die nur durchzuführen ist mit Schiffen, deren Maschinenleistungen so gleichwertig sind, wie die dieser vier mächtigen Bauwerke.

Über die besten Durchschnittsleistungen der einzelnen Dampfer seien hier noch folgende Angaben eingefügt:

Ein Lloydschnelldampfer während der Nacht von Scheinwerfern beleuchtet.

Ozeanreisen westwärts.

Dampfer	Kürzeste Reisedauer	Beste Durchschnittsleistung
Kaiser Wilhelm der Große	5 Tage 16 Std. 14 Min.	22,41 Knoten
Kronprinz Wilhelm	5 11 57	23,09
Kaiser Wilhelm II......	5 14 51	23,27
Kronprinzessin Cecilie	5 „ 7 „ 25 „	23,33 „
	(deutscher Rekord)	(deutscher Rekord)[1]

Ozeanreisen ostwärts.

Dampfer	Kürzeste Reisedauer	Beste Durchschnittsleistung
Kaiser Wilhelm der Große	5 Tage 10 Std. 0 Min.	23 Knoten
Kronprinz Wilhelm	5 8 18	23,47
Kaiser Wilhelm II.	5 8 16	23,71 (deutscher Rekord)
Kronprinzessin Cecilie	5 8 7	23,40 Knoten

Bemerkt sei hierzu, daß diese Angaben sich für die Ausreise (westwärts) auf die Strecke von Cherbourg bis Ambrose Channel-Feuerschiff, für die Heimreise auf die Strecke Ambrose Channel-Feuerschiff bis Eddystone-Leuchtturm beziehen.

Der regelmäßige wöchentliche Schnelldampferverkehr des Norddeutschen Lloyd vollzieht sich in der Weise, daß in der Hauptsaison an jedem Dienstag nicht nur von Bremerhaven, sondern auch von New York je einer der vier mächtigen Dampfer in See geht. Die Gleichmäßigkeit der Fahrten der vier Dampfer hat eine gewisse Berühmtheit erlangt, und in der Tat steht die Innehaltung der Ankunfts- und Abfahrtszeiten aller vier Dampfer seit der Eröffnung des zum Hudson führenden Ambrose-Channels, der den großen Ozeandampfern die Einfahrt erleichtert und die Strecke von Sandy Hook nach New York gegen früher um etwa eine halbe Stunde abkürzt, im Schiffahrtsbetriebe fast einzig da. Bevor der erwähnte Kanal seine jetzige Tiefe erlangt hatte, war es notwendig, daß die großen Ozeandampfer zur Flutzeit, und zwar häufig zu sehr früher Morgenstunde, von New York in See gingen. Seit Dezember 1907 aber sind auch die großen Dampfer in New York dank dem neuen Kanal nicht mehr an die Gezeiten gebunden. Der Norddeutsche Lloyd hat daher im Interesse der Passagiere feste Abfahrtsstunden, und zwar für die Schnelldampfer jeden Dienstag vormittags 10 Uhr, eingeführt. Die Stunde ist offenbar die bequemste für die Passagiere und sichert außerdem für den folgenden Dienstag, soweit die Fahrt nicht durch unvorhergesehene Umstände verzögert wird, eine frühzeitige Ankunft auf der Weser. In Bremerhaven richtet sich die Abfahrt der Schnelldampfer nach den Flutverhältnissen. Auf diese Weise sind in der Hauptsaison stets zwei Dampfer unterwegs, während die beiden anderen, je einer in Bremerhaven und New York, sich für die neue Reise rüsten, sobald sie ihre Ladung gelöscht haben. — Die Schnelldampfer sind im modernen Verkehrsleben, wo mehr als je das Wort „time is money" Geltung hat, zu äußerst wichtigen, wir können wohl sagen, unentbehrlichen Verkehrsmitteln geworden, denen auf dem Meere dieselbe Bedeutung innewohnt, wie den Schnellzügen zu Lande. Nicht nur in bezug auf die Regelmäßigkeit ihrer Fahrten, sondern auch bezüglich der Bequemlichkeit und der Sicherheit ihres Betriebes stehen sie unerreicht da, kurz, sie bieten Vorteile, die nur der richtig einzuschätzen vermag, der den Schnelldampferbetrieb des Norddeutschen Lloyd aus eigener Anschauung kennt. Innerhalb dreier Wochen kann man heutzutage mit Leichtigkeit eine Reise von Europa nach den Vereinigten Staaten oder umgekehrt unternehmen, dort während eines mindestens siebentägigen Aufenthalts seine Geschäfte erledigen oder Angehörige besuchen und event. mit demselben Dampfer, mit dem man gekommen ist, in die Heimat zurückkehren. — Die vier Dampfer

Die Kronprinzessin beim Besuch ihres Patenschiffes.

verkörpern die Leistungsfähigkeit der deutschen Reederei und des deutschen Schiffbaues in einer Weise, wie man es sich in den achtziger Jahren, als zum erstenmale der Stettiner Vulkan zum transatlantischen Dampferbau herangezogen wurde, noch nicht träumen lassen konnte, und so dürfen wir sagen, daß auch diese schnellen Fahrzeuge, die ausschließlich deutschem Geiste und deutschem Können ihre Entstehung verdanken, zu ihrem Teile zur Hebung des deutschen Ansehens im Auslande beigetragen haben.

Doppelschrauben-Postdampfer „Prinz Friedrich Wilhelm".

DIE PASSAGIER- UND FRACHT-DAMPFER DES NORDD. LLOYD

Die letzten Jahrzehnte haben bedeutende technische Fortschritte im Schiffbau mit sich gebracht, mit ihnen haben die Einrichtungen auf den Schiffen des Norddeutschen Lloyd gleichen Schritt gehalten, kaum eine neue technische Erfindung von Wert ist unberücksichtigt geblieben. Wenn man sich beispielsweise vergegenwärtigt, wie primitiv die früheren Sicherheitsmaßregeln im Vergleich zu den jetzigen gewesen sind, und die Einrichtungen der Schiffe von einst und jetzt einander gegenüberstellt, so bedarf es hierüber keiner weiteren Ausführungen. — Während die Dampferflotte des Norddeutschen Lloyd im Jahre 1892 ausschließlich aus Einschraubendampfern bestand, beträgt zurzeit die Zahl der Doppelschraubendampfer des Norddeutschen Lloyd nicht weniger als 62, von denen 4 auf Schnelldampfer und die übrigen auf Reichspostdampfer und auf kombinierte Fracht- und Passagierdampfer entfallen. Für die Sicherheit des Dampferbetriebes, zum Teil auch für die Schnelligkeit, sind die Doppelschrauben von großer Wichtigkeit. Während ein Dampfer, der nur eine Schraube hat, durch einen größeren Schaden an seiner Maschine, seiner Schraube oder Welle hilflos werden kann, so daß er sich nicht mehr mit eigener Kraft zu bewegen vermag, kann ein Schiff, das mit zwei Schrauben ausgestattet ist, auch bei einem schweren Defekt einer Maschine, einer Schraube oder Welle ungehindert mit eigener Kraft seine Reise fortsetzen. Auch wenn das Steuerruder einen Schaden erleidet, bewähren sich die Doppelschrauben ausgezeichnet; denn es läßt sich ein Schiff auch ohne Benutzung des Ruders nur durch verschiedene Schnelligkeit bezw. durch Vor- und Rückwärtsarbeiten der beiden Schrauben steuern. Ferner trägt der Umstand, daß das Drehen und Wenden eines Schiffes durch die Doppelschrauben erleichtert wird, dazu bei, daß Kollisionsgefahren leichter vermieden werden können. Auch auf die Schnelligkeit der Dampfer hat die Einrichtung der Doppelschrauben einen gewissen Einfluß.

Außer einer vollkommenen technischen Konstruktion der Schnelldampfer „Kaiser Wilhelm der Große", „Kronprinz Wilhelm", „Kaiser Wilhelm II." und „Kronprinzessin Cecilie" hat der Norddeutsche Lloyd auch der Neuschaffung von Dampfertypen für die Bedürfnisse des kombinierten Passagier- und Frachtverkehrs seine unausgesetzte Aufmerksamkeit zugewandt.

Wesentlich für die Entwickelung der Reichspostdampferlinien war die Einstellung neuer Schiffe mit größerer Ladefähigkeit, gleichzeitig als Passagierdampfer für Tropenfahrten eingerichtet, die Schiffe der sogenannten **Prinzen-Klasse**. Bei diesen Schiffen wurde das **Doppelschraubensystem** eingeführt, ein System, das zuerst bei den schnellaufenden Kreuzern und Avisos der Kriegsmarine angewandt worden war. Die häufiger auftretenden Wellenbrüche legten den Gedanken nahe, daß das Zweischraubensystem größere Sicherheit mit sich brächte. Sowohl die deutsche wie die englische Handelsmarine fing Ende der achtziger Jahre an, neue Schiffe zu bauen, bei welchen das Doppelschraubensystem angewandt wurde. Im Jahre 1893 stellte die Cunardlinie die „Campania" und die „Lucania" in Dienst, welche bereits eine Maschinenkraft von je 30 000 Pferdestärken aufwiesen. Der Norddeutsche Lloyd hatte im Jahre 1892 einen von einer englischen Firma gebauten Doppelschraubendampfer erworben, welcher in dankbarer Erinnerung an die verdienstvolle Tätigkeit des Begründers der Gesellschaft und langjährigen Vorsitzenden des Verwaltungsrats den Namen „H. H. Meier" erhielt. (Der Dampfer ist im Jahre 1901 verkauft worden.) Im Frühjahr 1894 wurden die bei Blohm & Voß in Hamburg gebauten Postdampfer „Wittekind" und „Willehad", die gleichfalls Doppelschraubendampfer waren, in den Dienst der Reichslinien gestellt; im Laufe der nächsten dreiviertel Jahre folgten die beiden nach

Ein Reichspostdampfer des Lloyd nimmt in Bremerhaven Ladung.

dem Doppelschraubensystem eingerichteten Reichspostdampfer „Prinzregent
Luitpold" und „Prinz Heinrich". Beide Dampfer stellten einen wichtigen
Fortschritt in der Entwicklung der Schiffbaukunst dar; sie waren die ersten
großen Passagierdampfer, welche, in Rücksicht auf die Tropenfahrt, die gesamten Einrichtungen für Kajütspassagiere über dem Oberdeck erhielten,
und bei welchen der Speisesaal eine bevorzugte Lage auf dem vorderen
Promenadendeck fand. Damit war zum erstenmal und für alle Zeiten
vorbildlich das Problem eines wirklichen Tropendampfers gelöst worden.
Beide Dampfer wurden in die ostasiatische Reichspostdampferlinie ein-

Ungemütliche Passagiere.

gestellt, aus welcher sie jedoch im Herbst 1908 herausgezogen wurden,
um in den Salonschnelldampferdienst Marseille—Neapel—Alexandrien bzw.
Marseille—Alexandrien direkt eingestellt zu werden. Der vorübergehend in
dieser Fahrt beschäftigte Salondampfer „Schleswig", der jährlich die beliebten
Kaukasusfahrten macht, ist in der neuen Route Venedig—Alexandrien
eingestellt. — Als eine technische Meisterleistung ganz besonderer Art mag
die Verlängerung der drei Reichspostdampfer „Bayern", „Sachsen"
und „Preußen" hervorgehoben werden. Die Schiffe wurden in der Mitte
durchgeschnitten, ihre getrennten Hälften in der Kielrichtung auseinandergezogen und in den entstandenen leeren Raum bei den beiden ersten ein
neues Zwischenstück von 50 Fuß, bei dem letzteren sogar von 70 Fuß Länge

eingebaut. Das anscheinend unerhörte Wagnis glückte vorzüglich und man machte sogar die merkwürdige Erfahrung, daß die Schiffe an Schnelligkeit nur gewannen, und sich kommerziell besser als vorher ausnützen ließen. Nicht weniger als sieben große Dampfer des Lloyd sind in dem letzten Jahrzehnt durch eine derartige Verlängerung in ihrer Ladungsfähigkeit vergrößert und in ihren Passagiereinrichtungen verbessert worden. Die Dampfer sind bis zum Jahre 1907 auf der Reichspostdampferlinie nach Ostasien und von da ab im Mittelmeer-Levante-Dienst beschäftigt gewesen, aus dem sie im Laufe des Jahres 1909 nach Verkauf ausgeschieden sind.

Dampfer „Rhein" mit einem Truppentransport.

1895 wurde ein völlig neuer Schiffstypus geschaffen, die Dampfer der „Barbarossa-Klasse". Beim Bau dieser Dampfer wurde vor allen Dingen die Möglichkeit angestrebt, ein außerordentlich großes Frachtquantum und gleichzeitig eine ungewöhnlich große Zahl von Passagieren in drei verschiedenen Klassen befördern zu können, die Anordnungen aber so zu treffen, daß die Passagierräume von den Fracträumen gänzlich unabhängig sind. Der gesamte für die Kajütspassagiere bestimmte Raum wurde demnach in einem gewaltigen Überbau in der Mitte der Schiffe vereinigt; dieser Überbau ist nicht weniger als 256 Fuß lang und enthält drei Decks übereinander. Somit befinden sich die

Passagierzimmer auf den Barbarossadampfern in der denkbar günstigsten und ruhigsten Lage. Auf jedem Barbarossadampfer können mindestens 250 Passagiere I. Kajüte, 120 Passagiere II. Kajüte und 1300 bis 1500 Zwischendeckspassagiere befördert werden. Die Maschinenanlage besteht aus zwei voneinander vollkommen getrennten Vierfach-Expansionsmaschinen, welche die beiden gewaltigen Schrauben treiben und dem Schiff eine Geschwindigkeit von 14 bis 17 Seemeilen verleihen. Im vorderen und hinteren Schiffe sind je vier, also zusammen acht große Ladeluken vorhanden, welche mit 16 hydraulischen oder

Ansprache des Kaisers an die China-Truppen in Bremerhaven.

elektrischen Kränen versehen sind. Der erste Barbarossadampfer war „Friedrich der Große", dessen Stapellauf am 1. August 1896 auf der Werft des Stettiner Vulkan in Bredow bei Stettin stattfand. In demselben Jahre liefen noch drei weitere Barbarossadampfer vom Stapel: Dampfer „Barbarossa" auf der Werft von Blohm & Voß in Hamburg, Dampfer „Königin Luise" auf der Werft des Stettiner Vulkan, Dampfer „Bremen" auf der Schichau-Werft in Danzig; ihnen folgten die im Jahre 1900 in die Reichspostdampferlinie eingestellten Dampfer „König Albert", „Prinzeß Irene" und „Prinzeß Alice", sowie der im Jahre 1900 bei F. Schichau gebaute Dampfer „Großer Kurfürst", der an

Reichspostdampfer „Bremen" des Norddeutschen Lloyd Sydney verlassend.

Schnelligkeit und Größe die übrigen Dampfer der Barbarossaklasse noch um 3000 Brutto-Register-Tons übertraf. Im September 1905 wurde der Werft von Joh. C. Tecklenborg A.-G. in Geestemünde ein weiterer Dampfer für die Bremen—New Yorker Postdampferlinie in Auftrag gegeben, der im allgemeinen dem Typ der Barbarossa-Dampfer nachgebildet ist, aber im einzelnen hinsichtlich seiner Dimensionen und seiner Maschinenleistungen wesentlich von ihm abweicht. Der Dampfer lief am 22. Oktober 1907 vom Stapel und erhielt vom Prinzen Friedrich Wilhelm von Preußen den Namen „Prinz Friedrich Wilhelm". Der Dampfer wurde im Juli 1908 in Dienst gestellt; er hat einen Raumgehalt von 17000 Brutto-Register-Tons und eine Wasserverdrängung von 28000 Tonnen. Seine Maschinen indizieren 14000 Pferdekräfte, die ihm eine Geschwindigkeit von etwa 18 Seemeilen in der Stunde erteilen. Der am 7. November 1908 auf der Werft der Aktiengesellschaft „Weser" vom Stapel gelaufene, für die Mittelmeerfahrt erbaute Dampfer „Berlin" ist ein Schwesterschiff des Dampfers „Prinz Friedrich Wilhelm". Bei einer Tonnage von 17324 Brutto-Register-Tons rangiert dies Schiff der Größe nach hinter den Schnelldampfern „Kaiser Wilhelm II." und „Kronprinzessin Cecilie". Es ist imstande, nicht weniger denn 3169 Personen einschließlich 402 Mann Besatzung zu befördern. In seiner Einrichtung, die nach modernsten Prinzipien erfolgt ist, ist als Neuheit zu erwähnen, daß die Gesellschaftsräume, abweichend von den übrigen Dampfern des Barbarossa-Typs, in ein Deckhaus zusammengezogen sind, welches überall 3 m Höhe hat und durch viele und große Kuppeloberlichter erhellt wird. Auch im Zwischendeck sind zahlreiche Neuerungen, so insbesondere die Einrichtung von Speiseräumen usw., getroffen worden.

Für die La Plata-Fahrt wurde Anfang der neunziger Jahre ein neuer Schiffstyp für die Passagier- und Frachtfahrt in den Dampfern „Pfalz" und „Mark" und später „Schleswig" geschaffen, der sich in ähnlicher Weise wie die Schiffe der Prinzen-Klasse für die ostasiatische Linie, für die La Plata-Fahrt den Tropenverhältnissen anpaßte. Der Dampfer „Schleswig" war seit Eröffnung der Linie Marseille—Alexandrien bis vor kurzem in dieser Linie beschäftigt, ist indessen jetzt für den neuen Dienst Venedig—Alexandrien in Aussicht genommen. Er ist auf der Werft des „Vulkan" in Stettin am 10. Mai 1902 vom Stapel gelaufen und hat eine Länge von 137,16 m, eine Breite von 15,85 m und eine Tiefe von 10,20 m. Der Dampfer ist mit einem in zahlreiche Abteilungen geteilten, sich über die ganze Schiffslänge erstreckenden Doppelboden und mit 10 wasserdichten Schotten versehen. Es können auf dem Schiffe 230 Passagiere I. Klasse in 64 Kammern, 66 Passagiere II. Klasse in 6 Kammern und 234 Passagiere III. Klasse in 6 Abteilungen des Zwischendecks untergebracht werden. Den I.-Klasse-Passagieren stehen ein Speisesalon mit 108 Sitzen, ein Gesellschafts- und ein Rauchzimmer, und für den Aufenthalt im Freien ein sehr geräumiges, vor Sonnenstrahlen und Wind geschütztes Promenadendeck zur Verfügung. Das Schiff hat zwei vertikale dreifache Expansionsmaschinen mit Oberflächenkondensation von zusammen 4000 indizierten Pferdekräften; dieselben geben ihm eine Geschwindigkeit von mindestens $13^1/_2$ Knoten.

Dampfer „Berlin" im Hafen von Genua.

Den besonderen Bedürfnissen des Fracht- und Zwischendecksverkehrs der New Yorker Linien tragen die beiden Schiffstypen der Rhein-Klasse und der Feldherrn-Klasse Rechnung, welche gleichzeitig auch für eine beschränkte Anzahl von Kajütspassagieren eingerichtet sind. Zu der Rhein-Klasse gehören die Dampfer „Neckar", „Rhein" und „Main". Die letzteren beiden sind auf der Werft von Blohm & Voß in Hamburg gebaut, während der „Neckar" der Werft von Joh. C. Tecklenborg A.-G. in Geestemünde seine Entstehung verdankt. Die Dampfer sind als Vierdeckschiffe mit drei vollkommen durchlaufenden Stahldecks und einem teilweisen Orlopdeck erbaut. Die Dimensionen sind: Länge über Deck 152 m, größte Breite 17,7 m und Tiefe 11,3 m. Der Brutto-Raumgehalt beträgt etwa 10200 Registertonnen, das Deplacement ca. 17700 Tonnen. Sie besitzen Einrichtungen für etwa 300 Passagiere zweiter Klasse und sind zugleich imstande, bei voller Ausnutzung der Räume etwa 2700—3000 Passagiere im Zwischendeck zu befördern. Außerdem besitzen die Schiffe dieser Klasse eine sehr bedeutende Ladefähigkeit. Sämtliche drei Dampfer sind Doppelschraubendampfer, mit durchlaufendem Doppelboden und 11 bis zum Oberdeck reichenden wasserdichten Querschotten versehen, wodurch den Schiffen eine außergewöhnlich große Sicherheit verliehen ist. An Aufbauten besitzen die Schiffe eine Back, ein Mittschiffshaus mit darauf befindlichem großem Deckhaus und eine Poop.

Die sämtlichen Kajütsräume liegen auf den Schiffen der Rhein-Klasse mittschiffs. Die Zwischendeckspassagiere sind in der Poop und in den beiden unter dem Oberdeck belegenen Zwischendecken untergebracht. Für die schnelle Beladung und Entlöschung der Schiffe sind mit Rücksicht auf die zu bewältigenden gewaltigen Ladungsquantitäten außerordentliche Vorkehrungen getroffen. An den 4 Masten sind nicht weniger als 29 Ladebäume angebracht, welche von 15 Dampfwinden bedient werden. Die Ladebäume haben eine Tragfähigkeit von 3—10 Tonnen. Ferner sind 8 Ladeluken vorhanden. Die Besatzung der Dampfer besteht bei vollbesetztem Schiffe aus 140 Personen. Wie alle neueren Schiffe des Lloyd, so sind auch die Dampfer der Rhein-Klasse mit sogenannten Schlingerkielen zur Verminderung der Schlingerbewegungen ausgestattet. Daß die Dampfer mit elektrischem Licht und allen Bequemlichkeiten für die Passagiere, sowie mit den neuesten technischen Verbesserungen versehen sind, ist selbstverständlich. Die Maschinenanlage der Schiffe besteht aus zwei vierfachen, nach dem Schlickschen System ausbalancierten Expansionsmaschinen von zusammen 5000 indizierten Pferdekräften. Die Geschwindigkeit der Schiffe beträgt etwa $13\frac{1}{2}$ Meilen. Die Schiffe der Rhein-Klasse ermöglichen umfangreiche Viehtransporte.

Zu der **Feldherrnklasse** gehören die Dampfer „Zieten", „Seydlitz", „Roon", „Scharnhorst" und „Gneisenau", welche im Jahre 1902 bis 1904 auf den Werften von Schichau in Danzig, Joh. C. Tecklenborg A.-G. in Geestemünde und des Stettiner Vulkan in Bredow-Stettin erbaut sind. Die

Auf Dampfer „Prinz Friedrich Wilhelm" (Rauchzimmer-Ecke).

Dampfer haben eine Länge von etwa 144 m bei einer Breite von ca. 17 m und einer Tiefe von 12 m. Im Laufe der letzten Jahre ist der Typ der Feldherrndampfer noch um ein geringes erweitert worden, und zwar sind die neueren, 1904—1908 bei Joh. C. Tecklenborg A.-G. in Ceestemünde, der Aktien-Gesellschaft Weser in Bremen und Schichau in Danzig erbauten Dampfer „Bülow", „Yorck", „Goeben", „Kleist", „Lützow" und „Derfflinger", Schiffe von $146^{1}/_{2}$ m Länge, $17^{1}/_{2}$ m Breite und etwa 12 m Tiefe. Der Raumgehalt der Feldherrndampfer ist im Laufe der Jahre von 8900 auf ca. 9800 Brutto-Reg.-Tons gesteigert worden. Die Dampfer der Feldherrnklasse sind Passagier- und Frachtdampfer, die für die Reichslinien nach Ostasien und Australien bestimmt sind. Sie haben Einrichtungen für 90 bis 107 Passagiere I. Klasse, 70 bis 110 Passagiere II. Klasse und für ca. 130 Passagiere III. Klasse. Die Einrichtungen für Zwischendeckspassagiere sind auf den älteren Feldherrndampfern verschieden. Während der Dampfer „Gneisenau" annähernd 1000 Personen im Zwischendeck befördern kann, bieten die Dampfer „Roon" und „Scharnhorst" etwa 1800 Zwischendeckspassagieren Unterkunft; mit den Dampfern „Zieten" und „Seydlitz" dagegen können ca. 1900 Passagiere im Zwischendeck befördert werden. Die sechs neueren Dampfer vermögen dagegen nur etwa 1450 Zwischendeckspassagiere aufzunehmen. Die Ausstattung der Räume zeichnet sich durch einen leichten,

Reichspostdampfer „Goeben".

Zuwasserlassen eines Rettungsbootes.

vornehmen, modernen Stil aus. Auf die Verhältnisse der Tropenfahrt ist bei der Einrichtung besonders Rücksicht genommen. Jedes Schiff besitzt zwei Vierfach-Expansionsmaschinen von zusammen etwa 6000 bis zu etwa 6600 Pferdekräften. Die Geschwindigkeit der Dampfer beträgt 14^1/$_2$ bis 15 Seemeilen. Die Bemannung zählt ca. 170 bis 180 Köpfe. Für die Sicherheit der Passagiere und der Mannschaft ist in ausgedehntestem Maße unter Beobachtung der deutschen, englischen und amerikanischen Gesetze Sorge getragen. Im übrigen sind die Passagiereinrichtungen komfortabel und den Anforderungen der Neuzeit entsprechend. Außer den Kammern stehen den Passagieren I. Klasse geräumige, vornehm eingerichtete Salons zur Verfügung. Der Speisesaal, das Rauchzimmer und das Gesellschaftszimmer sind in bevorzugter Lage auf dem Promenadendeck untergebracht. Für Kinder ist ein Kinderspiel- und Speisezimmer eingerichtet. Auch für die Passagiere II. Klasse sind große, ansprechende Räume vorhanden. Sie bestehen aus Speisesaal, Rauchzimmer und Gesellschaftszimmer.

Neben den Dampfern der Feldherrnklasse sind die sogenannten **Prinzendampfer**, „Prinz Eitel Friedrich" und „Prinz Ludwig", die im ostasiatischen Reichspostdampferdienst Verwendung finden, zu erwähnen. Die Schiffe haben eine Länge von etwa 155 m, eine Breite von 17 m, eine Tiefe von ca. 11 m, ihr Raumgehalt beträgt etwa 8500 Brutto-Reg.-Tons, die Wasserverdrängung bei 7,62 m Tiefgang 14 000 Tonnen. Die Einrichtungen

Reichspostdampfer „Prinz Ludwig".

für die Fahrgäste umfassen 48 Kammern I. Klasse für 114 Personen, 57 Kammern II. Klasse zu 2, 3 und 4 Personen für insgesamt 158 Fahrgäste. Die Einrichtungen III. Klasse gliedern sich in Kammern und eine offene Kojeneinrichtung; in Kammern können 50, in offenen Kojen 564, zusammen also 614 Personen befördert werden. Die Ausstattung der Räume der I. Kajüte trägt unter Vermeidung alles Pomphaften einen vornehmen und gediegenen Charakter. Für die I. Klasse ist ein Speisesaal mit 122 Sitzplätzen, ein Rauch-, ein Gesellschafts- und ein Kinderzimmer sowie ein geräumiger Turnsaal mit Zander-Apparaten vorhanden, für die II. Klasse ein Speisesaal, ein Rauchzimmer und ein Damenzimmer.

Die für die Baltimore- und Galveston-Fahrt bestimmten Schiffe der **Kölnklasse**, zu denen die Dampfer „Köln", „Frankfurt", „Hannover", „Cassel", „Breslau", „Chemnitz" und „Brandenburg" gehören, stellen, entsprechend den bestimmten Bedürfnissen, für die sie gebaut sind, einen besonderen Typ unter den Dampfern des Norddeutschen Lloyd dar; während sie Kajütseinrichtungen nur in beschränktem Umfange aufweisen, bieten sie Platz für die Beförderung zahlreicher Zwischendecker und den Transport großer Mengen Getreide und Baumwolle. Diese Dampfer, die eine Länge über Deck von 136 m, eine Breite von $16^{1}/_{2}$ m, eine Tiefe bis zum Sturmdeck von 13 m und eine Tragfähigkeit von ca. 9000 Tons haben, können etwa 120 Kajüts- und etwa 1900 Zwischendeckspassagiere aufnehmen.

Die Einrichtungen für die Kajütspassagiere sind sehr behaglich, der Komfort der Schlafkabinen steht dem auf den Schnelldampfern des Norddeutschen Lloyd in nichts nach. Auch die Einrichtungen für die Zwischendecker haben auf diesen Schiffen besondere Berücksichtigung gefunden. Abgesehen davon, daß die hohen Räume durch große, zahlreiche Seitenfenstern hell erleuchtet sind, befinden sich in zwei Abteilungen des Hauptdecks an den Wänden entlang Kammern für 4—10 Personen. Für das Einnehmen und Löschen der Ladung besitzen die Schiffe sechs große Luken, an welchen zehn Dampfladewinden mit 18 Ladebäumen für die rasche Bewältigung der in dem Schiff unterzubringenden großen Mengen an Ladung angebracht sind. Die Maschinenanlage besteht aus zwei dreifachen Expansionsmaschinen von einer Gesamtleistungsfähigkeit von 3300 indizierten Pferdekräften, die imstande sind, das Schiff mit einer Geschwindigkeit bis zu 13 Seemeilen in der Stunde zu treiben. Um die Schiffe eventuell auch zum Transport von Truppen verwenden zu können, sind sie unter Berücksichtigung der bei den China-Expeditionen gemachten Erfahrungen auch mit allen hierzu nötigen Einrichtungen versehen.

Lediglich für den Frachtverkehr sind die vom Bremer Vulkan in Vegesack erbauten Dampfer „Westfalen", „Schwaben", „Franken", „Hessen", „Lothringen", „Thüringen", „Schlesien", „Göttingen", „Greifswald", „Holstein" sowie vier Neubauten der Rheinland-Klasse

Brückenaufbauten auf Dampfer „Prinz Eitel Friedrich".

Riesendampfer „George Washington".

bestimmt. Sie werden in der australischen Frachtdampferlinie beschäftigt und haben einen Raumgehalt von mindestens 5100 Brutto-Reg.-Tons. Ihre Tragfähigkeit beträgt 7400 bis 11000 Tonnen, die Geschwindigkeit bei einer Maschinenleistung von 3000 Pferdekräften etwa 13 Knoten. Der Bestimmung der Schiffe entsprechend sind die Lösch- und Ladeeinrichtungen so zweckmäßig wie möglich getroffen. Die Schiffe besitzen 5 Ladeluken, darunter einige von besonderer Größe. Für das Ein- und Ausladen der Frachtstücke sind 28 Ladebäume sowie 10 Dampfwinden vorhanden. Durch die vorzüglichen Einrichtungen wird eine besonders sorgfältige Behandlung der Ladung gewährleistet. Die Schiffe sind mit besonders großen Kühlanlagen versehen, um auch frisches Fleisch und leicht verderbliche Güter von und nach Australien befördern zu können. Die Maschinenanlage besteht aus einer Vierfach-Expansionsmaschine.

Für die La Platafahrt wurden im Jahre 1907 die Dampfer „Gotha", „Coburg", „Gießen" und „Eisenach" auf der Werft des Bremer Vulkan in Vegesack erbaut, Schiffe von etwa 9000 Tonnen Tragfähigkeit, die mit Einrichtungen für Kajütspassagiere und für etwa 1500 Fahrgäste III. Klasse versehen sind. Sie haben eine Länge von etwa 136 m, eine Breite von 16½ m und eine Tiefe von 13 m. Die Durchschnittsgeschwindigkeit dieser Dampfer beträgt etwa

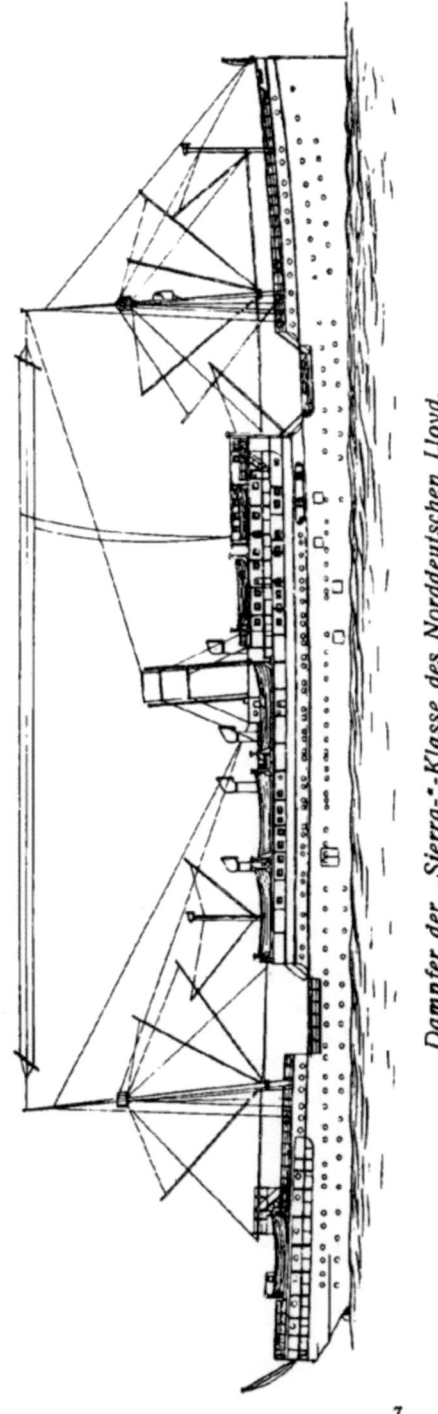

Dampfer der „Sierra-"-Klasse des Norddeutschen Lloyd.

14 Knoten. Eine sehr zeitgemäße und zweckentsprechende Erweiterung hat der Dienst nach Süd-Amerika durch die Indienststellung der Sierra-Klasse — eines neuen Passagier- und Frachtdampfertyps — erfahren. Diese Schiffe beherbergen 130 Kajütspassagiere, 100 Passagiere in besserer III. Klasse sowie 1600 Auswanderer.

1912/13 sind im La Platadienst die Dampfer der „Sierra"-Klasse, vier modern eingerichtete Doppelschrauben-Passagier- und Frachtdampfer, eingestellt. Sie haben eine Länge von 139 m, 17 m Breite und einen Tiefgang von 8,2 m. Ihre Maschinen von je 4000 Pferdestärken geben den Schiffen eine Geschwindigkeit von 14 Knoten. Die Kajüten der I. Klasse sind für 120 Passagiere und die der Mittelklasse für 74 Passagiere eingerichtet. In der III. Klasse können 1300 Passagiere untergebracht werden. Die Dampfer zeichnen sich dadurch aus, daß sie mit allem Komfort ausgestattet sind, insbesondere sind sämtliche Räume, da die Schiffe in den Tropen verkehren, hoch und luftig, so daß auch während der Fahrt in der heißen Zone den Passagieren der Aufenthalt an Bord erträglich bleibt.

Für den Dienst auf denjenigen Linien, bei denen die Fracht erheblich überwiegt, sind weiter die Dampfer vom Typus der „Norderney" mit etwa 5500 Tonnen, der „Bonnklasse" mit 4000 Tonnen, der „Freiburgklasse" mit 6000 Tonnen sowie eine Anzahl kleinerer Dampfer eingestellt. Einen Typ für sich allein bilden die Dampfer der Indo-chinesischen Küstenfahrt, sowie die Dampfer „Nixe" und „Najade", „Seeadler" und „Delphin", welche lediglich im Verkehr mit den Nordseebädern Verwendung finden.

Der neueste Zuwachs, den die Flotte des Norddeutschen Lloyd erhalten hat, ist der **Riesendampfer „George Washington"**, der größte Dampfer der Lloydflotte, wie der deutschen Handelsflotte überhaupt. Er ist auf der Werft des Stettiner Vulkan in Bredow bei Stettin erbaut, am 10. November 1908 in Gegenwart des amerikanischen Botschafters in Berlin Dr. David Jayne Hill vom Stapel gelaufen und am 12. Juni 1909 in die Bremen—New Yorker Postdampferlinie eingestellt. Dampfer „George Washington" hat eine Länge von 220,2 m, eine Breite von 23,78 m und eine Tiefe von 24,38 m. Die Wasserverdrängung beträgt bei einem Tiefgang von 10,06 m 37100 Tonnen und die Zuladung etwa 13000 Tonnen. Die Vermessung des Schiffes ergibt einen Tonnengehalt von etwa 25570 Brutto-Register-Tons. Im ganzen werden auf diesem Schiffe 535 Passagiere I. Klasse in 284 Zimmern, 320 Passagiere II. Klasse in 145 Zimmern, 490 Passagiere III. Klasse in 120 Zimmern und 1449 Personen in acht Abteilungen des Zwischendecks, insgesamt also 2794 Passagiere, bequem untergebracht. Hierzu kommt noch die Schiffsbesatzung, welche aus ca. 590 Köpfen besteht.

Alle Kabinen sind ungewöhnlich groß. Außer den Zimmern I. Klasse für 1, 2 und 3 Passagiere sind zwei sog. Kaiserzimmer, ferner zwei Staatszimmer und 31 Salonzimmer vorhanden. Hervorgehoben sei, daß auf diesem Schiffe in der I. Klasse die Betten nicht übereinander, sondern alle zu ebener Erde stehen. Den Passagieren I. Klasse stehen zum allgemeinen Gebrauch folgende prachtvoll und vornehm von Prof. Bruno Paul-Berlin, Rud. Alexander

Schroeder-Bremen und Prof. F. A. O. Krüger-München künstlerisch ausgestattete Salons zur Verfügung:

Ein Hauptspeisesaal im Salondeck, welcher eine Fläche von rund 550 qm bedeckt. Wie auf den Schnelldampfern des Norddeutschen Lloyd, so ist auch hier der so schnell beliebt gewordene Restaurationsbetrieb eingeführt worden. Am Vorende des Vorplatzes zum Hauptspeisesaal ist ein geräumiges Kinder-Spiel- und Speise-Zimmer angeordnet. Das ganze obere Promenadendeck, mit Ausnahme von einzelnen Kabinen I. Klasse, wird von dem Lese- und Schreibzimmer, dem Gesellschaftsraum und dem unteren Rauchsalon eingenommen. Die sämtlichen Räume, welche von den „Vereinigten Werkstätten für Kunst im Handwerk" in Hemelingen, Berlin und München ausgeführt sind, sind durch breite, innen liegende Gänge untereinander verbunden. Sie haben alle eine Höhe von 3,2 m. Der Gesellschaftssalon, welcher 21 m lang und 16 m breit ist, wird von einer 5 m breiten und 15 m langen domartigen Glaskuppel überwölbt.

Über dem unteren Rauchsalon befindet sich auf dem Sonnendeck der obere Rauchsalon, an welchen sich nach hinten zu eine offene, große, geschützte Laube, die zum Aufenthalt der Passagiere im Freien dient, anschließt. Unmittelbar hinter der Laube befindet sich auch ein großer Spielplatz. Vom Rauchsalon gelangt man wiederum durch einen geschützten

Dampfer „George Washington"   Gesellschaftshalle I. Klasse.

Gang in den mit den verschiedensten medico-mechanischen Apparaten ausgestatteten Turnsaal. Den Kajütspassagieren stehen u. a. auch zwei elektrische Lichtbäder zur Verfügung.

Die Wohnräume für Passagiere II. Klasse befinden sich hinter dem Maschinenschacht auf dem Haupt- und Salondeck. Die Kabinen sind in gleicher Weise eingerichtet wie die der I. Klasse, nur etwas einfacher gehalten. Um auch minderbemittelten Reisenden, denen sich eine Reise in der II. Klasse noch zu kostspielig gestaltet, und welche nicht im Zwischendeck befördert werden wollen, die Seereise angenehmer zu machen, hat der Norddeutsche Lloyd sich entschlossen, auf dem Dampfer „George Washington" noch eine dritte Klasse einzurichten. Die Zimmer für Reisende III. Klasse befinden sich im Hinterschiff; sie sind für 2, 3, 4 und 6 Personen eingerichtet. Ihre Ausstattung ist einfacher als die der II. Klasse, jedoch sind die Zimmer mit allen erforderlichen Bequemlichkeiten versehen. Für die Zwischendeckspassagiere sind die Räume im Vorschiff des Salon-, Haupt- und Unterdecks eingerichtet. Für den Aufenthalt im Freien dienen diesen Reisenden die Back und das freie obere Salondeck.

Der Dampfer „George Washington" ist als erstklassiger Doppelschraubendampfer für Passagiere und Fracht konstruiert, aus bestem deutschen Stahlmaterial nach den neuesten Vorschriften des Germanischen Lloyd für die höchste Klasse als Volldeckschiff mit fünf vollkommen durchlaufenden Stahldecks und ausgedehnten Extraverstärkungen erbaut und besitzt einen sich über die ganze Schiffslänge erstreckenden, in 26 Abteilungen geteilten wasserdichten Doppelboden. 13 wasserdichte Querschotte, welche sämtlich bis zum Oberdeck und zum Teil sogar bis zum oberen Salondeck reichen, teilen das Schiff in 14 wasserdichte Abteilungen.

Das Schiff ist als Schoner getakelt und hat zwei stählerne Pfahlmasten mit 29 Ladebäumen. Die höchsten Masten haben eine Höhe von 59 m über Kiel.

Die Höhe der einzelnen Decks ist zwischen 2,44 m und 3,2 m. Zur Bequemlichkeit der Passagiere sind seitlich der Haupttreppe zwei Personenaufzüge mit elektrischem Antrieb angeordnet, um die Passagiere auf bequeme Art vom Hauptspeisesalon nach den einzelnen Decks und umgekehrt befördern zu können. — Selbstverständlich ist für Sicherheitsvorkehrungen an Bord in weitestgehendem Maße Sorge getragen. An Rettungsböten führt das Schiff 22 Rettungsböte größter Sorte und 14 Halbklappböte.

Zum Bau dieses Riesendampfers wurden an Hauptmaterialien ungefähr folgende Mengen gebraucht: ca. 14 500 Tonnen Stahlplatten, Winkel-, Profil-, Flach- und Rundstahle, ca. 750 Tonnen Nieten und Schrauben, ca. 460 cbm Teakholz, ca. 2100 cbm Oregon- und Pitchpineholz, ca. 1200 cbm Fichtenholz. Das Gewicht des kompletten Hinterstevens mit Wellenböcken beträgt allein ca. 60 000 kg, das des Ruders mit Spindel ca. 47 000 kg.

Die Maschinenanlage besteht aus zwei vierzylindrigen und vierkurbeligen Vierfach-Expansionsmaschinen mit Oberflächenkondensation und Massenausgleich nach Patent Schlick. Die Maschinen indizieren zusammen 20 000 Pferdestärken und geben dem Schiffe eine Ozeangeschwindigkeit von

18,5 Seemeilen in der Stunde. Den Dampf liefern acht Doppel- und vier Einfach-Zylinder-Kessel mit zusammen 60 Feuerungen. Die Gesamtheizfläche beträgt 4877 qm, die Gesamtrostfläche 112 qm. Die Kessel sind in zwei Gruppen im Schiff angeordnet, deren jede einen ovalen Schornstein von 40,5 m Höhe über Kiel hat.

Die Gesamtzahl der auf dem Schiffe aufgestellten Dampfmaschinen beträgt einschließlich der Hauptmaschinen 75 mit zusammen 131 Dampfzylindern.

Im Frühjahr 1912 ist der Firma F. Schichau in Danzig ein großer Passagier- und Frachtdampfer in Auftrag gegeben, der einen verbesserten und bedeutend vergrößerten Typ des Dampfers „George Washington" darstellen wird. Der Dampfer, der in allen Klassen mit den neuesten und modernsten Einrichtungen versehen wird, erhält eine Länge von 775 Fuß, sein Raumgehalt beträgt 35 000 Brutto-Register-Tons, gegen 722 Fuß Länge, 25 570 Brutto-Register-Tons des „George Washington". Er wird imstande sein, im ganzen ca. 3700 Personen zu befördern, darunter 500 Passagiere in erster, 500 in zweiter, 600 in dritter und 1400 in vierter Klasse. Die Besatzung wird rund 700 Köpfe stark sein. Das Schiff erhält, wie alle Passagierdampfer des Norddeutschen Lloyd, Doppelschrauben. Seine Geschwindigkeit wird mindestens 20 Knoten betragen. Die Ablieferung soll im August 1914

Dampfer „George Washington". Treppenaufgang im Rauchsalon I. Klasse.

erfolgen. Der Vorstand des Norddeutschen Lloyd hat beschlossen, dem Schiff den Namen „Columbus" zu geben.

Alles in allem verfügte der Norddeutsche Lloyd Mitte des Jahres 1912 über eine **Gesamttonnage von 825 081 Brutto-Reg.-Tons.** Die Gesamtmaschinenstärke seiner Flotte stellte sich auf **611 124 Pferdekräfte.** Die Seedampferflotte des Norddeutschen Lloyd zählt zurzeit 117 Dampfer mit einem Raumgehalt von 752 442 Brutto-Reg.-Tons und einer Maschinenstärke von 594 300 Pferdekräften. In der europäischen Flußschiffahrt verkehren 66 Flußdampfer und Barkassen des Norddeutschen Lloyd mit einem Raumgehalt von zusammen 6551 Brutto-Reg.-Tons und einer Maschinenstärke von 14 409 Pferdekräften. Hinzukommen dann noch die beiden Schulschiffe „Herzogin Sophie Charlotte" und „Herzogin Cecilie" mit zusammen 5833 Brutto-Reg.-Tons, sowie 248 Leichter und Kohlenprähme mit einem Raumgehalt von ca. 57 788 Brutto-Reg.-Tons und 17 besondere Fahrzeuge von (soweit vermessen) 92 Brutto-Reg.-Tons.

Luxuskabine auf Dampfer „George Washington".

Seit dem Jahre 1894 sind, mit Ausnahme von 3 Dampfern, alle Schiffe des Norddeutschen Lloyd auf deutschen Werften erbaut und diesen dafür in dieser Zeit mehr als 340 Millionen Mark an Baugeldern zugeflossen. Seit seinem Bestehen hat der Norddeutsche Lloyd etwa 470 Millionen Mark für Schiffsbauten ausgegeben. Der buchmäßige Wert aller Dampfer und Fahrzeuge beträgt z. Zt. etwa 173 Millionen Mark.

DIE KADETTEN-SCHULSCHIFFE DES NORDDEUTSCHEN LLOYD

Schon seit dem Jahre 1896 hatte man im Norddeutschen Lloyd über die Gründung eines Kadettenschulschiffes verhandelt. Alle bremischen Reedereien und sonstigen maritimen Sachverständigen waren mit dem Lloyd einer Meinung, daß ein dringendes Bedürfnis nach Heranbildung tüchtiger Seeleute vorhanden wäre, daß aber gerade an der Weser der infolge Verringerung der Segelschiffahrt eintretende Mangel an gutem Nachwuchs sich weit mehr bei den Offizieren als bei der Deckmannschaft bemerkbar mache. Die Leiter des Norddeutschen Lloyd kamen zu der Ansicht, daß, wenn sie nicht energische Schritte täten, um sich einen guten Nachwuchs für ihr Offizierkorps zu sichern, bald ein Mangel an tüchtigen Offizieren eintreten würde. So entschloß sich denn der Lloyd, ein eigenes Kadettenschulschiff in Dienst zu stellen, dessen Protektorat vom Großherzog von Oldenburg übernommen wurde. Mit den Vorarbeiten wurde Professor Dr. Schilling, der Direktor der Bremer Seefahrtschule, beauftragt.

Ein geeignetes Schiff wurde durch Ankauf der viermastigen Bark „Albert Rickmers", 2581 Registertons, erworben, welches nach vollzogenem Umbau auf den Namen der Tochter des Großherzogs von Oldenburg „Herzogin Sophie Charlotte" umgetauft wurde. Das Schiff ist zur Aufnahme von 100 Kadetten eingerichtet, die in einem dreijährigen Kursus an Bord des Schulschiffes und in einem weiteren einjährigen Kursus an Bord von Dampfern des Norddeutschen Lloyd so weit vorgebildet werden, daß sich an diesen Kursus unmittelbar der Besuch der Seefahrtschule für die Vorbereitung zur Steuermannsprüfung anschließen kann. Der Besuch der Seefahrtschule beansprucht infolge der an Bord erworbenen Vorbildung statt 8 bis 9 Monate nur etwa 3 bis 4 Monate.

Nach erlangtem Befähigungszeugnis zum Seesteuermann finden die Zöglinge, soweit sie sich als tüchtig und geeignet erwiesen haben und freie Stellen vorhanden sind, Anstellung als 4. Offiziere an Bord von Dampfern des Norddeutschen Lloyd, ohne daß sie jedoch ihrerseits zum Eintritt beim Lloyd verpflichtet sind. Nach weiterer zweijähriger Dienstzeit ist alsdann ein zweiter Besuch der Seefahrtschule von 4 bis 5 Monaten behufs Ablegung der Prüfung zum Schiffer auf großer Fahrt erforderlich, womit die theoretische Schulausbildung abgeschlossen ist. Das Befähigungszeugnis zum Schiffer auf großer Fahrt (Kapitänspatent) berechtigt zur selbständigen Führung von Kauffahrteischiffen auf allen Meeren und Gewässern.

Neben der erforderlichen Besatzung von Offizieren und Mannschaften hat das Schiff zwei Navigationslehrer, von denen einer dem Lehrerkollegium

Kadettenschulschiff „Herzogin Cecilie"

der Bremer Seefahrtschule angehört, der andere aus dem Offizierkorps des Norddeutschen Lloyd ausgesucht wird.

Da sich bald nach der Indienststellung der „Herzogin Sophie Charlotte" herausstellte, daß zu einer gründlichen Erziehung des Offiziersnachwuchses vermieden werden muß, mehr als etwa 60 Zöglinge an Bord zu nehmen, beschloß der Lloyd, ein zweites Schulschiff in den Dienst einzustellen. Dieses neue Schulschiff lief am 22. April 1902 auf der Rickmersschen Werft in Bremerhaven vom Stapel. Nach der Schwester des Großherzogs von Mecklenburg wurde es auf den Namen „Herzogin Cecilie", der jetzigen Kronprinzessin des Deutschen Reiches, getauft. Es ist als Viermastbark gebaut und besitzt einen Raumgehalt von 3242 Registertons. Das Schiff hat im Juni 1902 seine erste Reise nach Portland (Oregon) angetreten und hat sich wie die „Herzogin Sophie Charlotte" auf seinen Reisen stets ausgezeichnet bewährt.

Die Verwaltung der Schulschiffe untersteht einem Verwaltungsausschusse unter dem Ehrenvorsitze des Großherzogs von Oldenburg.

Während der Norddeutsche Lloyd in der Hauptsache nur den Nachwuchs an Offizieren seiner Gesellschaft auf den Schulschiffen ausbildet, sorgt der im Jahre 1900 unter dem Protektorate Seiner Königlichen Hoheit des Großherzogs von Oldenburg gegründete Deutsche Schulschiff-Verein für die Ausbildung eines Teils des seemännischen Nachwuchses für die ganze Handelsmarine. Mit einem großen Teile der angesehensten, deutschen Reedereien unterhält der Deutsche Schulschiff-Verein enge organisatorische Verbindung, wodurch es ihm ermöglicht wird, den auf seinen Schulschiffen ausgebildeten Seeleuten nach erfolgter Ausbildung Stellung zu verschaffen.

Der Verein unterscheidet bei der Ausbildung junge Leute, die die Absicht haben, später den höheren Seemannsberuf in der Handelsmarine einzuschlagen, d. h. später Schiffsoffizier, Steuermann und vielleicht auch Kapitän zu werden, und solche, die nach ihrer Herkunft, nach ihrer Bildungsstufe und nach den ihnen zur Verfügung stehenden geringen Geldmitteln von vornherein die Absicht haben, dauernd im Mannschaftsbestande der Handelsflotte zu verbleiben, deren seemännische Laufbahn daher mit der Endstellung der unteren Seemannslaufbahn, mit der Stellung eines Bootsmannes oder Quartermeisters an Bord größerer Dampfer beendet ist.

Zur Durchführung dieser Tätigkeit besitzt der Deutsche Schulschiff-Verein 2 Schulschiffe, das im April 1910 zum erstenmal in den Dienst gestellte neu erbaute Schulschiff „Prinzeß Eitel Friedrich" und das schon seit 1901 in Fahrt befindliche Schulschiff „Großherzogin Elisabeth". Beide Schiffe sind Segelschiffe, die keine Fracht fahren, sondern lediglich zur Aufnahme einer größeren Zahl von Schiffsjungen, Leichtmatrosen, Matrosen und Kadetten eingerichtet sind. Dadurch, daß die Schiffe keine Rücksicht auf schnelle Frachtbeförderung zu nehmen brauchen, ist es angängig, die zur Verfügung stehende Zeit lediglich für eine gründliche Ausbildung der Zöglinge in den seemännischen Fertigkeiten auszunutzen und auch bei der Auswahl der Reisen der Schiffe lediglich die Gewähr einer gründlichen systematischen Ausbildung gelten zu lassen.

Das Schulschiff „Prinzeß Eitel Friedrich" dient vornehmlich zur Ausbildung von zukünftigen Schiffsoffizieren. Die jungen Leute erhalten auf diesem Schiffe als Schiffsjunge eine volle elfmonatige, oder als Leichtmatrosen, Matrosen, Kadetten eine mehrjährige seemännische Segelschiffsausbildung, die sie befähigt, späterhin als Leichtmatrose und Matrose auf Segelschiffen der Handelsmarine weiterzufahren. Es ist ihnen dadurch die Möglichkeit gegeben, nach Erwerb der gesetzlich vorgeschriebenen Seefahrtszeit von 45 Monaten, davon 2 Jahre als Vollmatrose, und als solcher mindestens 12 Monate auf einem Segelschiffe, weiter die Steuermannsklasse einer Navigationsschule (Seefahrtschule) zu besuchen und damit die höhere Seemannslaufbahn, die des Schiffsoffiziers, einzuschlagen.

Die Einstellung von Schiffsjungen erfolgt auf diesem Schiffe zweimal im Jahre, der größere Teil, ca. 100 bis 120 Jungen, wird bald nach Ostern, im Monat April, der geringere Teil von 30 bis 40 Jungen im Herbst, gewöhnlich im Monat September, eingestellt. Die Anmeldungen müssen für die Frühjahrseinstellung in den Monaten Dezember bis Februar, für die Herbsteinstellung im Monat Juli an die Geschäftsstelle des Deutschen Schulschiff-Vereins, Bremen, Herrlichkeit 5, eingereicht werden.

Ein Teil der Schiffsjungen verläßt nach erfolgter elfmonatiger Ausbildung das Schulschiff, um als Leichtmatrose auf einem Kauffahrteischiffe anzumustern. Ein anderer Teil der Schiffsjungen, die nicht die Berechtigung zum einjährig-freiwilligen Militärdienst von der Schule besitzen, kann ein zweites Jahr als Leichtmatrose, und von diesen wieder einige ein drittes Jahr als Matrose an Bord der Schulschiffe des Deutschen Schulschiff-Vereins verbleiben.

Von den Schiffsjungen, die die Berechtigung zum einjährig-freiwilligen Militärdienst von der Schule besitzen, kann ein Teil ein zweites und drittes Jahr als Kadett an Bord des Schulschiffes „Prinzeß Eitel Friedrich" verbleiben. Durch theoretischen Unterricht, für den ein akademisch gebildeter

Vordersteven eines Kadettenschulschiffes.

Lehrer angestellt ist, werden diese Kadetten so weit vorgebildet, daß sie den Kursus der Steuermannsklasse auf der Seefahrtschule von 8 bis 9 Monate Dauer auf 4 bis 5 Monate abkürzen können. Im Interesse der weiteren Laufbahn dieser Kadetten steht der Deutsche Schulschiff-Verein mit einigen größeren Reedereien in enger Verbindung, wodurch den Kadetten bei guter Führung und ausreichenden Leistungen an Bord des Schulschiffes gewährleistet wird, daß sie späterhin bei einer größeren Reederei eine Anstellung als Offiziere erhalten.

Aufentern!

Das Schulschiff „Prinzeß Eitel Friedrich" verbleibt in den Sommermonaten, April bis August, in der Ost- und Nordsee und macht in den Wintermonaten, September bis März, unter Anlaufen verschiedener Häfen eine Reise nach Westindien und zurück in die Heimat.

Auf dem Schulschiffe „Großherzogin Elisabeth" werden unbemittelte Knaben aus einfachen Kreisen unserer Bevölkerung, auch mit Vorliebe Waisenknaben, für die niedere Seemannslaufbahn auf Dampfern vorbereitet. Ein Pensionsgeld wird nicht erhoben, auch die Kleidung, die gegen Zahlung von 130 Mark geliefert wird, wird einem großen Teile gänzlich unbemittelter Jungen kostenlos überlassen und geht nach erfolgter Ausbildung in den Besitz der Jungen über. In einem abgekürzten seemännischen Schiffsjungenkursus von etwa 7 Monaten, April bis Ende Oktober, werden den Schiffsjungen diejenigen seemännischen Kenntnisse gelehrt, deren sie im Decksdienst auf Dampfern der Handelsmarine bedürfen. Nach Ablauf des Ausbildungskursus werden die jungen Leute unter möglichster Berücksichtigung ihrer eigenen Wünsche bei genügenden Leistungen den Dampfergesellschaften als Leichtmatrosen zugewiesen, auf deren Dampfern sie anfangs 30 Mark, später bis 45 Mark monatlich bei freier Verpflegung und Unterkunft an Bord verdienen. Nach beendeter Fahrzeit als Leichtmatrose werden die Jungen von den Dampfergesellschaften zu Matrosen befördert, in welcher Stellung sie monatlich neben freier Station 50 bis 70 Mark Lohn erhalten. Bei weiterer Dienstzeit

Offiziere und Kadetten eines Lloydschulschiffes.

haben die Matrosen Aussicht, in die Stellungen eines Bootsmann oder Steuerers mit 80 bis 110 Mark monatlichem Lohn neben freier Unterkunft an Bord aufzurücken. Im allgemeinen finden sie hierin das Endziel ihrer seemännischen Laufbahn, sie verbleiben also dauernd im Mannschaftsbestande der Handelsmarine.

Die Einstellung von 100 bis 150 Jungen an Bord des Schulschiffes „Großherzogin Elisabeth" erfolgt jährlich im Monat April, bald nach Ostern.

Das Schulschiff „Großherzogin Elisabeth" verbleibt während des siebenmonatigen Ausbildungskursus in der Ost- und Nordsee, da diese Gegenden sich als besonders geeignet für die erste seemännische Ausbildung bewährt haben.

Der Deutsche Schulschiff-Verein, der der deutschen Handelsmarine bis zum Jahre 1912 bereits 1461 ausgebildete Seeleute zugeführt hat, hat gemeinsam mit den deutschen Reedereien erkannt, daß neben der Ausbildung zukünftiger Schiffsoffiziere vor allem ein starker Nachwuchs an Mannschaften auszubilden ist, und es ist mit großer Genugtuung zu begrüßen, daß der Verein die bisher lediglich auf dem Schulschiffe „Großherzogin Elisabeth" betriebene Ausbildung von Mannschaften bedeutend erweitern und zu diesem Zwecke ein drittes Schulschiff, vermutlich ein Motorschiff mit Takelage, unter seiner Flagge in Fahrt setzen will. Der Verein wird dann imstande sein,

Kadetten am Steuer des Schulschiffes.

jährlich 600—700 gut ausgebildete, gut erzogene Seeleute dem Mannschaftsbestande der deutschen Handelsmarine zuzuführen, und wird dadurch zu einem schwer ins Gewicht fallenden Teile mit dazu beitragen, dem augenblicklich stark empfundenen Mangel an seemännisch ausgebildetem Deckspersonal für die Dampfer abzuhelfen.

Die Annahme-Bedingungen für die Ausbildung beim Deutschen Schulschiff-Verein können von der Geschäftsstelle des Deutschen Schulschiff-Vereins Bremen, Herrlichkeit 5, kostenlos bezogen werden.

FLOTTE DES NORDDEUTSCHEN LLOYD.

Mitte 1912.

Nr.	Name	Pferde-kräfte	Register-Tons brutto
	Seedampfer:		
1	*Kronprinzessin Cecilie.	45 000	19 503
2	*Kaiser Wilhelm II.............	45 000	19 361
3	*Kronprinz Wilhelm..	35 000	14 908
4	*Kaiser Wilhelm der Große	30 000	14 349
5	*George Washington	21 000	25 570
6	*Berlin..........	16 000	17 324
7	*Prinz Friedrich Wilhelm	14 500	17 082
8	*Großer Kurfürst..	9 000	13 102
9	*Bremen	8 000	11 540
10	*Friedrich der Große..	7 000	10 771
11	*Königin Luise	7 000	10 785
12	*Barbarossa	7 200	10 984
13	*Rhein	5 500	10 058
14	*Main..	5 800	10 058
15	*Neckar	5 500	9 835
16	*Prinzeß Irene	8 000	10 893
17	*Prinzeß Alice	8 000	10 981
18	*König Albert	7 500	10 484
19	*Prinz Ludwig	7 500	9 687
20	*Prinz Eitel Friedrich	7 000	8 797
21	*Derfflinger..	6 600	9 144
22	*Lützow.	6 600	8 826
23	*Kleist	6 600	8 959
24	*Bülow	6 500	8 965
25	*Yorck	6 500	8 909
26	*Goeben	6 500	8 800

*) Doppelschraubendampfer.

Nr.	Name	Pferde-kräfte	Register-Tons brutto
	Seedampfer:		
27	*Zieten.	6 000	8 021
28	*Seydlitz	6 000	8 008
29	*Gneisenau..	6 000	8 185
30	*Roon...	6 000	8 174
31	*Scharnhorst.......	6 000	8 388
32	*Prinz Waldemar....	2 200	3 227
33	*Prinz Sigismund	2 200	3 302
34	*Coblenz........	1 700	3 130
35	*Wittekind.	2 800	5 640
36	*Willehad	2 900	4 761
37	*Schleswig	4 100	6 955
38	*Prinz Heinrich.....	5 600	6 636
39	*Prinzregent Luitpold.	5 600	6 595
40	Therapia..	2 300	3 781
41	Skutari	1 400	2 867
42	*Cassel...	3 400	7 642
43	*Chemnitz	3 400	7 542
44	*Frankfurt	3 400	7 431
45	*Köln...	3 400	7 409
46	*Brandenburg.	3 600	7 532
47	*Breslau	3 600	7 524
48	*Hannover..	3 200	7 305
49	Coburg...	3 300	6 750
50	Eisenach.	3 300	6 757
51	Gotha.	3 300	6 653
52	Gießen	3 300	6 583
53	Holstein	2 800	4 932
54	Helgoland	2 000	5 666
55	Norderney	2 000	5 497
56	Borkum	2 000	5 642
57	Erlangen	2 550	5 285
58	Würzburg.	2 200	5 085
59	Bonn.	2 000	3 969
60	Halle.	2 000	3 960
61	Crefeld.	2 000	3 829
62	Aachen.	2 000	3 833
63	Rheinland..	4 000	6 588
64	Franken	3 200	5 099
65	Schwaben	3 200	5 098

Nr.	Name	Pferdekräfte	Register-Tons brutto
	Seedampfer:		
66	Hessen	3 200	5 099
67	Westfalen.	3 200	5 122
68	Lothringen..	3 200	5 002
69	Thüringen	3 200	4 994
70	Schlesien	2 600	5 536
71	Göttingen...	2 700	5 441
72	Greifswald..	2 700	5 486
73	Tübingen	2 300	5 586
74	Sigmaringen	2 300	5 710
75	Nixe	1 900	843
76	Najade	1 850	700
77	*Vorwärts	1 000	758
78	*Glückauf	1 000	736
79	*Seeadler	950	532
80	Chow Fa..	1 200	1 646
81	Chow Tai..........	1 200	1 777
82	Devawongse	1 200	1 643
83	Keong Wai	1 200	1 777
84	Loo Sok.......	1 200	1 604
85	Machew	1 200	1 600
86	Phra Nang.................	1 200	1 603
87	Wong Koi	1 200	1 777
88	Anghin ...	1 000	1 613
89	Borneo	1 150	2 168
90	Chiengmai	800	1 815
91	Choising.............	900	1 657
92	Darvel...........................	1 100	1 508
93	Dell...........................	1 150	1 394
94	Kohsichang	1 000	2 043
95	Kwong Eng......................	1 000	1 650
96	Locksun	900	1 657
97	Malaya	1 200	901
98	Manila.......................	1 000	1 790
99	Marudu....	1 100	1 514
100	*Mei Dah	750	1 682
101	*Mei Lee..............	750	1 682
102	Mei Yu....	500	1 430
103	*Natuna............... .	500	764
104	*Nuen Tung	950	1 341

Nr.	Name	Pferde-kräfte	Register-Tons brutto
	Seedampfer:		
105	Paklat......	1 000	1 657
106	Patani....	800	1 819
107	Petchaburi....	1 300	2 191
108	Pitsanulok ...	1 100	2 019
109	Pongtong.......	1 000	1 631
110	Rajaburi......................	1 100	1 904
111	Rajah	1 000	2 028
112	*Ranee...........	750	808
113	Samsen.	1 000	1 632
114	Sandakan.........	1 000	1 793
115	Sumatra	350	584
116	Teo Pao.....	1 000	1 654
117	Tsintau.........	1 000	1 685
		538 300	663 942
	Im Bau:		
118	*Sierra Cordoba...	ca. 4 000	ca. 8 500
119	* Nevada	„ 4 000	„ 8 500
120	* Salvada	„ 4 000	„ 8 500
121	* Ventana .	„ 4 000	„ 8 500
122	Frachtdampfer Elsaß.......	„ 4 000	„ 6 500
123	Austral-Frachtdampfer........	„ 4 000	„ 6 500
124	„ „	„ 4 000	„ 6 500
125	Passagier- und Frachtdampfer Columbus ...	„ 28 000	„ 35 000
		ca. 56 000	ca. 88 500
	Herzogin Sophie Charlotte (Schulschiff)		2 591
	Herzogin Cecilie (Schulschiff)		3 242
	Ferner:		
	66 Nordsee-, Flußdampfer und Barkassen ..	14 409	6 551
126	*Ayuthia .... ⎫	380	422
127	*Bangpakong	350	455
128	*Chantaboon	365	421
129	*Meklong .... ⎬ Dampfleichter	310	438
130	*Menam	350	464
131	*Patriu	350	455
132	*Tacheen . ⎭	310	440

Nr.	Name	Pferde-kräfte	Register-Tons brutto
	248 Leichterfahrzeuge und Kohlenprähme		57 788
	17 besondere Fahrzeuge (Getreide-Elevatoren, Elevator-Prahm, Aschprähme etc.), soweit vermessen .		92

Zusammenstellung:

	117 Seedampfer	538 300	663 942
	8 Seedampfer im Bau	56 000	88 500
	66 Nordsee-, Flußdampfer und Barkassen	14 409	6 551
	2 Schulschiffe..		5 833
	248 Leichterfahrzeuge.		57 788
	7 Dampfleichter.....	2 415	3 095
	17 besondere Fahrzeuge		92
		611 124	825 801

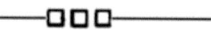

DIE SCHLEPPVERSUCHSSTATION DES NORDDEUTSCHEN LLOYD IN BREMERHAVEN.

Die Untersuchung des Widerstandes der Schiffe gegen ihre Fortbewegung durch das Wasser mit Hilfe von geschleppten Modellen ist heutzutage eines der wichtigsten Hilfsmittel der modernen Schiffbautechnik, sobald sie sich vor schwierige oder neue Aufgaben gestellt sieht, bei deren Lösung die Erfahrung der bisherigen Praxis nicht ausreicht. Den enormen Anforderungen an die Geschwindigkeit gewisser Schiffstypen, an die größtmöglichste Rentabilität der langsamer fahrenden Frachtdampfer kann der Konstrukteur mit Hilfe rechnerischer Methoden allein nicht mehr gerecht werden, denn auf die Frage der Formgebung der Schiffe und Propeller bleiben sie die Antwort schuldig, sie geben nur einen rohen Anhalt für die Berechnung der Maschinenstärke und versagen vollständig, wo es sich um Verbesserung der schon hoch entwickelten Schiffsformen handelt. Wie wichtig eine zweckmäßige Formgebung der Schiffskörper und seiner Anhängsel (Schlingerkiele, Wellenaustritte, Ruderschutz, Propeller) ist und wie nachteilig, sogar verhängnisvoll hier Irrtümer werden, zeigt die Entwicklung unserer Handelsschiffe nicht weniger deutlich als die unserer Kriegsfahrzeuge. So hatte ein Teil unserer älteren Schiffe neben ungünstiger Form des Rumpfes Anordnungen von Wellenaustritten und Schlingerkielen, welche ihrem Zweck nicht allein mangelhaft entsprachen, sondern auch im Widerstand und damit im Kraftverbrauch um 100% höher waren, als die jetzt üblichen Wellenhosen und Schlingerkiele. Es erhellt sofort, daß durch die jahrelange Indienststellung solchen Materials enorme Verluste entstanden sind, deren Nachweis zuerst durch die Vornahme von Schleppversuchen in Bremerhaven erbracht wurde.

Die Theorien, welche sich mit dem Schiffswiderstande befassen, sind sehr mannigfaltig, ebenso mannigfaltig sind die Resultate, welche sie liefern. Eins haben sie gemein, sie stimmen alle, sobald nur der Koeffizient bekannt ist, mit dem ihr Ergebnis multipliziert werden muß, um brauchbar zu werden.

Zweifellos ist die Froudesche Schiffswiderstandstheorie die beste dieser Theorien, da sie der Wahrheit am nächsten kommt. Ein Nachteil ist der kostspielige Apparat, mit dem sie arbeitet, ein Apparat, der nicht jedem zur

Verfügung steht, nämlich eine Versuchsstation, in dem die Schiffe bezw. ihre Modelle auf ihren Widerstand durch Versuche untersucht werden.

Die Versuchsstation wurde im Jahre 1900 erbaut, wobei die der Kgl. Italienischen Marine in Spezia als Muster diente. Sie ist ein Fachwerkbau mit Holzverschalung von 170 m Länge und besteht aus einer Halle von gleicher Länge und 8 m lichter Weite, die von einem 164 m langen Schleppbassin von 6 m Breite und 3,20 m Wassertiefe durchzogen ist. An den Seiten dieses Bassins läuft ein sehr starkes Gleis entlang, auf dem der 6,25 m breite und 9,40 m lange Schleppwagen rollt. Neben dem Nordostende dieser Halle liegen die zur Herstellung der Modelle erforderlichen Räume: die Formerei, Gießerei, Modelltischlerei, die mechanische Werkstatt und der Raum für die Modellschneidemaschine. Ferner die Bureaus für die zum Betriebe erforderlichen Ingenieure und Zeichner. Die Gesamtkosten dieser Anlage von 3124 qm Grundfläche betragen etwa 250 000 Mark.

Die Versuche selbst sind sehr einfach. Nachdem den Funktionen entsprechend, die das projektierte Schiff erfüllen soll, die Wasserverdrängung des Schiffskörpers bestimmt ist, werden für dieses Deplacement mehrere Schiffe entworfen. Nach den gezeichneten Plänen schneidet eine sinnreich konstruierte Maschine Schiffsmodelle von 4—5 m Länge aus Paraffin, die den großen Schiffen geometrisch absolut ähnliche Körper sind. Diese schwimmenden Körper werden durch ein Bassin mit Wasser gezogen. Den Widerstand gegen ihre Fortbewegung mißt ein Kraftmesser oder Dynamometer, dessen Registriertrommel gleichzeitig Weg und Zeit aufzeichnet.

Wie man nun einem Gefäße, welches einen Liter fassen soll, unzählige Formen geben kann, ebenso sind für ein Schiff von z. B. 1000 cbm Wasserverdrängung unzählige Abmessungen der Länge, Breite und des Tiefganges möglich. Wenn nun auch durch die erforderliche Stabilität, durch die Untiefen der Küsten, Flüsse, Hafeneinfahrten und durch die Länge und Breite der Docks die Zahl der Abmessungen von Haus aus wesentlich beschränkt wird, so bleiben doch noch selbst unter Berücksichtigung des soeben Erwähnten zahlreiche Schiffsformen übrig, aus denen es schwer ist, die richtige Wahl zu treffen. Eine Versuchsstation allein gibt das sichere Mittel, um von diesen Formen diejenige zu finden, welche den gestellten Bedingungen am meisten gerecht wird.

Die Modelle werden aus Paraffin von 0,87 spezifischem Gewicht, das einen Schmelzpunkt von 58—63° C. hat, gegossen, nachdem sie in durchgesiebtem Ton geformt sind. Der Formkasten ist 6 m lang, 1 m breit und 0,90 m tief. Um das Paraffin nicht zu überhitzen, wird es im Wasserbade in einem von Wasserrohren durchzogenen kupfernen Kessel von 300 l Inhalt geschmolzen. Das Modell ist ein Hohlguß; der Kern wird aus Spantschablonen und etwa 5 mm dicken, 30 mm breiten Holzlatten angefertigt, die mit starkem Leinen überzogen sind, welches einen dreimaligen Tonanstrich erhält. Nachdem der Kern in die Tonform gesetzt ist, wird er mit Eisenballast beschwert, um während des Gießens sein Auftreiben zu verhüten. Die Wandungen der Modelle sind in der Form 35—45 mm dick, etwa 10 mm stärker als die der für den Versuch fertigen Modelle. Die Zugabe von 10 mm ist für das Schneiden auf der Modellschneidemaschine erforderlich.

Die Kontrolle für die Richtigkeit des Modells ist sehr einfach. Aus dem Konstruktionsplan des Schiffes ist ein gewisses Deplacement berechnet, z. B. 2700 cbm. Wenn nun das Modell im Maßstab $1/_{30}$ entworfen ist, so muß das für den Versuch fertige Modell, also das Modell in der richtigen Schwimmlage, $2700:30^3 = 0,1$ t oder 100 kg wiegen, wenn das spezifische Gewicht des Schleppbassinwassers gleich 1 ist. Der vorgeschriebene Tiefgang wird mittels

Bassin für die Versuchsfahrten.

Ballastsäcken von bekanntem Gewicht, leinene Säckchen mit Schrot gefüllt, herbeigeführt. Um den Widerstand des Modells im Wasser für eine Reihe von Geschwindigkeiten zu messen, führt man dasselbe unter den Schleppwagen, der sowohl die Meßinstrumente für den Schiffsmodellwiderstand als auch die für die Modellschrauben-Schub- und Drehkräfte trägt. Dieser Wagen wird durch zwei Gleichstrom-Nebenschlußmotoren angetrieben, die ihren Strom einer Akkumulatorenbatterie von 120 Volt mittlerer Spannung und einer Kapazität von 500 Ampèrestunden entnehmen. Durch Schaltung der Akkumulatoren, der Widerstände und durch Parallel- und Hintereinanderschaltung der Motoren sind 430 untereinander verschiedene, sonst konstante Geschwindigkeiten von 0,45 m bis 4,75 m per Sekunde in Stufen von 0,01 m möglich. Infolge des bei der Berechnung der Schiffswiderstände aus den Modellwiderständen angewandten, von Newton gefundenen mechanischen Ähnlichkeitsgesetzes müssen die Modelle mit korrespondierenden Geschwindigkeiten geschleppt werden, Geschwindigkeiten, die, mit der Quadratwurzel aus dem Maßstab des Schiffes zum Modell multipliziert, die Schiffsgeschwindigkeiten ergeben. Wenn z. B. ermittelt werden soll, wieviel effektive Pferdestärken ein Torpedoboot bei 28 Seemeilen braucht, so muß sein Modell, wenn dieses im Maßstab $1/_{16}$ hergestellt ist, mit einer korrespondierenden Geschwindigkeit von

$$28 \cdot 0{,}5144 \sqrt{\frac{1}{16}} = 7 \cdot 0{,}5144 = 3{,}6008 \text{ m}^{1})$$

geschleppt werden. Da es nun praktisch unmöglich ist, die Akkumulatoren und Widerstände derart zu regulieren, daß der Schleppwagen genau mit 3600,8 mm Geschwindigkeit läuft, da es ferner interessant ist zu wissen, wieviel Widerstand das Modell bei kleineren bzw. größeren Geschwindigkeiten hat, so beginnen die Schleppversuche für Torpedoboote mit etwa 1 m und werden bei 4,5 m beendet. Die Geschwindigkeitszunahme ist dabei eine willkürliche.

Man kann sich den Widerstand eines im Wasser bewegten Schiffskörpers gegen die Fortbewegung aus einem Reibungswiderstand und einem wellen- und wirbelbildenden zusammengesetzt denken. Ersterer entsteht durch die Reibung der benetzten Oberfläche des Schiffsrumpfes mit dem Wasser, letzterer durch die Wellenbildung am Vorschiff und die Wellen- und Wirbelbildung um das Hinterschiff.

Nach der Froudeschen Theorie wird der Reibungswiderstand empirisch ermittelt. Er hängt von der Größe und der Art der benetzten Oberfläche, von der Dichtigkeit des Wassers und von der Geschwindigkeit, mit der das Schiff oder sein Modell durch das Wasser bewegt wird, ab. Wenn Wr dieser Widerstand ist, so kann man sagen, daß $Wr = \gamma \cdot F \cdot V \cdot \lambda$ ist, wobei γ das spezifische Gewicht des Wassers, F die benetzte Oberfläche, V die Geschwindigkeit und λ den Reibungskoeffizienten für das Schiff bedeuten. Sind die Reibungskoeffizienten für die verschiedenen Arten der Oberflächen von Schiff und Modell bekannt, die sich außer mit der Art auch noch mit den Längen der eingetauchten Flächen ändern, so lassen sich die Reibungswiderstände ohne weiteres rechnerisch ermitteln. Ist der Gesamtwiderstand des Modells durch Schleppversuche gefunden, so ergibt sich der rechnerisch nicht bestimmbare wellen- und wirbelbildende Widerstand durch Subtraktion des Reibungswiderstandes vom Totalwiderstande $w_w = w_t - w_r$. Das von Newton entdeckte mechanische Ähnlichkeitsgesetz, welches zuerst von dem bekannten englischen Schiffbauingenieur Sir W. Froude bei der Berechnung des Schiffswiderstandes angewendet wurde und daher auch von den Engländern „Froude's law"

---

[1]) 0,5144 ist die Umrechnungszahl von Knoten pro Stunde in Meter pro Sekunde.

genannt wird, besagt: „Wenn zwei geometrisch vollkommen ähnliche Schiffskörper sich mit korrespondierenden Geschwindigkeiten im Wasser bewegen, so verhalten sich die wellen- und wirbelbildenden Widerstände dieser Körper wie die dritten Potenzen ihrer linearen Abmessungen oder wie ihre Deplacements."

Sobald der wellen- und wirbelbildende Widerstand des Modells aus den Versuchen berechnet ist, braucht er nur mit α^3, der dritten Potenz des Maß-

Das zur Versuchsfahrt fertige Modell.

stabes des Schiffes zum Modell, multipliziert zu werden, um den entsprechenden Widerstand des Schiffes zu ergeben. Wird zu diesem Widerstand der Reibungswiderstand des Schiffes addiert, so ist der Gesamtwiderstand für das Schiff, der gesucht wurde, gefunden:

$$W_t = (n \cdot t - n \cdot r) \cdot \alpha^3 + W_r.$$
$$W_r = \gamma \, F \, V^{1,825} \, \lambda.$$

Diese Bestimmung des Modellwiderstandes hat den Vorteil, daß einem einzigem Modell ein ganz beliebiger Maßstab zu Grunde gelegt werden kann, mit dessen Hilfe der Widerstand und die effektiven Pferdestärken eines jeden beliebigen Schiffes vom gleichen Typ bestimmbar sind. Die Rechnung beruht

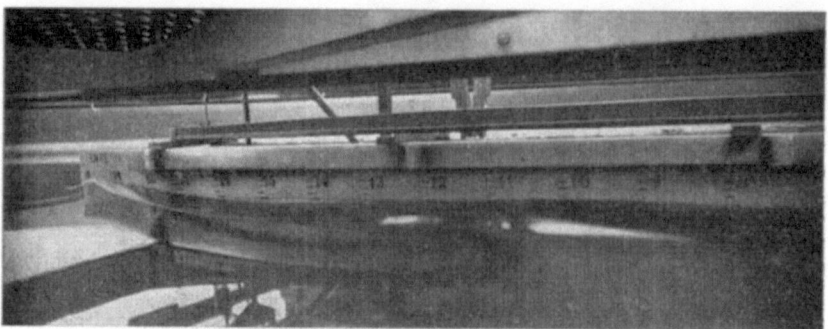

Ein Modell in Fahrt.

auf der Methode der Konstanten Froudes, die ausführlich in dem zweiten Jahrbuch der Schiffbautechnischen Gesellschaft 1901 unter „Hinterschiffsformen" behandelt und bedeutend vereinfacht unter „Beitrag zur Theorie der Konstanten Froudes zur Bestimmung des Schiffswiderstandes" im zweiten Heft des „Schiffbau" 1904 zu einer Formel entwickelt ist, welcher die bisher übliche langwierige und dabei auch unklare und unter Umständen ungenaue Rechnung vermeidet.

SICHERHEITS-EINRICHTUNGEN AN BORD VON TRANSATLANTISCHEN UND PASSAGIER-DAMPFERN.

Es gibt wohl kaum ein Beförderungsmittel, an welches so hohe Anforderungen bezüglich der Sicherheit der auf ihm befindlichen Menschen gestellt und bei dem daher so mannigfaltige Vorrichtungen vorhanden sein müssen, um diesen Zweck zu erfüllen, wie ein Schiff, insbesondere ein moderner transatlantischer Passagierdampfer. Das liegt in der Natur des Fahrzeugs selbst und in seiner Bestimmung.

Zunächst muß das Schiff, wie jedes andere selbständige Fahrzeug, einen Fortbewegungsmechanismus besitzen, der es befähigt, auch im Falle des Versagens des einen oder anderen Teiles desselben sein Ziel sicher und ohne fremde Hilfe zu erreichen.

Da es sich aber nicht auf einem festen Unterbau, wie ein Wagen auf der Straße oder gar der Eisenbahnzug auf dem Schienengeleise, sondern in dem flüssigen Element fortbewegt, das ihm nicht nur keinen Halt bietet, vielmehr schon aus geringfügigen Anlässen das Schiff aus seinem Kurs zu bringen vermag, so muß es durch einen absolut sicherwirkenden und kräftigen Steuermechanismus dauernd in feste Bahnen gezwungen werden.

Als Aufenthaltsort für Tausende von Menschen und oft zugleich als Transportmittel für große Mengen Ladung von hohem Materialwert muß es Vorkehrungen besitzen, um den Gefahren, die ihm sowohl in seinem Innern durch Feuersbrunst, Epidemien und dergl. wie auch vor allen Dingen von außen durch Sturm und Wellen, in der Nacht und im Nebel drohen, erfolgreich begegnen zu können, umsomehr, als auf der einsamen Fahrt über das Weltmehr auf Hilfe von außerhalb im allgemeinen nicht gerechnet werden kann; und schließlich muß das Schiff auch für den Fall, daß es den sicheren Hafen nicht mehr erreichen kann, Mittel haben, um die Passagiere, soweit es unter den gegebenen Verhältnissen überhaupt möglich ist, in Sicherheit zu bringen.

Die Erfüllung aller dieser Bedingungen gestaltet das Schiff zu einem äußerst komplizierten Organismus, und das Bewußtsein der Reedereien ihrer großen Verantwortlichkeit für die Sicherheit der immer größere Dimensionen annehmenden Ozeandampfer und der stetig wachsenden Zahl ihrer Passagiere,

Propeller und Steuer am D. „Lützow".

unterstützt durch die staatlichen und privaten Aufsichtsbehörden und die fortschreitende Entwicklung der technischen Hilfsmittel zur Vervollkommnung der Sicherheitseinrichtungen, fordert gebieterisch, den Schiffsorganismus derart auszugestalten, daß nach menschlicher Berechnung und menschlichem Können jede denkbare Gefahr verhütet bezw. überwunden wird. Es dürfte daher bei der Vielseitigkeit der an einen transatlantischen Passagierdampfer herantretenden

Gefahren nicht ohne Interesse sein, einen Überblick über die zu ihrer Vermeidung bezw. Beseitigung erforderlichen Sicherheitseinrichtungen zu geben.

Der Fortbewegungsmechanismus muß natürlich in erster Linie den Anforderungen größtmöglichster Betriebssicherheit entsprechen. Sie wird herbeigeführt einmal durch Verwendung nur der allerdauerhaftesten und widerstandsfähigsten Materialien, die für die gesamte Maschinen- und Kesselanlage in Frage kommen, ferner durch eine der Höhe nach begrenzte und mit genügender Sicherheit rechnende Beanspruchung des Materials, sowie durch sachgemäße, in bestimmten Zeiträumen wiederholte Überdruckproben der durch den hochgespannten Dampf besonders gefährdeten Teile dieser Anlage, um die Beschaffenheit des Materials und der einzelnen Konstruktionsteile dauernd unter Kontrolle zu haben. Für diejenigen Elemente, die erfahrungsgemäß besonders starker Beanspruchung oder Abnutzung, wie die beweglichen Glieder der Maschine und ihre Lager, unterliegen, sind Ersatzstücke und Vorrichtungen vorzusehen, um schadhafte Teile möglichst ohne Betriebsstörung auswechseln zu können. Für die Kesselanlage ist von besonderer Wichtigkeit eine selbsttätig wirkende Regulierung des Dampfdruckes, um Kesselexplosionen zu verhüten. Dies wird erreicht durch Anordnung von Sicherheitsventilen, welche den Dampf, sobald der Druck in den Kesseln die festgesetzte Höchstgrenze übersteigt, so lange nach einer ungefährlichen Stelle ableiten, bis der normale Druck wieder hergestellt ist. Wenn eine größere Maschinen- und Kesselanlage in Frage kommt, ist es zweckmäßig, dieselbe so in mehrere voneinander unabhängige Gruppen zu zerlegen, daß selbst im Falle des Versagens eines Hauptgliedes der Maschinenanlage, wie z. B. einer ganzen Maschinen- oder Kesselgruppe, das Schiff imstande ist, seine Reise ohne fremde Hilfe fortzusetzen.

Zum Fortbewegungsmechanismus gehört außer der Maschinen- und Kesselanlage der von ersterer mittels der Wellenleitung angetriebene Fortbewegungsapparat, der in der transatlantischen Fahrt aus einer oder mehreren Schrauben besteht. Diese sowohl wie die Wellenleitung dürfen selbstverständlich auch nur aus den allerbesten und zähesten Materialien bestehen und müssen genügend stark dimensioniert sein, da ein Versagen derselben das Schiff willenlos dem Spiel der Wellen preisgeben würde. So werden beispielsweise die Kurbelwellen auf den Schnell- und einigen anderen Dampfern des Norddeutschen Lloyd aus Nickelstahl und die Propeller auf sämtlichen großen Passagierdampfern des Lloyd aus bester Parsons Manganbronze hergestellt. Von größtem Wert für die Sicherheit der Schiffahrt hat das Ende der achtziger Jahre bei großen überseeischen Passagierdampfern eingeführte und heute allgemein übliche Doppelschraubensystem sich erwiesen, d. h. ein System zweier voneinander unabhängiger Maschinengruppen, Wellenleitungen und Schrauben; ein derartig gebautes Schiff kann, falls ein Propeller aus irgend einem Grunde versagen sollte, die Fahrt noch selbständig mit dem anderen Propeller fortsetzen.

Das Doppelschraubensystem spielt auch eine ganz bedeutende Rolle bei der Manövrierfähigkeit der Dampfer, wofür die Geschichte der Schiffahrt zahlreiche Beispiele aufzuweisen hat. Ich erinnere nur an den im Jahre 1908 erfolgten Ruderbruch des Schnelldampfers des Norddeutschen Lloyd „Kaiser Wilhelm der Große". Obwohl der Kapitän es in der Hand hatte, das etwa 700 Seemeilen entfernte Halifax als Nothafen anzulaufen, zog er es trotz des zur Zeit des Unfalls herrschenden sehr stürmischen Wetters vor, im Vertrauen auf eine genügende Steuerfähigkeit des Dampfers durch entsprechendes Manövrieren mit den beiden Schrauben den Kurs beizubehalten und den weiteren, erheblich schwierigeren Weg nach seinem Bestimmungsort, der über den Atlantischen Ozean noch etwa 1700 Seemeilen und weiter durch den Kanal und die Nordsee bis Bremerhaven noch 600 Seemeilen betrug, zu wählen, was ihm auch ohne jeglichen Unfall geverständlich ist Steuern mit Notbehelf anzuselben in erster bewegung des Zum sicheren hört vor allen ständiger und Steuermechabesondere Sorg-Konstruktion und ders zu vermehr, als eine desselben auf angängig ist. früher die Ruder Schiffe aus Stahl werden dieselben ganz aus bezw. schmiedgebaut, ein Mawegen seiner be-

Doppel-Telemotorstation auf einem Reichspostdampfer.

lang. — Selbst das alleinige Schrauben nur als sehen, da die Linie zur Fort-Schiffes dienen. Manövrieren geDingen ein selbzuverlässiger nismus. Ganz falt ist dabei auf Material des Ruwenden, umso-Auswechselung hoher See nicht Während man der großen guß herstellte, in neuerer Zeit Schmiedeeisen barem Stahlguß terial, welches deutenden Zähigkeit und Dehnbarkeit größtmöglichste Sicherheit gegen Bruch bietet. — Die Betätigung des Ruders geschieht mittels der Dampfsteuermaschine. Auf den größeren Dampfern des Norddeutschen Lloyd ist eine auf der Pinne montierte, durch eine besondere Bremsvorrichtung mit dem Ruder verbundene Dampfsteuermaschine nach dem Brownschen System allgemein eingeführt, welche sich durch große Betriebssicherheit auszeichnet. Diese Maschine besitzt, wie übrigens auch Steuermaschinen anderer Konstruktionen, die Eigenschaft, Stöße des Ruders, die bei starkem Seegang leicht auftreten und den Steuermechanismus gefährden können, gleichsam elastisch aufzufangen und dadurch abzuschwächen. Gleichzeitig sind Vorrichtungen vorhanden, um den Ruderausschlag auf das nötige Maß, etwa 40° nach jeder Seite, zu beschränken.

Für den Fall, daß dieselben versagen, ist am Hintersteven noch ein starker Ansatz angebracht, der das Ruder am weiteren Drehen verhindert. Außer der Hauptdampfsteuermaschine sind noch eine oder zwei Reserve-Dampfsteuermaschinen vorgesehen und ferner noch eine Vorrichtung, mittels derer man das Ruder von Hand betätigen kann, falls auch die Reservemaschine versagen sollte. Der Antrieb der Steuermaschine erfolgt von der Kommandobrücke aus mittels eines Handrades, durch dessen Drehung die meist hinten im Schiff beim Ruderpfosten montierte Dampfsteuermaschine betätigt wird und das Ruder somit selbst in die jeweilig gewünschte Lage gebracht werden kann. Früher war als Verbindung zwischen Steuerrad und Steuermaschine allgemein die sogenannte Axiometerübertragung in Gebrauch, d. h. eine durch eiserne Stangen in Verbindung mit Kegelrädern gebildete Leitung. Bei großen Schiffen kann eine derartige Anlage jedoch unter Umständen zu Komplikationen führen und, mit Rücksicht auf die erforderliche lange Leitung mit mehreren dazwischen eingeschalteten Kegelrädern, möglicherweise ein Versagen des Steuerapparates zur Folge haben. Daher wendet der Norddeutsche Lloyd bei solchen Schiffen die sogenannte Telemotorübertragung an, bei der mittels hydraulischen Druckes in etwa einen Finger dicken Röhrchen, die sich allen Krümmungen leicht anzupassen vermögen, der Dampfverteiler des Steuerapparates und somit die Steuermaschine selbst betätigt wird. Zur Erhöhung der Sicherheit wird noch eine von der ersteren völlig unabhängige Reservetelemotorleitung angeordnet. Damit der Steuerer sich jederzeit von der augenblicklichen Lage des Ruders überzeugen kann, befindet sich vor seinen Augen beim Steuerstand ein elektrischer Ruderlageanzeiger. Auf größeren Schiffen ist noch eine hintere, auf manchen sogar noch eine mittlere Kommandobrücke vorhanden mit entsprechenden Vorrichtungen, die eine dauernde Verständigung durch Telegraph und Telephon mit der vorderen Kommandobrücke, wie sie namentlich beim Manövrieren innerhalb des Hafens notwendig ist, ermöglichen.

Zum sicheren Manövrieren gehört ferner ein zuverlässiger **Maschinentelegraph mit Rückantwort**. Letztere Einrichtung ist getroffen, damit der Schiffsführer die Gewißheit hat, daß sein gegebenes Kommando verstanden ist. Hierzu gehört noch ein Apparat, der sofort erkennen läßt, ob das Kommando auch richtig ausgeführt ist. Eine solche Vorrichtung ist mit Rücksicht auf den Umstand, daß die Kommandostelle weit von der Maschine abgelegen ist, von der größten Wichtigkeit für ein sicheres Manövrieren. Als Sicherheit gegen etwaiges Versagen des normalen Maschinen-

Gangspill für einen Reichspostdampfer.

Feuermeldeeinrichtung im Steuerhaus auf D. „Kronprinzessin Cecilie"

telegraphen dient ein Reserve-Maschinentelegraph, sowie ein Sprachrohr nach der Maschine, mittels dessen die Befehle mündlich übermittelt werden können.

Nicht selten ist es erforderlich — namentlich vor dem Einlaufen in den Hafen — die Fahrt des Schiffes zu unterbrechen. Zum Festhalten des Schiffes an dem gewählten Haltepunkt dient der **Anker**. Derselbe muß, ebenso wie die **Ankerkette** und das **Ankerspill**, mit Rücksicht auf die große Wichtigkeit des sicheren Manövrierens besonders kräftig und dauerhaft hergestellt werden; außerdem sind stets noch mehrere Reserveanker an Bord. Zum Verholen des Schiffes im Hafen und zum Anlegen an der Kaimauer oder am Pier ist eine Anlage von Verholspillen vorgesehen, die bei größeren Schiffen sowohl vorn wie hinten angebracht sind, in Verbindung mit Klampen und Pollern zur Führung und zum Festmachen der Trossen.

Da dem Schiff auf seiner einsamen Fahrt über den Ozean innere und äußere Gefahren der verschiedensten Art entstehen können, so sind weitere Sicherheitsvorkehrungen notwendig. Die größte Gefahr, die ihm im Innern erwachsen kann, ist naturgemäß die Feuersgefahr, da sie den Verlust des Schiffes und damit den Verlust vieler Menschenleben und großer materieller Werte, die mit ihm selbst und seiner Ladung zu Grunde gehen, zur Folge haben kann. Daher ist auf Feuersicherheit und gute Feuerlöscheinrichtungen besonderer Wert zu legen. Durch die allgemeine Einführung des **elektrischen Lichtes** an Bord der Schiffe ist gegenüber den früher gebräuchlichen Öl- und

Petroleumlampen die Feuersgefahr zweifellos erheblich herabgemindert. Auch auf die sichere Unterbringung feuergefährlicher Stoffe, wie Öl und dergl., ist besonders Rücksicht genommen worden. Nicht geringe Vorsichtsmaßregeln erfordert die Entlüftung der Kohlenbunker. Für die sich hier leicht bildenden explodierbaren Kohlenwasserstoffgase muß durch geeigneten Einbau von Ventilatoren die Möglichkeit eines leichten Abzuges geschaffen werden; hierbei ist jedoch Sorge zu tragen, daß die Zufuhr von frischer Luft in die Kohlen vermieden wird, um etwaigen Selbstentzündungen der hierzu besonders neigenden Kohlen möglichst vorzubeugen.

Natürlich ist eine absolute Sicherheit gegen Feuer niemals zu erreichen; es müssen daher vor allen Dingen Einrichtungen gegen schnelles Umsichgreifen eines entstehenden Brandes vorhanden, sowie schnell und sicher wirkende Vorkehrungen zur Bewältigung desselben getroffen sein. Von großem Wert für die Lokalisierung eines im Entstehen begriffenen Feuers sind die wasserdichten Querschotten, weil sie eine starke Verbreitung desselben über das ganze Schiff verhindern können. Man ist infolgedessen, wenn das Feuer rechtzeitig bemerkt wird, meist imstande, dasselbe auf die gefährdete Abteilung zu beschränken.

Daher ordnet man auch in den bei den modernen Passagierdampfern häufigen langen Aufbauten oberhalb des Schottendecks in gewissen Abständen quer über das Schiff sich erstreckende eiserne Wände, sogenannte Feuerschotten, an. Eine über die Hauptteile des Schiffes sich erstreckende elektrische Feuermeldeanlage ermöglicht in Verbindung mit einer nach allen Mannschaftsräumen sich verzweigenden Feueralarm-Einrichtung das sofortige Inbetriebsetzen der Feuerlöschvorrichtungen. Als solche findet man außer der auf allen Schiffen vorhandenen Wasser-Feuerlöschleitung mit den dazu

Lautsprechendes Telephon an Bord.

*Verschiedene Arten von Unterwasser-Schallsignal-Apparaten.
Im Rumpfe eines Passagierdampfers, an einer Boje, Glocke eines Leuchtturms, Feuerschiff mit Glocke.*

gehörigen Dampf- und Handpumpen auf Passagierdampfern noch eine besondere Dampf-Feuerlösch-Anlage. An den Ventilkästen der Rohrleitung der letzteren befinden sich Öffnungen, die zum Hineinriechen dienen, um ein entstandenes Feuer rechtzeitig entdecken zu können. Schließlich ist noch eine Anzahl Handfeuerlöschapparate, zur sofortigen Benutzung bereit, vorgesehen, die natürlich nur von Wert sein können, wenn das Feuer im Entstehen, wie Kabinenbrand und dergl., bemerkt wird. Rauchschutzapparate mit elektrischer Lampe ermöglichen das Vordringen in mit Rauch angefüllten Räumen. Schwierig wird das Ersticken des Feuers, wenn es im Laderaum entstanden ist und nicht gleich wahrgenommen wird. Hier versagt unter Umständen Wasser und Dampf. Man hat viele Versuche gemacht, um solcher Gefahren Herr zu werden. Bekannt dürften die seinerzeit mit dem Gronwaldschen Apparat gemachten Versuche sein, der als Feuerlöschmittel Kohlensäure verwendet. Dieser Apparat erforderte aber zum Löschen eines Laderaumbrandes so große Mengen von Kohlensäure, daß er nicht zu allgemeiner Einführung gelangte. Kohlensäure hat auch noch den Nachteil, daß sie sich bei einer Temperatur von 1200° C. zersetzt und dann ihre Löschfähigkeit verliert. Als recht brauchbarer Apparat zum Löschen von Laderaumbränden scheint sich der in den letzten Jahren auf einer Anzahl von Schiffen des Norddeutschen Lloyd und anderer

Unterwasserschall-Signalglocke.

Linien, sowie auch von verschiedenen Hafenbehörden im In- und Auslande eingeführte Clayton-Apparat zu bewähren. Das in diesem Apparat erzeugte Gas besteht im wesentlichen aus schwefliger Säure und Stickstoff, besitzt eine große Löschkraft und zersetzt sich erst bei 2000°C., einer Temperatur, die bei Schiffsbränden selten vorkommen dürfte. Dieses Gas wird mit Hilfe eines Gebläses von unten in den brennenden Laderaum oder Kohlenbunker getrieben, steigt, während es sich über den ganzen Raum verbreitet, mit der beim Brandherd sich bildenden heißen Luft in die Höhe und ist, wie die Erfahrung gelehrt hat, bereits in einer Menge von 5—10%, imstande, das Feuer zu ersticken. Um ein Wiederaufleben des Feuers durch die in dem gelöschten Raum noch vorhandene Hitze zu verhindern, wird die Luft in demselben mitsamt dem darin befindlichen Claytongas noch so lange durch den Wasserkühler des Apparates geleitet, bis der Herd des Feuers auf eine normale Temperatur gebracht ist.

Dieser Apparat besitzt übrigens auch noch andere wichtige Eigenschaften, die ihn gerade für den Schiffsgebrauch geeignet machen dürften, nämlich die Fähigkeit, die Schiffsräume zu desinfizieren und Ungeziefer — insbesondere Krankheiten übertragende Insekten, Ratten und dergl. — zu töten; denn gerade auf einem Schiff sind wirksame und sicher funktionierende Vorrichtungen zur Verhinderung der Verbreitung ansteckender Krankheiten von allergrößter Bedeutung. Selbstverständlich ist zur Sicherheit der Passagiere in sanitärer Beziehung in erster Linie Reinlichkeit im Schiff Bedingung. Ferner gehört hierzu die Anlage von luftigen, hygienischen und mit allen erforderlichen Hilfsmitteln ausgestatteten und von approbierten Ärzten geleiteten Hospitälern, und schließlich ist für eine sachgemäße Unterbringung der Nahrungsmittel Sorge zu tragen, um sie vor dem Verderben zu schützen.

Bei Beobachtung aller einschlägigen Vorsichtsmaßregeln entstehen dem Schiff aus seinem Innern heraus nicht so leicht Gefahren, dagegen droht ihm von außen beständig Unheil, insbesondere durch Sturm und Wellen. Diese Gefahren bedingen in erster Linie einen festen und dichten Schiffskörper aus bestem, zähem und widerstandsfähigem Material von ausreichender Stärke. An Stellen, die besonderen Beanspruchungen durch Seeschlag, Eis, Vibrationen des Schiffes usw. ausgesetzt sind, werden besondere lokale Verstärkungen angebracht. Auch die Verteilung des Materials ist von großer Wichtigkeit, um eine genügende Längs- und Querfestigkeit gegen die unausgesetzten Zug- und Druckbeanspruchungen, die durch die Wellen, sowie Schlinger- und Stampfbewegungen auf den Schiffskörper einwirken, zu erzielen. Damit die Schlingerbewegungen das Schiff nicht zum Kentern bringen, muß es vor allen Dingen genügende Stabilität besitzen. Es müssen daher schon bei der Konstruktion der Schiffspläne genaue Berechnungen angestellt und gleichzeitig dem Schiffsrumpf in der wasserbespülten Zone geeignete Formen gegeben werden, so daß das fertige Schiff eine zweckentsprechende Stabilität besitzt. Als sehr nützlich zur Abschwächung der Schlingerbewegungen haben sich die schon seit längerer Zeit eingeführten Schlingerkiele bewährt. Ganz aufheben lassen sich die

Schlingerbewegungen jedoch nicht. Deshalb muß das Schiff auch in seinem Innern Sicherungen gegen die Wirkung dieser Bewegungen enthalten. Hierher gehören Vorsatzbretter vor den Betten und Kojen, um das Herausfallen aus denselben zu verhüten, Schlingerleisten an und auf den Tischen gegen das Herunterfallen von Tellern, Schüsseln usw. beim Speisen. Alle Gegenstände, soweit ihre Beweglichkeit im gewöhnlichen Betrieb zweckdienlich erscheint, müssen Vorrichtungen besitzen, um sie bei schwerem Wetter leicht und sicher befestigen zu können. Gegenstände, an denen gearbeitet wird, sind möglichst so aufzustellen, daß die daran beschäftigten Personen längsschiffs gerichtet stehen, damit sie beim Schlingern nicht ausgleiten oder umfallen; Schränke mit Geschirr und dergl. sind querschiffs aufzustellen, damit letzteres beim Schlingern nicht herausfällt und Verletzungen herbeiführt, bezw. selbst zerbricht. Für den gesicherten Verkehr im Schiff sind überall Handleisten zum Festhalten, nicht zu steile Treppen mit festem Geländer anzubringen und dergl. mehr. Um die Schlingerbewegungen auf ein möglichst geringes Maß zu reduzieren, hat der ehemalige Direktor des Germanischen Lloyd, der durch seine Erfindung des Massenausgleichs der Kolbenmaschine rühmlichst bekannte Dr. ing. Schlick, einen Kreisel konstruiert, der je nach der Größe des Dampfers in entsprechenden Abmessungen hergestellt und im Schiff nach einer bestimmten Richtung pendelnd aufgehängt, die von außen kommende, das Schlingern des Schiffes hervorrufende Kraft möglichst aufzehren soll. Wie sich der Kreisel im Großschiffahrtsbetriebe bewähren wird, muß jedoch noch abgewartet werden.

Als wirksames Mittel zur Beruhigung der Wellen verdient noch das bekanntlich schon in alter Zeit für diesen Zweck in Anwendung gebrachte und auch jetzt noch häufig benutzte Öl hervorgehoben zu werden.

Schutz gegen den Einfluß des Seegangs gewährt ferner ein genügend großer Freibord des Schiffes, d. h. eine genügend große Höhe des freien Oberdecks über Wasser. An der Bordwand muß ein festes und angemessen hohes Schanzkleid angebracht sein, damit überkommende Seen auf dem freien Deck befindliche Personen nicht über Bord spülen. Wasserschlagpforten im Schanzkleid von hinreichender Größe und Zahl sorgen für Beseitigung des auf dem freien Deck sich ansammelnden Wassers. — Weitere Gefahren können dem Schiff von außen erwachsen durch das Fehlen jeglicher Orientierungspunkte auf hoher See, insbesondere bei der Fahrt während der Nacht und im Nebel. Als Wegweiser dient der Kompaß. Die Zuverlässigkeit des Kompasses kann aber durch den stählernen Schiffskörper überhaupt, wie auch durch in seiner Nähe befindliches Eisen wegen der in letzterem Element vorhandenen und auf die Kompaßnadel störend einwirkenden magnetischen Kräfte leicht beeinträchtigt werden. Der Kompaß muß daher besonders sorgfältig reguliert, in seiner unmittelbaren Nähe Eisen nach Möglichkeit vermieden und auf die sachgemäße Anordnung und Verteilung des zunächst befindlichen Eisens besonders Bedacht genommen werden. Von besonderer Wichtigkeit für ein späteres korrektes Verhalten der Kompasse ist die Richtung, welche das Schiff während des Baues eingenommen hat, da sich in jedem im Bau befindlichen Schiff fester und halbfester Magnetismus bildet, den es mehr oder weniger dauernd beibehält und der infolge seiner Veränderungen den Kompaß störend beeinflußt. Bekanntlich ist die Nord-Südlage beim Bau am günstigsten. Ist das Schiff vom Stapel gelaufen, so wird es zweckmäßig um 180° gedreht, wodurch man die schiffsmagnetische Kraft, die Veränderungen unterworfen ist und daher häufigere Kompensationen der Kompasse erforderlich machen würde, großenteils beseitigt. Um hin und wieder die Schiffskurse bei Tage sowohl wie bei Nacht kontrollieren zu können, befinden sich genaue Meßinstrumente an Bord, mittels derer man durch Ablesen des Winkels, um den die Gestirne sich oberhalb des Horizonts befinden, leicht mit genügender Genauigkeit den Punkt der Erdoberfläche rechnerisch feststellen kann, auf dem das Schiff sich zur Zeit der Beobachtung befunden hat. Desgleichen wird durch möglichst häufige Peilungen von Gestirnen und, wo angängig, von festen Landpunkten die Richtigkeit des Kompasses kontrolliert. Zur Erzielung einwandfreier Resultate ist natürlich eine genaue Zeitbestimmung mittels absolut zuverlässiger

Offizier am Hörapparat für Unterwasserschallsignale.

Chronometer von größter Wichtigkeit. Sind die Gestirne durch Wolken verdunkelt, so kann nur mit Hilfe des Kompasses gesteuert werden. Indessen sind die Fehler des Kompasses praktisch nie gänzlich zu beseitigen. Daher hat es auch nicht an bisher allerdings fast ausnahmslos vergeblichen Versuchen, die Richtung im Raume auf andere Weise festzulegen, gefehlt. Nicht unbeachtenswert scheinen die schon seit längerer Zeit begonnenen Versuche zu sein, die darauf hinausgehen, die Eigenschaft eines schnell rotierenden Kreisels,

die Richtung seiner einmal im Raume angenommenen Achse dauernd beizubehalten, für den in Rede stehenden Zweck auszunutzen. Ob diese Versuche ein praktisch verwertbares Resultat ergeben werden, ist indessen zurzeit
noch nicht zu übersehen.

Als wichtige Hilfsmittel zur Navigation sind noch zu erwähnen das Lot,
welches besonders bei Fahrten in flachen Gewässern zur Messung der Wasser-
tiefen, sowie auch zur Ortsbestimmung in der Nähe der Küsten dient, und
das Log zur Bestimmung der Schiffsgeschwindigkeit. Um letztere auf großen
Dampfern möglichst sicher, schnell und genau ermitteln zu können, was
manchmal erwünscht ist, versieht der Norddeutsche Lloyd neuerdings
seine Schiffe noch mit einer größeren elektrischen Um-Fern-drehungs-anlage nach zeiger-Patent, Frams Schiffsführer welche dem Kontrolle der die sofortige Umdrehungs-jeweiligen Schrauben zahl der und damit ermöglicht Mittel zur ein einfaches der augen-Bestimmung Schiffs-blicklichen kelt, wie auch geschwindig- laufen der durch- die Hand Strecke an sichern gibt. — Zur der Nacht Navigation in Fahrzeuge müssen alle führen, deren Lichter

Empfangsapparat für Unterwasserschallsignale am Schiffsbug.

Farbe, An- ordnung etc. nach inter- nationalem Überein- kommen
geregelt sind. Ebenso existieren genaue internationale Vorschriften darüber,
wie zwei auf gleichem Kurs befindliche, einander sich nähernde Fahrzeuge
sich zu verhalten haben, um Kollisionen zu vermeiden. Diese Vorschriften
müssen natürlich den mit der Navigation betrauten Offizieren auf das ge-
naueste bekannt sein.

Neuerdings ist auf verschiedenen Dampfern des Norddeutschen Lloyd
ein Apparat eingeführt worden, der auf eine sehr einfache Weise eine Verständigung von Schiff zu Schiff bei Nacht ermöglicht. Über der Kommandobrücke wird eine elektrische Lampe aufgehißt, die mittels eines Tasters
im Steuerhaus zu längerem oder kürzerem Aufleuchten gebracht wird, wodurch
man mit Hilfe des Morsealphabets leicht Nachrichten übermitteln kann

— Schwieriger und gefährlicher wird die Schiffahrt in dichtem Nebel, da hierbei etwaige Hindernisse mit den Augen erst wahrnehmbar werden, wenn es zu spät und die Kollision oder Strandung unvermeidlich geworden ist. Schiffe geben dann gegenseitig durch Töne mit der Dampfpfeife ihre Anwesenheit zu erkennen, fahren reduziert und gehen in schwierigen Gewässern sogar zu Anker, bis der Nebel sich verzogen hat. Da letzterer am häufigsten in der Nähe der Küste angetroffen wird, so sind hier besondere Vorkehrungen vorhanden, um den Schiffen den richtigen Weg zu weisen. Licht versagt im Nebel; am besten sind noch **akustische Signale**. Es ist aber häufig sehr schwer und manchmal unmöglich infolge störender Luftströmungen und verschieden dichter Nebelschichten, die Richtung und Entfernung der Schallquelle auch nur einigermaßen genau festzustellen, bezw. diese Signale überhaupt zu hören. In dieser Beziehung ist nun in den letzten Jahren eine bedeutende Verbesserung durch Einführung des **Unterwasser-Schallapparates** geschaffen worden. Dieser von den Amerikanern **Mundy** und Professor **Elisha Gray** erfundene Apparat besteht der Hauptsache nach aus einer unter Wasser aufgehängten Glocke und beruht auf der Tatsache, daß einmal Wasser den Schall etwa $4^1/_2$ mal so schnell wie die Luft leitet und zum andern der Schall selbst durch Wind und Wellen nicht störend beeinflußt wird. Dieser Gebeapparat nun wird zweckmäßig unter Feuerschiffen, Bojen und dergl. angebracht, während die Schiffe mit einem entsprechenden Empfangsapparat ausgerüstet sind, mittels dessen vorn am Bug unter Wasser die Glockentöne aufgenommen werden, von wo sie dann weiter durch Telephonleitung nach dem Hörapparat im Steuerhaus auf der Kommandobrücke übertragen werden. Es befindet sich nun im Schiff sowohl auf der Backbord- wie auf Steuerbordseite vorn zwischen Wasseroberfläche und Kiel ein solcher Empfänger, so daß man — und zwar mit absoluter Sicherheit, wie die Erfahrung gezeigt hat — durch Vernehmen der Glockentöne feststellen kann, auf welcher Seite des betreffenden Seezeichens man sich befindet. Da die Töne bereits in einer Entfernung von mindestens ca. 4—5 Seemeilen deutlich, häufig in noch erheblich größeren Entfernungen (bis zu 18 Seemeilen) wahrnehmbar sind, so vermag das Schiff auch im dichtesten Nebel durch entsprechendes Manövrieren den durch das Signal gewiesenen Kurs einzuhalten. Mit Rücksicht auf die große Bedeutung dieser Erfindung für die Sicherheit der Schiffahrt, haben die großen deutschen Schiffahrtsgesellschaften diesen Apparat bereits auf allen Schnelldampfern und größeren transatlantischen Passagierdampfern anbringen lassen, wo er bereits häufig bei Fahrten im Nebel ausgezeichnete Dienste geleistet hat. So lag beispielsweise einmal der Schnelldampfer des Norddeutschen Lloyd „Kaiser Wilhelm II." vor Cherbourg infolge dichten Nebels vor Anker. Auf der Außenreede von Cherbourg erwartete ihn der Tender des Lloyd „Willkommen" und ließ die auf ihm installierte Unterwasserglocke ertönen, um dem Schnelldampfer wenn möglich die Richtung zur Hafeneinfahrt anzugeben. Tatsächlich wurden die Glockentöne von dem Empfangsapparat des Dampfers „Kaiser Wilhelm II." in einer Entfernung von etwa 15 Seemeilen vernommen. Sofort wurden die Maschinen in Bewegung gesetzt und der Dampfer fand die Hafeneinfahrt mit

Station für drahtlose Telegraphie (System Telefunken) an Bord D. „Bremen".

alleiniger Hilfe der Glockensignale. Es dürfte sonach einleuchten, daß die Sicherheit der Schiffahrt durch eine möglichst weitgehende Einführung dieses Signalsystems sehr gewinnen würde.

Noch eine bedeutende Erfindung der Neuzeit hat sich von großem Wert für die Sicherheit der Navigation erwiesen, das ist die drahtlose Telegraphie. Auch dieses System ist auf den Schnell- und größeren Passagierdampfern der großen Schiffahrtsgesellschaften mit Erfolg eingeführt worden. Ein Beispiel aus der Praxis mag den Wert dieser Erfindung kurz beleuchten:

Der Schnelldampfer „Kaiser Wilhelm der Große" befand sich am 28. April 1907 auf ca. 50° West in dichtem Nebel. Ungefähr hundert Seemeilen westlicher stand Dampfer „Carmania" der Cunardlinie. Auf t legraphische Anfragen nach Wind und Wetter antwortete Dampfer „Carmania": „Leichte nördliche Winde, klares Wetter," und gab gleichzeitig seine Position an, die ca. 12 Seemeilen südlicher und 90 Seemeilen westlicher war. Dampfer „Kaiser Wilhelm der Große" änderte daraufhin entsprechend seinen Kurs und war nach sechsstündigem Dampfen durch dichten Nebel in klarem Wetter, wie Dampfer „Carmania" angegeben. Derselbe Lloyddampfer passierte am 28. Mai 1907 in dichtem Nebel einen mitgehenden Dampfer, von dem nur die Dampfpfeifen zu hören waren. Da dieser Dampfer, „Caronia" der Cunardlinie, sich auf dem gleichen Kurs wie Dampfer

„Kaiser Wilhelm der Große" befand, gefährlich werden konnte, telegraphierte der Kapitän an Dampfer „Caronia": „Passierte soeben einen Dampfer dicht bei in dichtem Nebel." Zwei und eine halbe Stunde später kam die Nachricht von der „Caronia": „Wind NW., Wetter aufklarend, Dampfer dicht bei"; ein Zeichen, daß der Dampfer im Kurse der „Caronia" war und unter Umständen hätte gefährlich werden können.

Aber mit noch so vielen Vorbeugungsmaßregeln gegen Unfälle auf hoher See ist der Sicherheit noch nicht Genüge geleistet. Man muß auch damit rechnen, daß alle geübte Vorsicht versagt und eine Kollision eintritt. In diesem Falle kommt es darauf an, das beschädigte Schiff schwimmfähig zu erhalten. Zu diesem Zweck teilt man den Schiffskörper durch bis zum Oberdeck reichende wasserdichte Stahlwände, sogenannte Schotten, in eine Anzahl wasserdichter Abteilungen derart, daß im Falle des Vollaufens einer solchen mit Wasser das Schiff nicht untersinkt. Bei Schnell- und großen Passagierdampfern begnügt man sich mit dieser Anordnung noch nicht und teilt den Schiffskörper vielmehr in so viel wasserdichte Abteilungen, daß er selbst im Falle des Vollaufens zweier benachbarter Abteilungen noch schwimmfähig bleibt.

Drahtlose Telegraphie an Bord D. „Kronprinzessin Cecilie"
(System Marconi).

Landstation für drahtlose Telegraphie in Bremerhaven.

Hierbei ist natürlich in erster Linie Erfordernis, daß die Schotten stark genug sind, um dem Druck des Wassers zu widerstehen. Früher baute man die Schotten zu schwach. Infolgedessen wurden, zuerst in England auf Veranlassung des Board of Trade von dem sogenannten Bulkhead-Committee, neue Schottvorschriften, die gegenüber den früheren erheblich verschärft waren, aufgestellt und zur Annahme empfohlen. Der Norddeutsche Lloyd, der diese Vorgänge aufmerksam verfolgte, ernannte dann seinerseits ein Komitee zur Prüfung der Schottenfrage. Dies hatte zur Folge, daß der Lloyd nicht nur bei seinen späteren Neubauten die Schotten gegenüber den damals gültigen Vorschriften erheblich stärker bauen, sondern auch die Schotte der schon in Fahrt befindlichen Passagierdampfer noch verstärken ließ. Danach bearbeitete der Norddeutsche Lloyd diese für die Sicherheit der gesamten Schiffahrt so wichtige Angelegenheit in Gemeinschaft mit dem Germanischen Lloyd, wodurch letzterer sich veranlaßt sah, erheblich verschärfte diesbezügliche Vorschriften herauszugeben.

Um nun die Gewißheit zu erhalten, daß die vom Germanischen Lloyd rechnerisch ermittelten Schottversteifungen dem in Frage kommenden Maximal-Wasserdruck genügten, entschloß sich der Norddeutsche Lloyd im Jahre 1901 zum Einbau eines Versuchsschottes in seinem damals im Bau befindlichen ca. 7500 Brutto-Reg.-Tonnen großen Dampfer „Brandenburg", wobei die Versuchsabteilung mit Wasser bis zum obersten Deck aufgefüllt und probiert wurde. Die Ergebnisse dieser übrigens sehr kostspieligen, vom Norddeutschen Lloyd auf eigene Kosten und in Gemeinschaft mit dem Germanischen Lloyd unternommenen Versuche ließen erkennen, daß die nach den neuen Vorschriften gebauten Schotte ausreichend stark waren, gaben aber auch gleichzeitig zur Revision und weiteren Ausgestaltung der Schottvorschriften Veranlassung.

Die für einen gesicherten Betrieb des Schiffes erforderlichen Türen in den Schotten müssen natürlich vollkommen wasserdicht verschließbar hergestellt werden. Besonders wichtig ist ein schneller und wirksamer Verschluß derjenigen Türen, welche die von der Maschinen- und Kesselanlage unten im Schiff eingenommenen Räume miteinander verbinden. Dies kann auf modernen Dampfern auf dreierlei Weise geschehen; einmal durch eine oberhalb des Schottendecks von Hand zu betätigende Niederschraubvorrichtung, sodann durch Fallenlassen der Tür, was unten im Schiff durch eine einfache Auskupplung der genannten Vorrichtungen erfolgt, und schließlich durch eine von dem Steuerhaus auf der Kommandobrücke aus zu betätigende hydraulisch-pneumatische Schließvorrichtung nach dem sogenannten Lloyd-Stone-System. Diese, von dem Erfinder Dr. Dörr zuerst für Schiffe konstruierte Anlage ermöglicht das gleichzeitige Schließen sämtlicher genannter Schotttüren. Der Wert dieser Erfindung für die Sicherheit der Schiffe wird immer mehr anerkannt, so daß auch bereits andere Gesellschaften dieselbe auf ihren großen Dampfern eingeführt haben.

Mit dieser von der Kommandobrücke aus in Betrieb zu setzenden Schottenschließvorrichtung ist noch eine Alarmklingelanlage verbunden, die eine bestimmte Zeit vor dem Schließen der Türen ertönt, um dem etwa noch in den zu schließenden Räumen sich aufhaltenden Personal Gelegenheit zu geben, sich rechtzeitig in Sicherheit zu bringen. Im Steuerhaus auf der Kommandobrücke befindet sich auf den großen Passagierdampfern des Norddeutschen Lloyd noch ein sogenanntes Schottentableau. Auf diesem Apparat, dessen Einrichtung und Konstruktion nach eigenen Ideen des Generaldirektors des Norddeutschen Lloyd Dr. Wiegand ausgeführt ist, sind alle wasserdichten Türen in übersichtlicher und leicht erkennbarer Weise verzeichnet. Sobald nun

Dampffeuerlöschverteilungskasten mit Riechschrauben.

eine dieser Türen geschlossen ist, leuchtet an der betreffenden Stelle des Tableaus eine kleine elektrische Lampe auf, so daß der Schiffsführer jederzeit eine Kontrolle darüber hat, welche Schottüren geschlossen sind und welche nicht. Die Möglichkeit des schnellen Erkennens dieser Tatsache ist natürlich, besonders im Falle einer Kollision, von der größten Wichtigkeit für die Sicherheit des Schiffes.

Erwähnt sei noch eine andere Schottenschließvorrichtung, nämlich das soge-

Wasserdichte Schottentüre (halb geöffnet).

nannte „Long-Arm-System". Diese Erfindung verfolgt die gleichen Zwecke wie das „Lloyd-Stone-System", benutzt jedoch als Antriebskraft Elektrizität. Wenngleich die Elektrizität unstreitbare Vorteile besitzt, so wird doch ihre Wirk-

Wasserdichte Schottentüre (ganz geöffnet).

samkeit durch Feuchtigkeit unter Umständen in Frage gestellt, wie zahlreiche Fälle im allgemeinen Bordbetriebe bewiesen haben, und außerdem liegt die Gefahr des Kurzschlusses vor. Aus diesen Gründen hat der Norddeutsche Lloyd mit Rücksicht auf die Notwendigkeit größtmöglicher Betriebssicherheit der Schottenschließvorrichtung sich nicht zur Einführung des „Long-Arm-Systems", das auch sonst keine Vorteile bezüglich der Sicherheit vor dem „Lloyd-Stone-System" besitzt, entschließen können.

Zur Sicherheit des Schiffes gegen Untergang bei Strandungen, Grundberührungen usw. dient ein über die ganze Schiffslänge sich erstreckender doppelter, wasserdichter Boden, der ebenso wie das Schiff selbst in eine Anzahl wasserdichter Abteilungen geteilt ist. Um in das Schiff bei irgendwelchen Leckagen eindringendes Wasser beseitigen bezw. unter Kontrolle halten zu können, besitzen die modernen Passagierdampfer eine große Anzahl kräftiger Dampfpumpen, die teils in den Maschinen-, teils in den Kesselräumen placiert sind. Ein oberhalb des Schottendecks aufgestellter Hilfskessel liefert im Falle des Volllaufens des Kesselraumes mit Wasser den zum Treiben der maschinell angetriebenen Lenzpumpen erforderlichen Dampf. Außerdem befinden sich noch Pumpen auf dem Oberdeck, die sowohl von Hand, wie

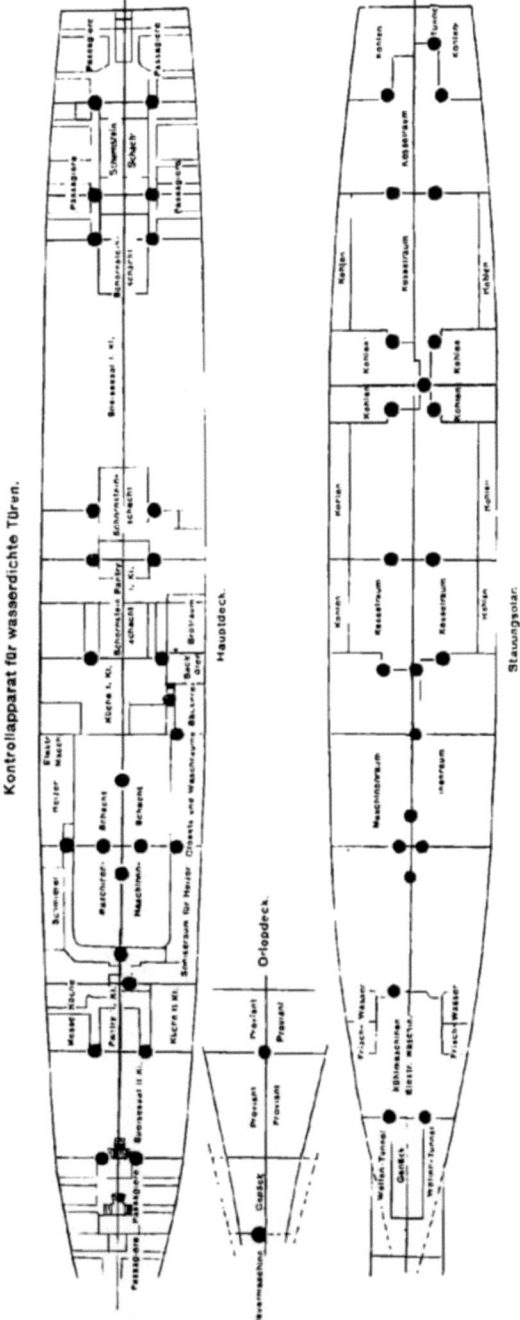

Das Steuerhaus.

auch von einer Dampfwinde aus angetrieben werden können. — Es bleibt noch übrig, einen kurzen Blick auf die Mittel zu werfen, die das Schiff besitzt, falls es aus irgend einem Grunde verlassen werden muß, was zuletzt trotz aller Sicherheitseinrichtungen nicht außer acht gelassen werden darf. Zu diesen Mitteln gehören in erster Linie die Rettungsboote, Rettungsringe und Rettungsgürtel. Über Konstruktion, Ausrüstung, Material, Aufstellung usw. derselben existieren eingehende Bestimmungen bei den Aufsichtsbehörden der verschiedenen Länder. Diese Apparate sind auch zu gewissen Zeiten auf ihre Brauchbarkeit zu untersuchen; nicht einwandfreies Rettungsmaterial ist auszuscheiden und durch neues zu ersetzen. Die Boote sind möglichst hoch und so zu placieren, daß sie leicht und schnell mittels sogenannter Davits zu Wasser gelassen werden können. Betriebssicherheit ist hier natürlich von allergrößter Wichtigkeit, da man damit rechnen muß, daß für das Verlassen des Schiffes unter Umständen nicht viel Zeit übrig bleibt. Nur die einfachsten Konstruktionen dürfen hier Verwendung finden, da in derartigen Momenten komplizierte Vorrichtungen nur zu leicht versagen.

Wenngleich über die verschiedenen Sicherheitseinrichtungen an Bord von transatlantischen Passagierdampfern nur ein kurzer Überblick gegeben werden konnte, so dürfte doch daraus hervorgehen, daß für die Sicherheit der Schiffahrt schon viel getan ist und die großen Dampfschiffahrtsgesellschaften ununterbrochen bemüht sind, sie zu ergänzen und zu vervollkommen. — Aber auch die besten Einrichtungen an Bord sind erst dann von Wert, wenn sie von einer wohldisziplinierten, opferfreudigen Besatzung gehandhabt und die Schiffe von tatkräftigen, umsichtigen und ihrer großen Verantwortung sich bewußten Führern befehligt werden. Bei dieser Gelegenheit sei erwähnt, daß der Norddeutsche Lloyd auf eine sachgemäße Ausbildung der Besatzung und die Erziehung tüchtiger Schiffsführer den allergrößten Wert legt, wovon die Einrichtung von eigenen Kadettenschulschiffen, nämlich der „Herzogin Sophie Charlotte" und „Herzogin Cecilie", Zeugnis ablegen dürften.

Außerdem geschieht gleiches seitens der anderen deutschen Reedereien durch die Förderung der Bestrebungen des Deutschen Schulschiff-Vereins, der die Schulschiffe „Großherzogin Elisabeth" und „Prinzeß Eitel Friedrich" unterhält. Die Einrichtung der Kadettenschulschiffe des Norddeutschen Lloyd scheint übrigens immer mehr vorbildlich zu wirken, da auch Gesellschaften anderer Länder gleiche Einrichtungen in neuerer Zeit getroffen haben, bezw. vorbereiten.

Die weitere Ausgestaltung der Sicherheitseinrichtungen darf eben nicht ruhen, und es ist ihr von allen Beteiligten ununterbrochene Aufmerksamkeit zu widmen. Auch in der friedlichen Schiffahrt gilt das Wort: „Si vis pacem, para bellum!"

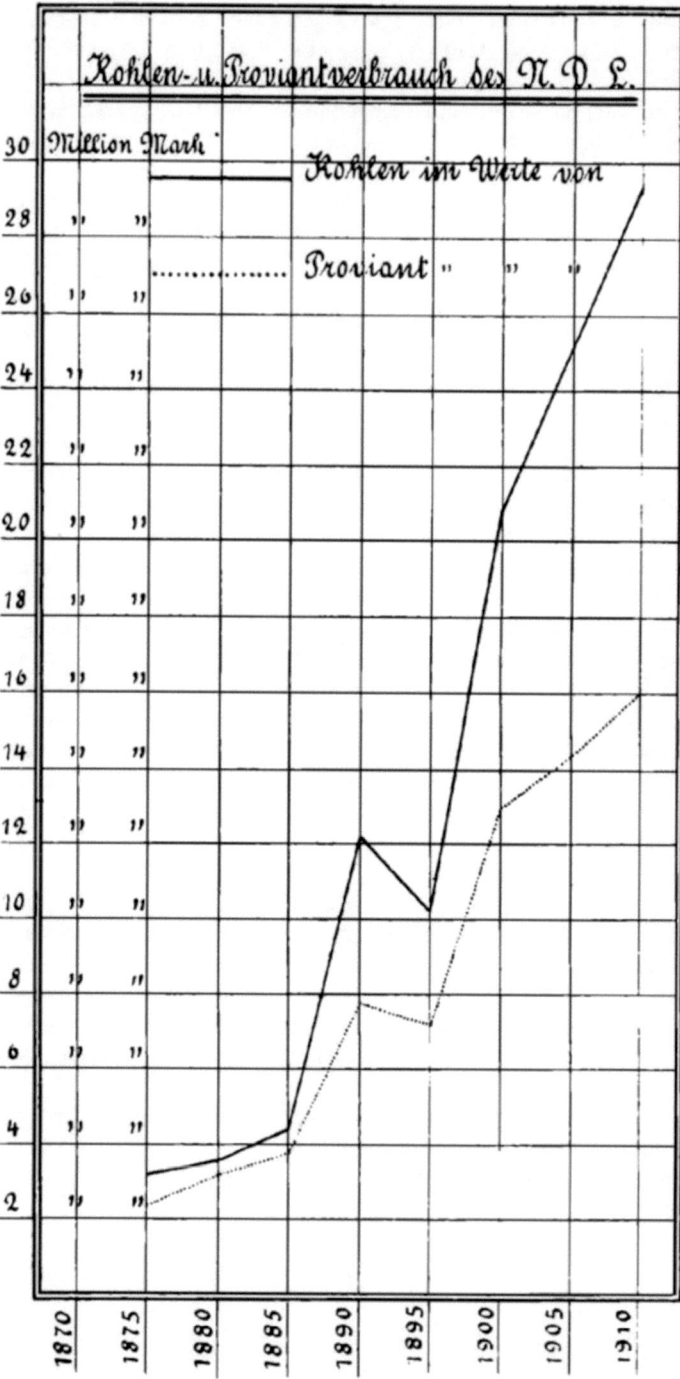

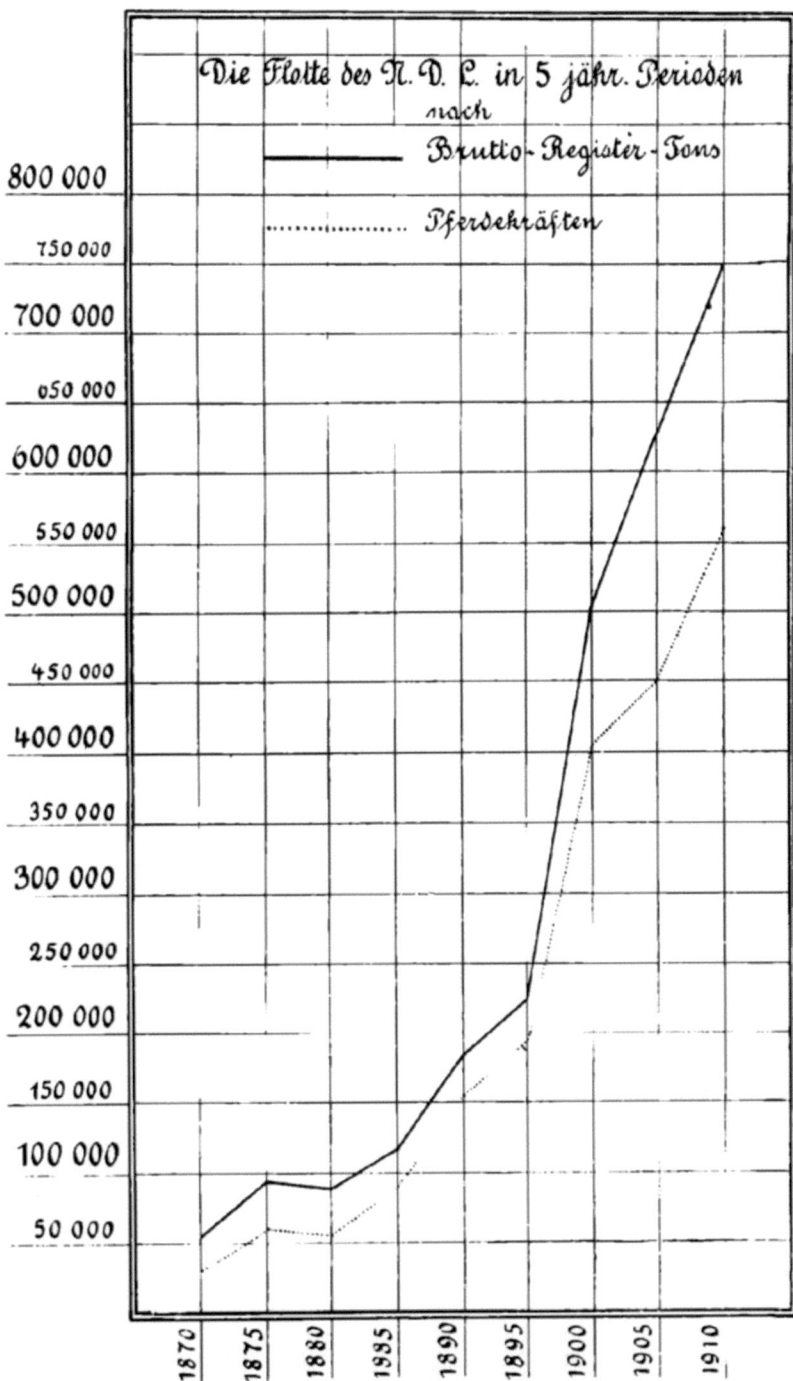

Passagierbeförderung des N. D. L.

———————— In 5 Jahren wurden insgesamt befördert

··············· In 5 Jahren wurden im Durchschnitt pro Jahr befördert

DAS VERWALTUNGSGEBÄUDE DES NORDDEUTSCHEN LLOYD

Einfach und unscheinbar waren die Geschäftshäuser, in denen der Norddeutsche Lloyd während der ersten fünfzig Jahre seines Bestehens seine Geschäfte abwickelte und von denen aus er seinen von Jahrzehnt zu Jahrzehnt stetig gewachsenen Betrieb leitete. Nachdem am 20. Februar 1857 die Bildung eines großzügigen Schiffahrtsunternehmens aus drei Weser-Flußschiffahrts-Gesellschaften und einer Assekuranz-Gesellschaft beschlossen war, ließ der Lloyd sich zunächst in einem einfachen Hause an der Martinistraße in der Nähe der Kirchenstraße nieder. Nach kurzer Zeit schon erfolgte die Übersiedelung der Gesellschaft nach der Papenstraße, wo anfangs in gemieteten, später in käuflich erworbenen, durch wiederholte Vergrößerungen erweiterten Räumen die Geschäfte betrieben wurden. Aber auch die mehrfachen Vergrößerungen

Vestibül.

Seitenansicht des Verwaltungsgebäudes.

konnten das immer mehr hervortretende Raumbedürfnis auf die Dauer nicht beseitigen. Die Verhältnisse drängten gebieterisch auf die Schaffung eines einheitlichen Baues hin, den der Vorstand in seinem Jahresbericht über das Jahr 1896 bei den Aktionären zu beantragen sich veranlaßt sah. Auf den bereits in seinem Besitz befindlichen Grundstücken war es jedoch ausgeschlossen, ein Verwaltungsgebäude von dem Umfange zu errichten, wie es der Norddeutsche Lloyd nach den Erfahrungen der Jahrzehnte für sich beanspruchen mußte. Infolgedessen sah er sich zu größeren Grundstücksankäufen in der unmittelbaren Umgebung seines Besitztums gezwungen. Nach und nach setzte er sich in den Besitz eines großen Häuserblocks in der Altstadt und eines Areals, welches ihm die Aufführung eines seinen Bedürfnissen und seiner ganzen Stellung im nationalen und internationalen Verkehrsleben entsprechenden Monumentalbaus gestattete, dessen Ausführung dem Bremer Architekten Herrn Johann Georg Poppe, der schon seit Anfang der achtziger Jahre dem Norddeutschen Lloyd nahegestanden hatte, übertragen wurde.

Die Ausschreibung der Arbeiten und Lieferungen für den ersten Bauabschnitt erfolgte im Herbst des Jahres 1900. Am 28. März 1901 wurde mit dem Bau begonnen, der in sieben Abschnitten erfolgte. Fast ein Jahrzehnt lag somit zwischen dem ersten Spatenstich und der Vollendung dieses Riesenbaus. Das mag auf den ersten Blick als ein langer Zeitraum erscheinen, indessen darf man dabei nicht den Umfang des Werkes und die mannigfaltigen Schwierigkeiten übersehen, die sich daraus ergaben, daß der Bau zum Teil auf dem alten Grundstück, das den Lloyd fast fünfzig Jahre beherbergt hatte, aufgeführt werden mußte, und weiter daraus, daß der Geschäftsgang beim Lloyd nicht unterbrochen werden durfte. Letzteres ließ sich nur dadurch ermöglichen, daß man nach und nach einzelne Teile des Neubaus aufführte und nach deren Fertigstellung die verschiedenen Bureaus dorthin verlegte, von denen ein Teil zeitweise auch in gemieteten Räumen am Ansgarikirchhof untergebracht werden mußte.

Aus dem Fries.

Schon am 13. Juli 1905 war die allmähliche Übersiedelung der Passagebureaus von dem alten in das neue Geschäftshaus beendet, in dem nunmehr die sämtlichen Räume der Passageabteilungen vereinigt waren. Nach Beendigung dieses Bauabschnittes erfolgte die Erweiterung der in den achtziger Jahren erbauten Waschanstalt und die gleichzeitige Erneuerung der Fassade an der Pelzerstraße, ferner der Neubau des danebenliegenden Maschinenhauses. Gleichzeitig mit dem Proviantamt wurden dann die Räume für die Frachtabteilungen und der an der Ecke der Großen Hundestraße und Papenstraße belegene Zwiebelturm hergestellt. Als sechster Bauabschnitt folgte der Neubau des Zolllagers auf dem Hof und die Erneuerung der Hoffassade der Waschanstalt, und Ende 1907 fielen schließlich die letzten Mauern des alten

Figur am Giebel.

Figur am Turm.

Aus dem Fries an der Papenstraße.

Geschäftshauses an der Papenstraße, welches noch den Stempel der hanseatischen Einfachheit und Schlichtheit trug und welches über 48 Jahre lang die Bureaus des Norddeutschen Lloyd beherbergt hatte. Mit der Niederlegung des alten Gebäudes begann die Ausführung des letzten Teils des Neubaus, des Mittelbaus, zu dem am Tage des fünfzigjährigen Jubiläums des Norddeutschen Lloyd, am 20. Februar 1907, feierlich der Grundstein gelegt wurde. Auf dem Festplatz fanden sich zu diesem Zweck Vertreter des Senats, der Bürgerschaft, der Handels-, Gewerbe- und Landwirtschaftskammer, die Mitglieder des Aufsichtsrats und des Vorstandes des Norddeutschen Lloyd und viele Damen und Herren ein, während die anwesenden Kapitäne, Offiziere, Ingenieure und die übrigen Lloydangestellten, Deputationen und viele andere Herren sich um den Stein herum gruppierten. Soweit der Platz auf der Straße es zuließ, war der Raum vor dem Festplatz dem Publikum freigegeben, das im übrigen sich einen Ausblick gesucht hatte, wo er sich ihm bot.

Herr Bürgermeister Dr. Marcus leitete den Akt der Grundsteinlegung mit folgenden eindrucksvollen Worten ein: „Geehrter Herr Plate! Als präsidierender Bürgermeister dieser freien Stadt entspreche ich mit Freuden Ihrem Wunsche, bei der Grundsteinlegung für dieses Haus mitzuwirken. Wird doch in diesem Hause die oberste Verwaltung eines Unternehmens ihre Wohnstätte finden, das seit seiner Begründung vor fünfzig Jahren in umfassendstem Maße bestimmend und fördernd in die Handels- und Verkehrsgeschichte Bremens eingegriffen hat, eines Unternehmens, das jeden Bremer mit Stolz erfüllt und dem jeder Kenner ungeteilte Bewunderung zollt. — Das bescheidene Haus, das noch vor kurzem an dieser Stelle stand und das jetzt den erhöhten Anforderungen der mächtig gewachsenen Verwaltung hat weichen müssen, legte Zeugnis ab, welch schlichten Sinnes die Männer waren, die den Norddeutschen Lloyd ins Leben gerufen und ihn zu der Höhe emporgeführt haben, auf der er sich heute befindet. Es bekundete im Bild, wie das oberste Gesetz der Volkswirtschaft, Erzielung höchster Leistungen mit geringsten Mitteln, stets für sie der Leitstern war. Daß der alte Geist auch lebendig sein wird in dem neuen Hause, des sind wir gewiß. — Der Bau ist erdacht und wird ausgeführt von einem Manne, der sein hohes Wissen und Können schon vielfach in den Dienst des Norddeutschen Lloyd wie seiner Vaterstadt gestellt hat, vom Architekten und Meister Poppe. In Zweckmäßigkeit, gepaart mit Schönheit, wird er ihn vollenden. — So möge das Haus erstehen, dem Bauherrn zur

Freude, seiner Stätte zur Zierde, Bremen und Deutschland zur Ehre. Das walte Gott!"

Nach dieser von lebhaftem Beifall begleiteten Rede wurde die kupferne Kassette, in welcher ein Exemplar der aus Anlaß des Jubiläums erschienenen Monographie über den Norddeutschen Lloyd, Bremer Tageszeitungen und Münzen, Photographien der Mitglieder des Aufsichtsrats und des Vorstandes, Photographien des alten und neuen Geschäftshauses, Photographien von Bremen, die für das Lloydjubiläum hergestellten Einladungs-, Menü- und Tischkarten, Lloydbroschüren, Prospekte und andere Drucksachen des Norddeutschen Lloyd, sowie Pläne des Baus usw. niedergelegt sind, in den Grundstein eingemauert. Alsdann traten die offiziellen Teilnehmer an den Grundstein heran, um die üblichen drei Hammerschläge zu tun und gleichzeitig damit ihren Glückwünschen Ausdruck zu geben.

Die Ausschachtungsarbeiten auf dem Terrain des Mittelbaues wurden im Herbst 1907 vollendet. Am 15. Oktober 1908 fand die einfache Richtfeier statt, die nach altem Bauhandwerkerbrauch vollzogen wurde.

Anfang Juni 1910 war der Bau, der in drei Hauptgeschosse zerfällt, bis auf unwesentliche Einzelheiten vollendet, so daß er in seinem ganzen Umfange in Benutzung genommen werden konnte. Als ein erhabenes Baudenkmal steht er vor uns, eine Zierde unserer Stadt, zugleich aber auch ein Zeichen der Größe und des Ansehens des Norddeutschen Lloyd.

Mit besonderer Liebe hat Poppe seine umfangreiche und schwierige Aufgabe in Angriff genommen und durchgeführt. Er hat damit seinem reichen Lebenswerke, dessen Spuren uns vielfach in Bremen und auf den Schiffen des Norddeutschen Lloyd begegnen, die Krone aufgesetzt. Der reiche dekorative Schmuck, den wir bei Poppes architektonischen Schöpfungen gewohnt sind, tritt, wie bei der Baumwollbörse, dem

Erker in der Pelzerstraße.

Portal

Geschäftshaus der Dampfschiffahrts-Gesellschaft Argo und vielen anderen, auch beim Lloydpalast in besonderem Maße in den Vordergrund. Poppe hat sich auch hier den pomphaften Stil der Renaissance zum Vorbild genommen, den er, den praktischen Zwecken des Gebäudes entsprechend, mit modernen Formen frei verschmolzen hat. Im Äußern des mächtigen Bauwerkes herrscht der Eindruck großartiger Masse vor, doch ist an einzelnen Teilen, namentlich an den Brüstungsfüllungen, den Gesimsen und Friesen, sowie den Erkern und Giebeln durch reichen Ornamentschmuck dem massigen Bau alles Schwere genommen. Von den blauschwarzen Eisenschmelzklinkern, die, ausgenommen bei dem ganz in Sandstein ausgeführten Zentralbau, ferner bei der Waschanstalt, den Packhäusern und beim Maschinenhaus, hauptsächlich als Blendmaterial verwandt sind, hebt sich der helle Sandstein der Fenstereinfassungen, der Brüstungsfüllungen und des Frieses wirkungsvoll ab.

Über dem aus kolossalen Sandsteinquadern gebildeten mächtigen Hauptportal erhebt sich, ganz in Sandstein ausgeführt, die wundervolle, von einem herrlichen Spitzgiebel gekrönte Fassade des Mittelbaus mit seinem sehr reichen ornamentalen und figürlichen Schmuck, ein ebenso interessantes wie großartiges architektonisches Meisterstück Poppes, zugleich aber auch ein hervorragendes Werk bremischer Bildhauerkunst; interessant und großartig durch seinen Formenreichtum, hervorragend durch die Schärfe und Klarheit, mit der die Ornamente, die Figuren und Profile aus dem Stein herausgearbeitet sind. Das Ganze stellt sich als eine Symbolisierung der internationalen Bedeutung des Norddeutschen Lloyd als Schiffahrtsunternehmen dar. In dem Bestreben, Bremens Handel und Schiffahrt zu fördern, ist seinerzeit der Norddeutsche Lloyd gegründet und durch ihn sind die Handelsbeziehungen Bremens auf alle Teile der Welt ausgedehnt worden. Industrie und Gewerbe, Kunst und Wissenschaft haben auch im In- und Auslande einen mächtigen Förderer an dem Norddeutschen Lloyd gefunden, dessen weitverzweigte Schiffahrtslinien ihnen die überseeischen Länder erschlossen und mit dazu beitrugen, daß sie auch jenseits der Meere festen Fuß fassen konnten. Es fällt einem bei genauem Studium der Fassade nicht schwer, deren figürlichen Schmuck in dieser Weise zu deuten. Die kraftvollen Figuren „Handel" und „Schiffahrt" in den Zwickeln des flachen Bogens, der sich über dem Portal wölbt, sind im übertragenen Sinne als die Grundpfeiler des Norddeutschen Lloyd anzusehen. Die Medaillon-Bildnisse über den Fenstern des zweiten Obergeschosses sind allegorische Darstellungen der fünf Erdteile und die von vier prächtigen, mit Emblemen der Industrie und des Gewerbes, der Kunst und der Wissenschaft ausgestatteten Figuren am dritten, galerieartig ausgebildeten Obergeschoß weisen auf die Bedeutung dieser wichtigen Faktoren des Welthandels, dem der Norddeutsche Lloyd in besonderem Maße dient, hin. Den Mittelpunkt des Giebels bildet Neptun, der Beherrscher der Meere, mit dem Dreizack in der Rechten, der immer noch Mächtige, obgleich der Mensch ihm durch geniale Erfindungen und durch enorm fortgeschrittene Technik seine ursprüngliche, oft unheilvolle Macht über die Schiffahrt erheblich geschmälert hat. Über ihm, hoch oben an der Spitze des Giebels, breitet eine bronzene Friedensgöttin ihre Schwingen über Handel und Schiffahrt aus. Der Giebel wird durch mehrere Gesimse, deren Abstände voneinander der Höhe der Dachböden entsprechen, in drei Teile zerlegt, die seitlich durch geschwungene Volutenbänder begrenzt werden. An den Ecken der einzelnen Giebelstaffeln und auf der Spitze des Giebels erheben sich zierliche Obelisken, wie man sie auf vielen Giebelhäusern in Bremen findet.

Die Hauptfassade an der Papenstraße, die durchaus von dem Mittelbau beherrscht wird, verleiht dem Riesenbau seinen repräsentativen Charakter. Kunstvolle Erker bilden eine wohltuende Unterbrechung der langen Flucht, und der schlanke Turm an der Pelzerstraße, sowie der runde Zwiebelturm an der Großen Hundestraße geben dem Ganzen einen vortrefflichen Abschluß.

In ihren Formen wesentlich einfacher gehalten als der Mittelbau, zeichnen auch die Seitenteile des Gebäudes sich durch reichen bildnerischen Schmuck aus, der überall in den Fensterbrüstungen, sowie unter den Gesimsen gleichmäßig verteilt ist. Das Meer, die Schiffahrt, der Schiffbau, Länder und Völker aller Weltteile haben dem Architekten eine Fülle von Motiven für die bildnerische Ausschmückung der Fassaden geboten. Überall sehen wir die Nachbildungen aller möglichen Meerungeheuer, dazu einen reichen ornamentalen Schmuck in Gestalt von Kartuschen, Karyatiden, Medaillons, Festons usw., sowie in Form von prächtigen Allegorien; dazwischen die Wappen der Länder, nach denen die Linien des Norddeutschen Lloyd führen, sowie die Wappen der Hauptstädte und Orte, zu denen der Lloyd in direkten Beziehungen steht, sei es durch das Anlaufen seiner Schiffe, sei es durch die Unterhaltung von eigenen Vertretungen oder durch sonstige Handelsbeziehungen.

Über alledem zieht sich unter dem Motto: „Handel und Schiffahrt verbinden die Völker", ein hochinteressanter Fries hin, der in seinen Einzelheiten den Charakter der Abteilungen andeutet, die in dem betreffenden Teile des Hauses untergebracht sind. Er stellt die Auswanderung, den Hafenbetrieb in Bremerhaven, den Schiffbau, die Reederei, das Proviantwesen in einer Reihe von wirkungsvollen Bildern dar.

Schließlich sei noch des Turmes an der Ecke der Pelzerstraße und Papenstraße Erwähnung getan, der in seinem oberen Teile von einer offenen Galerie mit imposanten Erkern unterbrochen wird. Der besonders hervortretende obere Teil des Turms ist unter der Haube mit reichen Bildhauerarbeiten, Arabesken, Wappen, stilisierten Schiffen usw. ausgestattet: so die Umgebung der Uhr, die Brüstungen der Galerie, die Erker und Giebel. Über dem Gesimse über der Uhr erhebt sich an jeder Turmseite je eine Figur, welche Industrie, Landwirtschaft, Handel und Schiffahrt darstellen.

Für die innere Einteilung des Neubaus waren, wie wir schon oben hervorgehoben haben, in erster Linie praktische Gesichtspunkte maßgebend. Wie in der ganzen Organisation des Norddeutschen Lloyd die Zentralverwaltung den Mittelpunkt des ganzen Unternehmens bildet, so gruppieren sich auch räumlich die einzelnen in sich getrennten Abteilungen um sie derart, daß seitwärts von dem Mittelbau, der in den verschiedenen Stockwerken die Zimmer für den Präsidenten, den Aufsichtsrat und die Leiter der Zentralabteilung, ferner die Zentralkasse, die Telegraphen- und Telephonzentrale, die Postzentrale, das sog. Postzimmer und endlich das Lloydmuseum enthält, sich links vom Haupteingang die Räume der Abteilung Kajüte, rechts die der Frachtabteilungen usw. anschließen, während das Proviantamt in unmittelbarem Zusammenhang mit den umfangreichen Proviantlägern und Packräumen sein Heim an der Großen Hundestraße an derselben Stelle behalten hat, von der aus es schon seit vielen Jahren seine wichtigen Aufgaben erfüllt hat.

Dem prunkvollen Äußern entspricht auch die innere Ausstattung des Lloydgebäudes, insbesondere des Mittelbaus. Man wird lange suchen müssen, um ein lediglich materiellen Zwecken dienendes Bauwerk zu finden, das ein Vestibül oder ein Treppenhaus von so hervorragender Gesamtwirkung enthält, wie dasjenige, welches Meister Poppe hier geschaffen hat. Wenn man durch eine der drei in herrlicher Kunstschmiedearbeit ausgeführten Türen des Hauptportals von der Papenstraße aus den Mittelbau betritt, so fällt einem sofort die kraftvolle Architektur, die im Hauptteile des Gebäudes besonders betont ist, auf. Wohl wirkt das Treppenhaus infolge der Eigenart der vom Vestibül nach dem ersten Obergeschoß führenden Freitreppe etwas schwer, aber im großen und ganzen vermag das die Raumwirkung nicht wesentlich zu beeinträchtigen. Eine gewisse feierliche Stimmung ist es, die den gewaltigen Raum beherrscht und ihm sein imponierendes, vornehmes Gepräge verleiht. Bayerischen Sandstein- und italienischen Marmorbrüchen ist das Material entnommen, das ausschließlich für die Gestaltung des Vestibüls, des Treppenhauses und des im ersten Obergeschoß an die Treppe anschließenden Atriums vor den Direktionszimmern Verwendung gefunden hat. Mächtige Sandsteinpfeiler tragen einen Teil der sonst frei emporgeführten, mit schwerem, dunkelrotem Läufer belegten Treppe. Aus Sandstein sind die durchbrochenen Brüstungen des Aufganges und der Galerien in den Obergeschossen, Sandsteinquadern bilden endlich auch die Wandverkleidungen von unten bis oben hinauf, wo über den Kapitälen mächtiger eckiger Säulen Rundbogen sich wölben, die in etwa 22 m Höhe vom Fußboden die große, in dezenten Farben

gehaltene und das Ganze wirkungsvoll abschließende Glasdecke, unter der der große kunstvoll gearbeitete Kronleuchter herabhängt, tragen. Weißer italienischer Marmor und schwarzer belgischer Granit bilden den Fußbodenbelag im Vestibül, im Atrium und im ersten Obergeschoß; aus weißem Marmor sind ferner die Treppenstufen, aus gelbbraunem sardinischem Marmor die Abdeckungen der Brüstungen und der Wangen der Treppe hergestellt. Die zu den einzelnen Abteilungen und Zimmern führenden dunklen Mahagonitüren mit gelben Beschlägen, kunstvoll gearbeitete Heizkörperverkleidungen und eine Reihe von lichtspendenden bronzenen Kronen beleben das Ganze und verleihen dem Raum eine glänzende künstlerische Wirkung, die von neuem Poppes hervorragende Meisterschaft auf dem Gebiete der Architektur erkennen läßt.

Was die räumliche Einteilung des Mittelbaus anlangt, so dient der größte Teil des Erdgeschosses dem allgemeinen Verkehr. Den Mittelpunkt der Vorhalle bildet die imposante, die direkte Verbindung zwischen dem Erdgeschoß und dem ersten Obergeschoß herstellende Freitreppe, zu deren beiden Seiten eine Anzahl massiver Sandsteinpfeiler aufstreben: die Träger der beiden Treppenbrücken, welche auf halber Höhe von dem Hauptaufgang rechts und links abzweigen und, sich rückwärts wendend, zu den Räumen des Aufsichtsrats emporführen. Hinter der Treppe folgen die Telephonzentrale und das Telegraphenzimmer, die Postzentrale, die Räume der Zentralkasse mit Tresor und die Bureaus der Abteilung für Vergnügungsfahrten.

Das erste Obergeschoß enthält hauptsächlich Repräsentationsräume, und zwar nach vorne, also nach der Papenstraße zu, das Sitzungszimmer des Aufsichtsrats mit einem behaglichen Vorzimmer, sowie ein sehr freundlich und vornehm gehaltenes Zimmer für den Präsidenten. In nächster Nähe der Räume des Aufsichtsrats, sowohl vom Vestibül als auch über den im ersten Stockwerk rings um die Treppe herum hallenartig ausgebildeten Gang von allen Teilen des Gebäudes aus leicht zugänglich, liegen nach hinten zu die Direktionsräume der Zentralabteilung, sämtlich um das oben erwähnte Atrium gruppiert, dem eine hohe Glaskuppel Licht zuführt. Von dem lichten Ton, auf den diese Vorhalle gestimmt ist, heben sich die polierten dunklen Mahagonitüren, welche in die Direktionsräume führen, äußerst wirkungsvoll ab.

Wie der Sitzungssaal des Aufsichtsrats, so tragen auch die Direktionsräume durchaus repräsentativen Charakter. Ihre Einrichtung ist äußerst vornehm und gediegen. Mahagoni-, Palisander- und Eichenmöbel in modernen Stilarten bilden die Einrichtung der verschiedenen Räume.

Das zweite Obergeschoß enthält nach vorne zu über dem Sitzungssaal das zwischen zwei kleineren Zimmern belegene geräumige sogenannte „Postzimmer", in welchem in Gegenwart der Direktionsmitglieder und von Vertretern einzelner Abteilungen die früh morgens vorliegenden Postsendungen durchgesehen und sortiert werden, bevor ihre Zustellung an die Abteilungen erfolgt.

Im dritten Stockwerk ist der Vorderraum, von dem man auf die den großen Giebel wirksam durchbrechende Loggia hinaustreten kann, für das

Neues Verwaltungsgebäude in Bremen.

Lloydmuseum eingerichtet. In diesem sollen außer Schriften, Bildern, Modellen usw. alle Gegenstände untergebracht werden, welche von historischem Interesse sind oder als besondere Denkwürdigkeiten erhalten zu werden verdienen. In den Umgangshallen des Mittelbaus ist endlich ein Teil der großen wertvollen Schiffsmodelle des Norddeutschen Lloyd, soweit sie nicht in den Schaufenstern der Agenturen die Aufmerksamkeit der Passanten auf sich lenken, zur Aufstellung gelangt. Sie werden namentlich späteren Generationen ein interessantes Bild von der Entwicklung des Schiffbaus gewähren.

Wenn wir den Mittelbau bis in seine höchsten Regionen verfolgen, so finden wir im vierten Ober- oder Dachgeschoß die Wohnung des Hauswarts. Über dieser Wohnung erheben sich dann noch drei Böden nach Art derjenigen, wie sie in den alten ehrwürdigen hanseatischen Giebelhäusern überall zu finden sind.

Der bildnerische Schmuck ist im großen und ganzen sowohl im Mittelbau wie auch im Innern der Seitenteile des Lloydgebäudes ornamental gehalten. Leichte Stuckornamente beleben überall die Decken und die oberen Teile der Wände auf den Korridoren und in den Bureaus, wobei vielfach auch das Lloydwappen, namentlich in den Treppenhäusern, als Motiv Verwendung gefunden hat. An plastischen Darstellungen finden sich lediglich im Vestibül über dem Eingang zur Passageabteilung zwei Europa und Amerika charakterisierende Reliefs in Sandstein, mit denen zwei weitere, die sich auf Asien und Australien beziehen, über dem Eingang zu den Frachtabteilungen korrespondieren. Sie deuten in sinniger Weise die für den Passagier- und Frachtverkehr des Norddeutschen Lloyd hauptsächlich in Frage kommenden Erdteile an. Im Treppenhause tritt zu beiden Seiten der Aufgänge eine Reihe von weiblichen Köpfen hervor: Personifizierungen der Hauptanlaufhäfen der wichtigsten Linien des Lloyd, nämlich Bremen, Newyork, Sydney, Plymouth, Shanghai, Suez, Baltimore und Genua. Eine Anzahl kleiner Reliefs schmückt die die Galerien der verschiedenen Geschosse tragenden Säulen. Es sind Kindergestalten, welche abwechselnd das bremische Schlüsselwappen und Wappenschilder mit dem Monogramm des Norddeutschen Lloyd halten. Einen besonderen Schmuck hat das Treppenhaus durch vier höchst kunstvolle Bronze-Figuren erhalten, welche das Imponierende der mächtigen nach den Räumen des Aufsichtsrats und Vorstandes führenden Freitreppe noch mehr hervortreten lassen. Zu beiden Seiten der unteren Treppe erheben sich in sitzender Stellung zwei mehr als lebensgroße Figuren, Feuer und Wasser darstellend, jene beiden Elemente, auf denen die moderne Dampfschiffahrt beruht: das Feuer als das dampfentwickelnde, treibende, das Wasser als das die Schiffe von Land zu Land tragende Element. Beide Figuren passen sich ihrem Charakter nach durchaus dem reichen Renaissancestil des Lloydgebäudes an und tragen in hervorragendem Maße zur Hebung der Architektur bei, ebenso wie zwei Kandelaber, welche den oberen Teil der Freitreppe im ersten Stockwerk flankieren: je drei lebensvolle jugendliche Knabengestalten, die Rücken an Rücken gruppiert, auf den hoch erhobenen Händen einen kugelförmigen guirlandengeschmückten Beleuchtungskörper tragen. Der Lloyd verdankt diese vortrefflichen Kunstwerke einer Stiftung seiner Agenten in Europa, Asien, Südamerika und Australien, die ihm bei seinem fünfzigjährigen Jubiläum eine größere Summe „für die künstlerische Ausschmückung der Innenräume des Verwaltungsgebäudes" überreichten. Aus diesem Fonds ist auch die Ausschmückung des Atriums vor den Vorstandszimmern im ersten Stock bestritten worden.

Auch hier finden wir reichen künstlerischen Schmuck in verschiedener Gestalt. Beim Betreten des ganz in Weiß gehaltenen Raumes fällt der Blick zunächst auf die treffliche Nachbildung des auf dem Kaiser-Friedrich-Platz in Bremen aufgestellten Kaiser-Friedrich-Denkmals Tuaillons in Bronze, ein Geschenk des Rheinisch-Westfälischen Kohlensyndikats zum fünfzigjährigen Jubiläum des Norddeutschen Lloyd. Zur Rechten und Linken des Monuments treten aus den Wänden zwei in einfachen Kunstformen gehaltene Marmorkamine hervor, über denen sich sehr wirkungsvolle Mosaikgemälde, nach Poppeschen Intentionen von Professor Hermann Prell in Dresden entworfen, friesartig ausbreiten. In außerordentlich farbenprächtiger Darstellung veranschaulichen die beiden Hauptgemälde an den Längswänden den Nutzen und die Gefahren des Meeres, während kleinere Bilder allegorische Darstellungen des Friedens und der Kraft, der Exhortatio (Aufmunterung) und der Recordatio (Ermahnung) sind. Schließlich tritt über dem Marmorrelief Johann Poppes (über der Tür des Direktorzimmers) eine bildliche Darstellung des Wendekreises des Steinbocks hervor. Die Anbringung des Reliefbildes Poppes entspricht den engen Beziehungen des letzteren zum Norddeutschen Lloyd während fast dreier Jahrzehnte.

Die Kellerräume dienen teils der Abfertigung der Zwischendeckspassagiere, teils archivalischen Zwecken, zum größten Teile aber als Wein- und Konservenlager. Unter dem asphaltierten Hofe befindet sich das Spritlager.

Auf weitere Einzelheiten einzugehen, würde hier zu weit führen. Alles in allem ist hier ein Bau entstanden, der in jeder Beziehung dem Ansehen des Norddeutschen Lloyd entspricht und zugleich als ein Denkmal dessen bezeichnet werden kann, der ihn mit kundiger Hand entworfen und unter eigener Leitung glücklich zu Ende geführt hat. Der Lloyd und Poppe haben das bremische Stadtbild durch ein glänzendes Bauwerk belebt, das neben den in ihrer Art unübertrefflichen ehrwürdigen Bauten des Mittelalters als der mächtigste und imposanteste neuzeitliche Profanbau Bremens anzusprechen und zu würdigen ist.

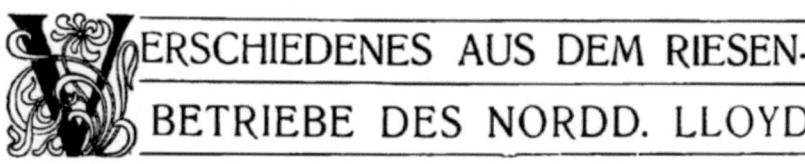ERSCHIEDENES AUS DEM RIESENBETRIEBE DES NORDD. LLOYD

Die Entwicklung, die der Norddeutsche Lloyd seit seinem halbhundertjährigen Bestehen genommen hat, kann kaum besser illustriert werden als durch die Angaben einiger Daten aus dem Riesenbetriebe der Gesellschaft. Wenn man auch im allgemeinen sagen kann, daß „Zahlen tot sind", so ist doch nicht zu leugnen, daß sie hier eine äußerst deutliche Sprache reden und schlagender als die glänzendsten Worten beweisen, was der Norddeutsche Lloyd nicht nur für Bremen, sondern auch für das deutsche Vaterland und den internationalen Verkehr bedeutet.

Linien. Der Norddeutsche Lloyd betreibt gegenwärtig einschließlich der Linien nach den Nordseebädern und auf der Unterweser im ganzen 42 Schiffahrtslinien, nämlich:

Bremen—NewYork mit den Schnelldampfern „Kronprinzessin Cecilie", „Kaiser Wilhelm II.", „Kronprinz Wilhelm" und „Kaiser Wilhelm der Große" jeden Dienstag über Southampton—Cherbourg und zurück über Plymouth—Cherbourg.

Bremen—New York mit Postdampfern über Southampton und/oder Cherbourg und zurück über Plymouth und Cherbourg.

Bremen—New York mit Postdampfern über Boulogne sur Mer oder direkt.

Mittelmeer—New York mit Salondampfern von Genua über Neapel Palermo und Gibraltar nach NewYork, rückkehrend über Gibraltar (im Winter auch über Algier) nach Neapel und Genua. In Neapel haben die von New York kommenden Dampfer Anschluß an die ostasiatischen Reichspostdampfer des Norddeutschen Lloyd.

Bremen—Baltimore.
Bremen—Philadelphia.
Bremen—Galveston.
Bremen—Kanada.

Bremen—Brasilien über Antwerpen, Leixões/Oporto und Lissabon, event. auch über Madeira nach Pernambuco, Bahia, Rio de Janeiro und Santos.

Kajütspassage-Bureau im neuen Verwaltungsgebäude des Norddeutschen Lloyd in Bremen.

Bremen—La Plata über Antwerpen, event. Coruña, Villagarcia, event. Vigo, Teneriffa nach Montevideo und Buenos Aires.

Bremen—Kuba über Antwerpen nach Havana, Cienfuegos und Manzanillo.

Marseille—Neapel—Alexandrien. (Salondampferdienst.)

Marseille—Alexandrien (direkt).

Venedig—Alexandrien (direkt).

Bremen—(Hamburg)—Ostasien über (Rotterdam) Antwerpen, Southampton, Gibraltar, Algier, Genua, Neapel nach Port Said, Suez, Aden, Colombo, Penang, Singapore, Hongkong, Shanghai, Tsingtau oder Nagasaki, Kobe (Hiogo) und Yokohama. (Reichspostdampferlinie.) In Neapel Anschluß an die Linie New York—Neapel des Norddeutschen Lloyd. Heimkehrend berühren einzelne Dampfer Manila.

Bremen—Australien über Antwerpen, Southampton, Algier, Genua, Neapel nach Port Said, Suez, Aden, Colombo, Fremantle, Adelaide, Melbourne und Sydney. (Reichspostdampferlinie.)

Bremen—Australien. (Frachtdampfer.)

Elektrische Lichtanlage im Lloydgebäude in Bremen

Austral–Japan-Linie von Sydney über Brisbane, Rabaul, Friedrich-Wilhelmshafen, Maronn, Yap, Angaur und Manila nach Hongkong, Kobe und Yokohama. (Reichspostdampfer-Zweiglinie.)

Singapore-Neu-Guinea-Linie und umgekehrt im Anschluß an die ostasiatischen Reichspostdampfer des Norddeutschen Lloyd. Von Singapore über Batavia, Samarang, Soerabaya, Makassar, Amboina, Banda, Berlinhafen, Potsdamhafen, Friedrich-Wilhelmshafen, Erimahafen (Stephansort), Finschhafen nach Simpsonhafen und zurück über Finschhafen, Erimahafen (Stephansort), Friedrich-Wilhelmshafen, Berlinhafen, Makassar nach Singapore.

15 Zweiglinien im indo-chinesischen Küsten- und Inselgebiet.

Ferner nach den Nordseebädern (in den Sommermonaten):

1 Linie von Bremen/Bremerhaven nach Wangeroog und Wilhelmshaven und umgekehrt,

1 Linie Bremerhaven—Norderney,

1 Linie Bremerhaven—Helgoland—Norderney und umgekehrt,

1 Linie Wilhelmshaven—Helgoland und umgekehrt,

1 Passagierdampferlinie Bremen—Bremerhaven und umgekehrt,

1 Passagierdampferlinie Bremen—Vegesack und umgekehrt, sowie:

1 Schleppdampferlinie auf der Unterweser und

1 Schleppdampferlinie von der Unterweser nach Hamburg und umgekehrt.

Fracht- und Passagierbeförderung. Auf den sämtlichen Linien des Lloyd wurden im Jahre 1911 3 586 178 Tons Ladung befördert. Die Zahl der beförderten Passagiere betrug 1911: 514 272 Personen. Seit der Gründung des Lloyd bis Ende 1911 wurden auf Lloydschiffen insgesamt 9 187 057 Personen befördert. Seine Schiffe legten im Jahre 1911 eine Strecke von 5 713 100 Seemeilen, das ist etwa 265 mal der Umfang der Erde, zurück.

Anlagen. Neben seinen umfangreichen Anlagen in Bremen (Verwaltungsgebäude, Proviantlager, Waschanstalt, Auswandererhallen, Gepäckbureau, Desinfektionsanstalt) besitzt der Lloyd in Bremerhaven drei große Trockendocks mit Reparaturwerkstätten, eine Modellschleppversuchsstation, Magazine für Proviant- und Schiffsausrüstung, einen Landungsplatz mit Bahnhof, Wartehalle und Gepäckabfertigung für Reisende, diverse Lagerschuppen für abgehende und ankommende Güter und Kohlenschuppen; in New York Pieranlagen mit Wartehallen und Packhaus; in Genua, New York, Singapore und Hongkong Betriebs- und Maschinen-Inspektionen; verschiedene Kohlendepots in auswärtigen Häfen, verschiedene Kontrollstationen und andere Anlagen.

Personal. Imposant ist die Zahl der Menschenkräfte, welche der Lloyd beschäftigt. Es sind im ganzen etwa 24 000. Davon entfallen auf die Besatzung der Flotte mehr als 14 000 Mann. An Land beschäftigt die Gesellschaft einschließlich der Direktion etwa 600 kaufmännische Beamte,

Besatzung eines Lloyd-Schnelldampfers (ca. 670 Personen).

3400 Ingenieure, Techniker, Werkstättenarbeiter im Heimatshafen und 6000 Dockarbeiter, Küper und Stauer.

Kapital. Das Kapital des Norddeutschen Lloyd, das 1857 etwa 12 Millionen Mark betrug, beläuft sich auf 125 Millionen Mark Aktienkapital.

Wohlfahrtskassen. Die sozialpolitische Bedeutung der Seemannskasse, sowie der „Witwen- und Waisenpensionskasse" und der „Elisabeth-Wiegand-Stiftung" des Norddeutschen Lloyd illustrieren am besten einige Ziffern. Die Seemannskasse, die seit Beginn des Jahres 1911 mit der Witwen- und Waisenpensionskasse vereinigt ist, verfügte am 31. Dezember 1911 über einen Vermögensbestand von 8 328 990,50 Mark. Die bis zu diesem Zeitpunkte an die Mitglieder der Kasse geleisteten Zahlungen beliefen sich auf 8 114 900,30 Mark. Die „Elisabeth-Wiegand-Stiftung" besaß am 31. Dezember 1911 ein Vermögen von 350 056,95 Mark. Die von der Kasse seit ihrem Bestehen gewährten Unterstützungen beliefen sich auf 312 088,50 Mark.

Weiter wies der vor einigen Jahren geschaffene Witwen- und Waisen-Pensionsfonds für die im Betriebe des Norddeutschen Lloyd in den Weserhäfen beschäftigten Ladungs- und Kohlenarbeiter am 31. Dezember 1911 ein Vermögen von 126 506,15 Mark auf. Es sind bis dahin 44 140,70 Mark an Pensionen ausbezahlt. Die zu Gunsten derselben Arbeiterkategorien bestehende Sterbekasse hatte am 31. Dezember 1911 ein Vermögen von 144 027,60 Mark aufzuweisen und 88 320 Mark an Zahlungen bis zu diesem Zeitpunkte geleistet.

Das Proviantamt und die Dampfwäscherei des Nordd. Lloyd

Im Gesamtbetriebe des Norddeutschen Lloyd nimmt das Proviantamt eine eigenartige selbständige Stellung ein. Es hat sich im Laufe der Entwicklung zu einem der wichtigsten Faktoren im Betriebe herausgebildet. Die Grundlage für diese Entwicklung ist in der Tatsache zu suchen, daß der Lloyd die Passagierschiffahrt in außerordentlichem Maße vervollkommnet hat. An dieser Ausbildung hat das Proviantamt mit seinen Leistungen einen sehr wesentlichen Anteil genommen. Nicht Schnelligkeit und Sicherheit der Schiffe allein, nicht Bequemlichkeit und Luxus der Unterbringung der Passagiere sind die ausschließlich herrschenden Prinzipien im Passagierverkehr, die Verpflegung spielt eine vielleicht noch größere Rolle, die, je größer der Passagierverkehr ist, je länger die Reisen sind, zu einer entscheidenden werden kann. Sowohl für den Kajütspassagierverkehr wie für den Zwischendecksverkehr hat die Entwicklung des Proviantamts des Lloyd, haben seine Aufgaben Phasen durchlaufen, die sich ebensosehr in der inneren Ausbildung dieses Ressorts, wie in den Ziffern seines Umsatzes widerspiegeln.

Das Proviantamt ist bereits bald nach Eröffnung der New Yorker Linie, in den sechziger Jahren, gegründet worden; es hat schon von früher Zeit an der Leitung des Mannes unterstanden, der jetzt noch als Direktor diesem überaus wichtigen Zweige vorsteht, Herrn Direktor Friedrich Bremermann. Die volle Einheitlichkeit der Entwicklung des Proviantamts erklärt sich zum Teil aus diesem Umstande. Andererseits ist die Vorbedingung für die Entwicklung darin zu suchen, daß der Leiter einer so wichtigen Abteilung neben einem ganz besonderen Dispositionstalent, organisatorische Veranlagung, vorzügliches handelspolitisches Wissen und auch die Kraft besaß, selbstschöpferisch sein Ressort so auszugestalten, daß die zahllosen Anforderungen der Passagiere ihre Befriedigung finden konnten, daß ferner das in Betracht kommende, ihm unterstehende Personal auf den Dampfern in eiserner Schulung zu vollkommener Pflichterfüllung herangebildet wurde, andererseits aber in dieser Tätigkeit die innere Zufriedenheit fand, die allein bei einem so großen Unternehmen die unbedingt erforderliche Stetigkeit im Betriebe zu garantieren vermag.

Die historische Entwicklung des Proviantamtes soll nur kurz gestreift werden. Sie ist abhängig gewesen von der Gesamtentwicklung des Lloyd. Der innere Ausbau ist erwachsen auf der Grundlage von Erfahrungen innerhalb des Ressorts selbst und unter Benutzung aller der Beobachtungen, welche in der Weltschiffahrt sich irgendwo als nützlich erwiesen haben.

Rheinweinkellereien im Proviantamt des Norddeutschen Lloyd in Bremen.

Bei der Gründung und in den ersten Jahren nach derselben unterhielt das Proviantamt eigene Lager nur in beschränktem Maße und übertrug die für die Ausrüstung der Schiffe erforderlichen Proviantartikel und Materialien in der Hauptsache zwei Bremer Firmen: D. Cordes & Co. und Anton Papendieck. Das Personal des Proviantamts bestand zu dieser Zeit aus sechs Personen, einschließlich zwei Lehrlingen; für die vorkommenden Lagerarbeiten genügten ein Lagermeister und sechs Arbeiter.

In kurzer Zeit bereits erwiesen sich die ersten Lagerräume als zu klein. Der Bau größerer Packhäuser wurde erforderlich, und schon Anfang der 80er Jahre beschäftigte das Proviantamt 12 Personen im Bureau und 15 Arbeiter in den Lagerräumen.

Der Zollanschluß Bremens an das Inland machte weitere größere Umbauten und Neubauten der Packhäuser erforderlich. Der Neubau eines größeren Bureaus entstand, und von diesem Zeitpunkt ab, insbesondere mit der Indienststellung der Schnelldampfer und dem gewaltigen Wachsen der Passagierziffern wurden die Anforderungen von Jahr zu Jahr größer so daß jetzt im Bureau des Proviantamts 43 Beamte tätig sind, während der Arbeiterstamm in den Packhäusern 58 Personen umfaßt. Dem Direktor stehen zwei Prokuristen zur Seite.

Das Bureaupersonal in Bremen bildet jedoch nur die Zentrale der Verwaltung und die Arbeiter in den Packhäusern bilden das Personal, welches innerhalb der Packhäuser die Ordnung aufrecht erhält und die dort zu leistenden Arbeiten erledigt, während die Zahl der dem Proviantamt unterstellten oder von ihm direkt beschäftigten Personen mehrere Tausend beträgt.

Der Geschäftsbereich des Proviantamts erklärt diese Ziffer zur Genüge. Dem Proviantamt untersteht der Einkauf aller für die Ausrüstung sämtlicher Schiffe erforderlichen Proviantartikel und Getränke, ferner des gesamten Inventars für die Schiffe, der Materialien für Schiffe und Werkstätten, der Medikamente und sonstigen Ausrüstungsgegenstände, ferner der Einkauf des Kohlenbedarfs im Inland und Ausland für den gesamten Betrieb und die Abgabe der Kohlen an die Schiffe, die Kontrolle aller Anschaffungen im Auslande, sowie die Kontrolle des vorschriftsmäßigen Verbrauchs an Bord.

Demgemäß ist außer den Proviant- und Zahlmeistern an Bord das sämtliche Bedienungs- und Küchenpersonal dem Proviantamt unterstellt, ebenso ressortieren vom Proviantamt die entsprechenden Abteilungen der Agentur in Bremerhaven.

Der wesentliche Punkt bei den Erfahrungen in der Verpflegung an Bord ist, besonders mit Rücksicht auf die Verpflegung der Kajütspassagiere, die Vermeidung jeder Schablone. Die Vielseitigkeit der Betriebe, die gänzlich anderen Ansprüche, welche die nordamerikanische Fahrt gegenüber der Tropenfahrt an die Passagierverpflegung stellt, verlangt ein sorfältiges Eingehen auf diese Momente, sie verlangt, daß das in Frage kommende Personal innerhalb der verschiedenen ihm unterstellten Ressorts Bewegungsfreiheit behält, ohne daß die Gesamtübersicht der Zentralleitung darunter leidet.

Teilansicht der Porzellanböden im Proviantamt.

Kakes- und Biskuitlager.
(Proviantamt des Norddeutschen Lloyd, Bremen.)

Hieraus ergibt sich die Möglichkeit, allen Ansprüchen des Passagierverkehrs gerecht zu werden, und zwar besonders unter Berücksichtigung des Umstandes, daß die in Betracht kommenden Ressortleiter an Bord der Schiffe meist auf eine sehr lange Dienstzeit zurückblicken. Von den Oberköchen an Bord der Schiffe des Norddeutschen Lloyd waren beispielsweise im Jahre 1911 nicht weniger als 45 über 10 Jahre im Dienst, darunter 4 bereits über 25 Jahre, 10 Oberköche über 20 Jahre, 16 über 15 Jahre, 15 über 10 Jahre. Von den Proviantstewards blickten 64 auf eine mehr als zehnjährige Tätigkeit zurück, darunter waren 9 über 25 Jahre im Dienst, 18 über 20 Jahre, 17 über 15 Jahre und 20 über 10 Jahre. Ähnliche Ziffern zeigen die Dienstjahre der Zahlmeister, der Oberstewards, der ersten und zweiten Stewards, der zweiten Köche, der Dampfköche, der Bäcker und Konditoren.

Es ist ersichtlich, daß bei einer derartigen bis ins kleinste ausgebildeten Organisation sowohl das reisende Publikum zu seinem Rechte kommt, wie das Interesse der Verwaltung des Norddeutschen Lloyd gewahrt bleibt.

Die Ausrüstung der Schiffe geschieht in der Weise, daß der Bedarf für jede Reise nach der Kopfzahl der angemeldeten Passagiere im Proviantamt festgestellt, von den Lagermeistern den Packern überwiesen, zum Versand gebracht und in Bremerhaven von den Abteilungschefs, den Proviantmeistern, Oberstewards, den Oberköchen, den ersten Offizieren und Obermaschinisten in Empfang genommen wird. Die Versendung von Bremen nach Bremerhaven erfolgt entweder auf dem Wasserwege oder mit der Bahn, und zwar im Interesse der Passagiere zum Teil noch mit den Extrazügen, welche die Passagiere selbst an Bord bringen.

Bei den riesigen Mengen von Nahrungsmitteln, welche an Bord aufgespeichert werden müssen, zumal für Reisen der Schnelldampfer und der großen Postdampfer, auf denen häufig gegen 1000 Kajütspassagiere, im ganzen aber gegen 2300 Menschen zum Teil mit einem an Land unbekannten Luxus zu verpflegen sind, bilden die Provianträume an Bord der Schiffe eine Art „Sehenswürdigkeit" — Neben einem Ausgaberaum für den täglichen Bedarf, der einem größeren Kolonialwarengeschäft an Land ähnelt, umfassen die Provianträume Lagerräume, aus denen die Bestände des Ausgaberaumes ergänzt werden, des weiteren den Weinkeller und insbesondere die Räume zur Aufbewahrung des Fleisches. — Während in den früheren Jahren für die Ausrüstung der Dampfer gesalzenes Fleisch einen wesentlichen Teil der Verpflegung bildete, die durch mitgeführtes lebendes Schlachtvieh zeitweise verbessert werden konnte, sind in den letzten zehn Jahren, dank den Fortschritten der Technik, alle Passagierdampfer mit Kühlmaschinen ausgerüstet, die es ermöglichen, nicht nur den in der Kajüte, sondern auch den im Zwischendeck Reisenden an jedem Tage frisches Fleisch zu verabfolgen. Die Kühlräume der Schnelldampfer fassen 14 000 kg frisches Fleisch und Geflügel, ebenso ist für zweckentsprechende Unterbringung sehr bedeutender Quantitäten von Fisch, frischem Gemüse, Obst, Butter und Getränken in den Kühlräumen Sorge getragen. Auf den Schnelldampfern werden allein 15 000 Liter Bier für jede Reise im Kühlkeller untergebracht.

Provianträume an Bord eines Lloyddampfers.

Fleischkühlraum an Bord des „George Washington".

Ein wesentliches Verdienst des Proviantamts ist der seit jetzt mehr als 20 Jahren auch für die Tropenreisen eingeführte Ausschank von Faßbier. Der Reichspostdampfer „Nürnberg" war das erste Schiff, welches im Jahre 1886 ein Faß deutschen Bieres nach China brachte, eine Tatsache, die von den Deutschen in China als höchst bemerkenswertes Ereignis angesehen wurde. — Die außerordentliche Bedeutung des Proviantwesens an Bord der Lloyddampfer, die wichtige Stelle, welche das Proviantamt des Norddeutschen Lloyd volkswirtschaftlich einnimmt, kann nur durch Ziffern erwiesen werden. Es mag daher gestattet sein, an dieser Stelle den Proviantverbrauch für ein Jahr im einzelnen anzuführen. Die nachstehenden Ziffern beziehen sich auf das Jahr 1911:

Fleischwaren.		
Rindfleisch, frisches	Pfund	5 439 045
Schweinefleisch, fr.		678 348
Kalbfleisch, frisches		771 881
Hammelfleisch, fr.		1 018 929
Lammfleisch, frisches		78 096
Kasseler Braten		40 140
Kalbsköpfe	Stück	11 741
Kalbsmidder	Pfund	30 231
Leber, Nieren, Zungen etc.		318 739
Rindfleisch, ges.		239 941
Schweinefleisch, ges.		214 077
Lammfleisch, ges.		15 364
Rindfleisch, pres.		149 909
Corned Beef		185 739
Hammelfleisch, pres.		2 832

Speck, geräuchert	Pfund	337 158
Schinken	Stück	23 386
Nagelholz	Pfund	18 151
Wurst, frische		292 218
do. geräucherte		85 070

Fische etc.

Fische, frische	.. Pfund	980 312
Klippfisch		82 502
Thunfisch		22 788
Fische, geräucherte u. gesalzene......	.	58 518
Heringe, gesalzene .	Tonnen	1 002
Heringe für Kajüte .	Büchsen	15 201
Sardellen	Pfund	25 372
Lachs, geräucherter ..		16 118
Schildkröten	.	12 792
Austern, frische	Stück	355 514
Hummer, Krabben und Granat.......	Pfund	79 658

Krebse, Suppen- und Tafel-............	Stück	72 126
Clams		111 851
Matjes-Heringe		48 280

Geflügel und Wild.

Enten.....	Pfund	218 626
Hühner		140 129
Küken		369 473
Poularden		79 827
Kapaunen		114 233
Gänse		114 346
Puter		243 701
Tauben	.	62 244
Rebhühner	.. Stück	15 609
Schnepfen ...		10 823
Fasanen ..		14 526
Wachteln ...		19 658
Perlhühner		4 276
Schneehühner		56

Kühlmaschine zur Kühlhaltung der Provianträume an Bord eines Lloyd-Passagierdampfers.

Konservenlager auf einem der Lloyd-Passagierdampfer.

Moorhühner	Stück	1 737
Birkhühner		310
Haselhühner		1 718
Präriehühner		3 553
Regenpfeifer		1 955
Wildenten ...		1 618
Hasen		3 485
Rehwild	. Pfund	38 958

Konserven.

Fleisch-Konserven B. u. Gl.	79 186
Fisch-	128 345
Gemüse-	365 890
Champignons etc.	49 506
Frucht-Konserven	164 210
Gurken, Pickles etc.	67 753
Verschied. Konserven	56 123

Sonstige Proviantartikel.

Schnittbohnen, ges...	Pfund	200 778
Sauerkohl		423 399
Grünkohl, getrockn.		17 920
Julienne und Sellerie . Pak.		28 938
Erbsen .	......Pfund	215 786
Bohnen		309 354
Linsen		174 154
Graupen		72 956
Makkaroni..		296 770
Nudeln..		5 070
Eiergrütze ...		13 938
Sago		21 332
Reis		996 270
Hafergrütze..		123 141
Tomatenpaste..		24 496
Mehl, Roggen-......		719 100
do. Weizen-....		5 132 763
do. Buchweizen-..		5 340
Hefe		83 976
Hopfen		537
Malz		524
Graubrot, Weißbrot u. Brötchen.........		562 848
Schwarzbrot		1 283 782
Kakes.....		174 441

Weizenpuder	Pfund	23 903	Vanille	Stangen	11 592
Puddingpulver	Paket	31 099	Macis-Nüsse	Stück	17 727
Maisgries	Pfund	36 117	Gewürze	Pfund	15 219
Biskuits		121 683	Olivenöl	"	41 708
Marzipanmasse		10 018	Essig	Liter	224 158
Kokosnuß, geraspelt		3 689	Branntwein		353 112
Zucker		892 404	Rotwein in Fässern	"	422 056
Würfelzucker		148 541	Zitronensaft	Flaschen	6 248
Sirup		21 301	Rahmeis	Schachteln	128 634
Kaffee, gerösteter		421 727	Eis	Pfund	19 020 018
Tee		33 446	Kohlensäure	Flaschen	1 183
Zichorien		27 433	Stearinlichte	Stück	6 306
Schokolade u. Kakao	"	41 108	Seife, gelbe	Pfund	100 419
Milch, kondensierte	Büchs.	492 134	do. Toilette-	Stück	134 000
" frische	Liter	54 258	Reibhölzer	Schachteln	12 243
Sahne	Flasch. u. Büchs.	56 197	Zwiebeln	Pfund	635 137
" frische	Liter	9 222	Apfelsinen		
Yoghourt	Pfund	2 958	und Mandarinen	Stück	2 624 790
Kartoffeln		16 499 751	Zitronen		1 595 159
do. Brat-		8 217	Grapefruits	"	113 629
Butter		1 036 847	Weintrauben	Pfund	97 630
Marmelade und			Bananen	"	203 669
Plaumenmus		146 757	Ananas	Stück	33 439
Pickles	"	41 623	Äpfel und Birnen	Pfund	859 629
Salzgurken	Stück	387 502	Sonstiges Obst	"	148 339
Eier		6 493 231	Melonen, Papayas	Stück	36 337
Trinkeier	"	299 115	Mangoes		59 235
Speiseöl	Flaschen	112 036	Mangosteens	"	108 111
Salz	Pfund	907 053	Datteln	Pfund	1 534
Pflaumen und			Gemüse	Wert in ℳ	528 900
Zwetschen		194 986	Zigarren und		
Schnittäpfel		125 945	Zigaretten	Stück	5 840 129
Traubenrosinen		1 000	Tabak	Paket	28 175
Rosinen, Korinthen,					
Sukkade		51 990	**Getränke.**		
Prünellen, getrocknet		60	Champagner	Flaschen	39 851
Aprikosen, Birnen u.			Rotweine		70 790
Pfirsiche, getrocknet		79 446	Rhein- und		
Feigen		3 648	Moselweine		127 334
Nüsse		15 921	Südweine		22 815
Mandeln		9 197	Cognac		17 031
Kastanien, Oliven etc.	"	13 402	Spirituosen		64 623
Käse	Pfund	303 965	Lagerbiere	"	327 507
	Schachteln	39 268	Lagerbiere in Fäss.	Liter	1 696 913
Gelatine	Pfund	3 677	Mineralwasser	Flaschen	522 527

Der Anschaffungswert der vom Norddeutschen Lloyd im Jahre 1911 verbrauchten Proviantartikel beträgt über 18½ Millionen Mark. Diese Summe bildet etwa das Sechsfache des Wertes des im Jahre 1877, das Dreifache des im Jahre 1887 und mehr als das Doppelte des im Jahre 1897 verbrauchten Proviants an Fleischwaren, Fisch, Wild, Geflügel, Konserven und sonstigen Proviantartikeln, zu denen noch die Getränke kommen.

Das sind Ziffern, welche für sich selbst sprechen und die Bedeutung des Lloyd auch für die deutsche **Landwirtschaft und Viehzucht**, für den **Gemüse- und Obstbau**, für die **Konservenfabrikation**, für den **Weinbau** und alle auf die Erzeugung von Nahrungs- und Genußmitteln gerichteten Berufsarten zu veranschaulichen in der Lage sind. Für die Bereitung der Mahlzeiten ist ein Heer von Angestellten erforderlich und besonders auch für das Servieren der Mahlzeiten. Der Gesamtbetrieb an Bord untersteht für die Kajüte dem Obersteward und seinen Gehilfen, die Stewards unterscheiden sich in Zimmerstewards, welche gleichzeitig bei Tafel servieren, Rauchzimmerstewards und Deckstewards, welche morgens halb elf ein kleines Zwischenfrühstück an Deck servieren und nachmittags um vier die Tee- und Kaffeetische bedienen, sowie für die Deckstühle zu sorgen haben. Den Salonstewards ist die Bedienung in den Gesellschaftssalons übertragen, und die Bibliothekstewards haben die Bedienung

Im Weinlager
(Dampfer „George Washington".)

der Bibliothek. Die Badestewards endlich sind für den Dienst in den Badezimmern besonders ausgebildet. Für die Bedienung der Damen unter den Passagieren ist selbstverständlich das entsprechende weibliche Personal angestellt. Ein Heer von Aufwäschern und sonstigen Hilfskräften vervollständigt das Dienstpersonal. Dem Obersteward ist das gesamte Kajütsinventar unterstellt. Bei der räumlichen Ausdehnung der modernen Schnelldampfer ist, abgesehen von dem auf allen Dampfern vorhandenen Bureau des Oberstewards, eine eigene Zentrale geschaffen, welche ähnlich wie in großen Hotels als Auskunftsstelle funktioniert, in welcher Schlüsselfächer für alle Kabinen gleichzeitig zur Aufnahme von Mitteilungen dienen und wo eine Anzahl Pagen für Botengänge an Bord zur Verfügung stehen. — Eine beim Norddeutschen Lloyd ganz besonders ausgebildete Annehmlichkeit für die Passagiere ist die an Bord befindliche Musikkapelle, welche aus Stewards der zweiten Kajüte gebildet wird. Die Kapellen der großen Schnelldampfer umfassen heute etwa 20 Musiker und ihre Leistungen stehen weit über dem Durchschnittsniveau der meisten ähnlich großen Kapellen am Lande. Vormittags ist von $1/_2 11$ bis $1/_2 12$ Promenadenkonzert (Blasmusik), abends während des DinersTafelmusik für die I. Klasse (Streichmusik), abends von 9 bis 10 Konzert in der zweiten Kajüte. Daneben hat die Musik häufig während einer Reise bei den

Dampfwäscherei des Lloyd in Bremen.

stattfindenden Bällen zum Tanz aufzuspielen; endlich wirkt sie bei den vielen Liebhaberkonzerten an Bord mit. Selbstverständlich spielt die Kapelle bei Ankunft und bei Abfahrt in jedem Hafen. Dem Proviantamt untersteht auch die Dampfwäscherei des Lloyd. Schon sehr frühzeitig wurde, mit Rücksicht auf den Passagierverkehr, die Errichtung einer eigenen Waschanstalt erforderlich. Die erste Einrichtung wurde 1870 mit vier kleinen Waschmaschinen, zwei Zentrifugen und zwei Nähmaschinen in Betrieb genommen, 20 Personen wurden damals beschäftigt.

Im Jahre 1888 vergrößerte man die Waschanstalt und verlegte sie in das jetzige Gebäude an der Pelzerstraße. Damals waren 42 Personen für die

Wäscherei dauernd angestellt. — In den neunziger Jahren traten beständig Erweiterungen des Betriebes ein, immer neue Maschinen wurden aufgestellt, so daß jetzt 14 Waschmaschinen, 8 Zentrifugen, 6 Dampfmangeln und 32 elektrisch angetriebene Näh- und Stopfmaschinen im Betriebe sind, die täglich mehr als 18000 Stück Wäsche zu waschen und zu plätten imstande sind. An weiblichem Personal sind hierbei 138 Personen beschäftigt.

Die Wäscheausrüstung eines modernen Schnelldampfers umfaßt etwa 50000 Stück Wäsche. Die schmutzige Wäsche in einem Gesamtgewicht von ca. 10000 kg wird in vier Tagen fix und fertig gewaschen und geplättet zurückgeliefert. Neben der Zentrale in Bremen unterhält das Proviantamt Vorräte an Wäsche in den Inspektionen in Genua und Hongkong. An beiden Plätzen wird die bis dahin von den Schiffen gebrauchte Wäsche gegen frische Wäsche ausgewechselt, die gebrauchten Stücke werden von Genua aus mit dem nächsten nach Hause gehenden Dampfer zurückbefördert und durch den nächsten hinausgehenden Dampfer ergänzt, während für das Lager in Hongkong an Ort und Stelle die Wäsche besorgt wird.

Endlich untersteht dem Proviantamt die Versorgung der Lloyddampfer mit Kohlen. Der Kohlenverbrauch auf den Dampfern des Norddeutschen Lloyd bezifferte sich im Jahre 1911 auf 1731789 Tonnen im Werte von 28693864 Mark, d. i. mehr als das Zehnfache gegenüber dem Verbrauch des Jahres 1875. Von Jahr zu Jahr hat durchweg eine Steigerung der Tonnenzahl und des Wertes der verbrauchten Kohlen stattgefunden. In welchem Maße diese Steigerung vor sich gegangen ist, zeigt die nachstehende Tabelle:

Es wurden verbraucht:

Im Jahre	Tonnen	Im Werte von ℳ
1875	162 484	3 262 678
1880	229 669	3 612 566
1885	315 697	4 391 090
1890	675 771	12 212 642
1895	700 255	10 263 658
1900	1 137 301	20 793 436
1905	1 414 425	22 635 180
1907	1 739 491	32 217 808
1911	1 731 789	28 693 864

SEEPOST-VERKEHR ZWISCHEN EUROPA UND NEW YORK.

Die Bedeutung der Schiffahrt eines Landes läßt sich bis zu einem gewissen Grade auch daran ermessen, ob und in welchem Umfange die Postsendungen nach und von den überseeischen Gebieten, mit denen das Land durch Handel, Auswanderung usw. und infolgedessen durch einen lebhafteren Verkehr verbunden ist, durch die eigene Handelsflotte befördert werden oder inwieweit das Land in der Beförderung dieser Sendungen auf Schiffe fremder Länder angewiesen ist. Die Anwendung dieses Maßstabs gewährt besonders für die qualitative Seite der Landesschiffahrt einen Anhalt. Denn es gibt selbst in Europa eine ganze Reihe von Staaten, die eine bedeutende Handelsflotte besitzen, gleichwohl aber in der Beförderung ihrer umfangreichen überseeischen Post fast ganz von Schiffen fremder Nationen abhängen. Dies erklärt sich aus der Entwicklung der modernen Schnelldampfschiffahrt, die auf verhältnismäßig wenige Schiffahrtsstaaten beschränkt geblieben ist, und dem fast überall herrschenden Bestreben der Postverwaltungen, die Vorteile des Schnelldampferverkehrs für die Beförderung ihrer überseeischen Post auszunutzen. Bei vielen Postverwaltungen ist der Grundsatz ganz durchgedrungen, dem schnellsten Schiffe ohne Rücksicht auf die Flagge, unter der es fährt, die Beförderung der Post anzuvertrauen. In anderen Staaten fehlt es dagegen nicht an der Neigung, die eigenen Schiffe zu bevorzugen und zur Postbeförderung zu benutzen, auch wenn andere schnellere Beförderungsgelegenheiten durch fremde Schiffe vorhanden sind. Eine solche Bevorzugung ist jedoch nur bis zu einem bestimmten Grade möglich, wenn nämlich Handel und Industrie des Landes, die an einer schnellen Beförderung ihrer überseeischen Korrespondenzen großes Interesse haben, nicht zugunsten der einheimischen Schiffahrt geschädigt werden sollen. Diese Erwägung, der sich auf die Dauer keine Postverwaltung verschließen kann, ist auch auf die Gestaltung des Fahrplans vieler Schiffahrtsgesellschaften nicht ohne Einfluß. Jedenfalls übt der Schnelldampferverkehr, von welchem Hafen er auch ausgehen mag, auf die überseeischen Postsendungen aller Länder eine außerordentliche Anziehungskraft aus. Und so haben sich im Laufe der Zeit besondere, stark benutzte Postverkehrswege für den überseeischen Verkehr herausgebildet, die schon weitab von den Häfen, von denen aus die Schnelldampfer verkehren, beginnen und einen fast ununterbrochenen Strom von Postsendungen auf jene Schiffahrtsplätze leiten.

Der zweifellos bedeutsamste Postverkehrsweg dieser Art ist jener zwischen Europa und Amerika, dessen Wasserstrecke in der Hauptsache durch Hamburg und Bremen, durch die englischen Häfen Southampton, Liverpool,

Queenstown und Plymouth — letzterer Hafen wesentlich für den Verkehr aus überseeischen Ländern —, durch die französischen Häfen Cherbourg und Havre und auf der anderen Seite durch New York bestimmt wird. Die Nordsee und der englische Kanal sind danach das Sammelbecken, in dem nicht allein aus Europa, sondern auch aus Afrika, Vorderasien und zeitweise selbst aus Australien die Post zusammenströmt, um von dort nach New York weiterbefördert zu werden. Die Häfen Southampton und Cherbourg sind auch für die deutschen Dampfer von Bedeutung, weil ihnen hier noch die letzte Post nach Beförderung auf dem Landwege bezw. über den Kanal zugeht, die sie in Hamburg und Bremen nicht mehr erreicht hätte. Für diesen letzten Anschluß

Ein Lloyd-Schnelldampfer empfängt die englische Post in Plymouth.

hat namentlich Cherbourg eine immer größere Bedeutung auf Kosten des Verkehrs über den Kanal und die englischen Häfen gewonnen. Der günstigen Lage Cherbourgs für den Kontinentalverkehr, die von den beiden großen deutschen Schiffahrtsgesellschaften zuerst erkannt worden ist, haben auch andere große Schiffahrtsgesellschaften, die bis dahin nur englische Häfen berührten, wie die White Star Line und die American Line, Rechnung tragen müssen, indem sie ihre Dampfer nunmehr seit einigen Jahren Cherbourg anlaufen lassen.

Wie noch wenig bekannt ist, werden von den heimkehrenden deutschen Dampfern die außerdeutsche Post und die deutsche Briefpost auch schon in Plymouth und Cherbourg zur schnelleren Weiterbeförderung über Land gelandet. Nur die nach dem billigen Tarif frankierten Briefe aus den Vereinigten Staaten werden mit den Drucksachen erst in Bremerhaven bezw. Cuxhaven gelandet, ebenso wie umgekehrt eine Beförderung der mit 10 Pfg. frankierten Briefe nach den Vereinigten Staaten mit der letzten Anschlußpost für deutsche Schiffe über Southampton und Cherbourg nicht stattfindet.

Die Länder, mit denen die aufgeführten Teile der alten Welt auf dem geschilderten Wege in Verbindung treten, sind die Vereinigten Staaten, Kanada, Mexiko, Mittelamerika, Kuba, Portorico, Curaçao, Haiti-St. Domingo, von Südamerika Kolumbien, Ecuador, Peru, Bolivien, Venezuela und Guyana, ferner Samoa, Hawaii und die Tahiti- und Marquesas-Inseln. Auch Japan, Korea und ein Teil der Mandschurei erhalten ihre Drucksachen auf diesem Wege, während die Briefpost nach diesen Ländern über Sibirien geleitet wird. Auch die Post für Neu Seeland wird zeitweise über New York geleitet. Bei der Menge der in Betracht kommenden Länder und dem starken Wachsen des internationalen Handels ist es erklärlich, daß für die einzelnen Schnelldampfer trotz der im Laufe der Jahre vermehrten Beförderungsgelegenheiten gewaltige Mengen von Postsäcken zusammenströmen. Vor einigen Wochen berichtete der Norddeutsche Lloyd, daß mit seinem Schnelldampfer „Kaiser Wilhelm II." über 5000 Postsäcke befördert seien. Diese Anzahl Postsäcke, von denen jeder etwa 30 kg schwer ist, würde einen Eisenbahngüterzug von etwa 15 Wagen füllen. Bei Würdigung der oben vorangestellten Gesichtspunkte dürfte es von Interesse sein, zu erfahren, in welchem Umfange die deutsche überseeische Post von deutschen Dampfern befördert wird und inwieweit die Beförderung durch fremde Dampfer erfolgt. Einen Einblick darin gewährt die folgende Übersicht, die gleichzeitig die Entwicklung der Anteilziffern seit dem Jahre 1904 erkennen läßt.

Von der deutschen Post für New York haben, berechnet nach Hundertteilen, befördert:

		1904	1905	1906	1907	1908	1909	1910	1911
Norddeutscher Lloyd	Schnelldampf.	32,5	34,4	34,5	38,6	46,8	41,3	37,8	36,5
	and. Dampfer	—	—	2	2,7	0,5	5,4	8,4	8,6
	zusammen ...	32,5	34,4	36,5	41,3	47,3	46,7	46,2	45,1
Hamburg-Amerika Linie	Schnelldampf.	15,8	11,5	8	7,9	3,8	3,3	1,9	—
	and. Dampfer	2,2	2,2	14	13,9	12	10,5	10,3	12,2
	zusammen ...	18	13,7	22	21,8	15,8	13,8	12,2	12,2
Deutsche Dampfer		50,5	48,1	58,5	63,1	63,1	60,5	58,4	57,3
International Mercantile Marine Co.	American L...	29,3	38,4	25	22,3	27,4	26,1	26,1	24,9
	White Star L..	11,5	12,7	15,4	12,1	9,3	9,4	3,7	5,9
Cunard Line		8,7	0,8	1,1	2,5	0,2	4	11,8	11,9
Fremde Dampfer..........		49,5	51,9	41,5	36,9	36,9	39,5	41,6	42,7

Die Anteile der einzelnen Dampfergesellschaften sind danach in den einzelnen Jahren schwankend. Im ganzen gesehen und namentlich bei einem Vergleich der Ziffern des Jahres 1904 mit denen von 1911 zeigen sich aber bestimmte Entwicklungen. Und zwar ist der Anteil der deutschen Dampfer größer geworden und hat im Jahre 1911 57,3 v. H. betragen. Er würde noch erheblich größer sein, wenn in der Benutzung der Hamburger Schiffe zu Postzwecken nicht ein stetiger Rückgang zu verzeichnen gewesen wäre, der darauf zurückzuführen ist, daß die Hamburger Reederei sich in letzter Zeit weniger dem Schnelldampferverkehr gewidmet hat. Der Anteil des Nord-

Drucksachen-Abfertigung.

deutschen Lloyd zeigt für sich eine erhebliche Steigerung und hat im Jahre 1911 45,1 v. H., d. i. beinahe die Hälfte des gesamten Verkehrs, betragen. Die Steigerung ist zum Teil auf die Benutzung der meist Sonnabends von Bremerhaven abfahrenden Barbarossadampfer zu Postzwecken zurückzuführen, die seit dem Jahre 1906 besteht und eingeführt wurde, weil sich mit der fortschreitenden Verbesserung dieser Dampfer ergab, daß sie meist noch vor dem nächsten Dienstagsschnelldampfer New York erreichen. Dadurch ist den Schnelldampfern ein kleiner Teil der ihnen früher zufallenden Post entzogen worden, wie auch aus den angeführten Zahlen erkennbar ist. Die sonst auftretenden Schwankungen in den einzelnen Jahren haben ihre Ursache darin, daß die Zahl der ausgeführten Fahrten, die sich im wesentlichen nach der allgemeinen Wirtschaftslage richtet, oft auch von technischen Zufällen abhängt, in den verschiedenen Jahren keine gleichmäßige gewesen ist.

Die angeführten Zahlen gelten nicht allein für deutsche Post, sondern auch für die Post aus Österreich-Ungarn, den Balkanstaaten, Rußland und den skandinavischen Staaten. Zwar erhalten auch die Posten aus den übrigen Ländern des Kontinents zum großen Teile von Southampton oder Cherbourg ab Beförderung mit den deutschen Dampfern, aber die Verteilung geschieht doch nach etwas abweichenden Grundsätzen, zumal die englische Postverwaltung bestrebt ist, die Post aus Großbritannien und den britischen Kolonien möglichst englischen Dampfern zuzuführen, was auch in Frankreich bezüglich der französischen Post und der von Havre verkehrenden französischen Dampfer der Fall ist. Die Havre-Dampfer haben für die Beförderung der deutschen Post nach New York keine Bedeutung und erscheinen daher auch nicht in der obigen Übersicht.

Von den fremden Linien, die für die deutsche Post in Betracht kommen, hat die unter amerikanischer Flagge fahrende American Line den größten und stetigsten Anteil, der fast ein Viertel der gesamten Post beträgt. Die Ursache liegt in den regelmäßigen, auch im Winter innegehaltenen Fahrten, zu denen die Gesellschaft auf Grund eines mit der Postverwaltung der Vereinigten Staaten abgeschlossenen Vertrages verpflichtet ist.

Es ist noch hervorzuheben, daß die angeführten Anteilziffern sich auf das Gesamtgewicht der Post, Briefe und Drucksachen zusammengenommen, beziehen. Das Verhältnis der Menge der beförderten Briefsendungen zu der Menge der beförderten Drucksachensendungen war auch früher für jede einzelne Fahrt und jeden Dampfer annähernd das gleiche. Seitdem jedoch vom 1. Januar 1909 ab für die Briefsendungen zwischen Deutschland und den Vereinigten Staaten eine ermäßigte Gebühr eingeführt ist, hat sich das Verhältnis zwischen Briefen und Drucksachen nach der Richtung verschoben, daß mit den deutschen Dampfern, die allein für die Beförderung der sogenannten billigen Briefe in Betracht kommen, eine im Verhältnis zur Masse der Drucksachen größere Menge von Briefen befördert wird als mit den fremden Dampfern, mit denen nur die nach der Weltpostvereinstaxe frankierten Briefe Beförderung erhalten. Wenn aber die Briefe als der wertvollere Teil der Gesamtpost anzusehen sind, so würde bei der Beurteilung der von der Gesamtgewichtsmenge ausgehenden Anteilziffern zu berücksichtigen sein, daß der qualitative Anteil der deutschen Dampfer noch größer ist, als er in den angeführten Zahlen zum Ausdruck kommt. Nach den benutzten Unterlagen ist ungefähr die Hälfte der in Deutschland aufgelieferten Briefe für die Vereinigten Staaten nach dem ermäßigten Tarif frankiert. Damit deckt sich die Angabe der Postverwaltung der Vereinigten Staaten, die nach ihrem letzten Jahresbericht die Zahl der aufgelieferten billigen Briefe für Deutschland auf 48 v. H. der gesamten nach Deutschland bestimmten Briefe berechnet.

Für die Beförderung der Post aus den Vereinigten Staaten nach Europa hat die Postverwaltung der Vereinigten Staaten folgende Grundsätze aufgestellt. Die Beförderung erfolgt mit Schnelldampfern. Wenn zwei oder mehrere

Dampfer an demselben oder an aufeinanderfolgenden Tagen fahren, so wird die Post in der Regel dem Dampfer zugeführt, dessen bisherige Fahrleistung die frühere Überkunft der Post wahrscheinlich macht. Tritt ein entsprechender Zeitgewinn dadurch ein, daß die Post an Bord des Schiffes bearbeitet wird, so werden von Fall zu Fall die mit Seepostämtern besetzten Dampfer den Dampfern ohne Seepost vorgezogen. Unter gewissen Umständen wird auch den Dampfern der Gesellschaft, mit der ein Vertrag abgeschlossen ist, d. i. der American Line, der Vorzug gegeben.

Wie sich nach diesen Grundsätzen die Post aus den Vereinigten Staaten nach Europa auf die einzelnen wichtigsten Dampferlinien verteilt, zu denen

Im Briefsortierraum auf Schnelldampfer „Kaiser Wilhelm II."

außer den oben angeführten für den Verkehr von Nordamerika nach Europa einschließlich Deutschland auch die Compagnie Générale Transatlantique in Havre tritt, dafür gibt das Gesamtgewicht der Post einen Anhalt, die während des mit Ende Juni 1911 abgeschlossenen Jahres von den Schiffahrtsgesellschaften befördert worden ist.

Von den in den Vereinigten Staaten aufgelieferten oder im offenen Durchgang beförderten Sendungen haben erhalten:

	Briefe	Drucksachen
Norddeutscher Lloyd	289 013 kg	1 057 660 kg
Hamburg-Amerika Linie.	39 049	130 124

American Line	270 814 kg	1 328 202 kg
White Star Line	165 979	608 150
Cunard Line	240 199	813 995
Compagnie Générale Transatlantique	95 259 .	329 504 .

bei einem Gesamtgewicht der transatlantischen Post überhaupt von 1 101 883 kg Briefen und 4 413 763 kg Drucksachen. Danach steht der Norddeutsche Lloyd bezüglich der beförderten Briefsendungen an der Spitze, während er bezüglich der beförderten Drucksachenmenge die zweite Stelle, hinter der besonders bevorzugten American Line, einnimmt. Zu den angegebenen Zahlen ist aber noch das Gewicht der geschlossenen Posten aus Ländern jenseits der Vereinigten Staaten zuzuzählen, um ein Bild vom Gesamtverkehr zu erhalten. Und zwar haben von diesen Posten erhalten:

	Briefe	Drucksachen
Norddeutscher Lloyd	90 975 kg	253 813 kg
Hamburg-Amerika Linie	7 850	23 624
American Line	42 933	124 603
White Star Line	46 549	130 913
Cunard Line	66 955	165 196
Compagnie Générale Transatlantique	11 600 .	23 455 .

In dieser Zusammenstellung nimmt der Norddeutsche Lloyd weitaus die erste Stelle ein, woraus geschlossen werden kann, daß die Dienstags von New York abfahrenden Lloyddampfer für die von weiterher kommenden Posten einen günstigen Anschluß nach Europa herstellen.

Aus den vorstehenden Ausführungen geht hervor, daß die deutsche Schiffahrt bereits einen hervorragenden Anteil an dem Weltverkehr, und zwar auch an dem Teile des Weltverkehrs besitzt, der ein erstklassiges Schiffsmaterial beansprucht. Es ist zu wünschen, daß sich für die deutsche Schiffahrt die Verhältnisse so entwickeln, daß jener Anteil erhalten und vergrößert werden kann und daß namentlich auch in der Hinsicht Fortschritte gemacht werden, daß wir in der Beförderung der deutschen transatlantischen Post immer mehr unabhängig von der ausländischen Schiffahrt werden.

POSTZENTRALE DES NORD-DEUTSCHEN LLOYD

Zur Erzielung einer einheitlichen Behandlung der ausgehenden Post hat der Norddeutsche Lloyd am 1. Mai 1911 eine Postzentrale eingerichtet, die in dem beim Neubau des Verwaltungsgebäudes im Hauptvestibül dafür vorgesehenen Raum, also im Zentrum des ganzen Häuserkomplexes, untergebracht ist.

Während früher jede einzelne Abteilung ihre Briefschaften selbständig expedierte, d. h. kuvertierte, frankierte und durch Boten zur Post besorgte, obliegt jetzt die Expedition der gesamten Postsachen, einschl. Drucksachen und Pakete, der Postzentrale.

Die Postzentrale ist je nach Bedarf mit zwei bis drei Beamten besetzt und von $8^1/_2$ Uhr morgens bis 8 Uhr abends ununterbrochen im Betrieb, über dessen Handhabung folgendes von Interesse sein dürfte.

In den einzelnen Abteilungen werden die Briefschaften geordnet, und zwar einmal nach den von der Postzentrale mitgeteilten Sammeladressen, d. h. solchen, an die erfahrungsgemäß regelmäßig von mehreren Abteilungen geschrieben wird und ferner nach den sonstigen Einzeladressen. Für die Postsachen ersterer Art hat jede Abteilung aus Leinwandpapier hergestellte und mit der betr. Adresse versehene Sammelhüllen, in denen sie die Postsachen fortlaufend am Schalter der Zentrale abliefert. Diese ordnet die Sammelhüllen in einem mit ca. 400 Adressenfächern versehenen Schrank. Nachdem alle Abteilungen ihre Postsachen eingeliefert haben, was durch eine Kontrolltafel fortlaufend festgestellt wird, werden die Sammelhüllen dem Gange der Postzüge entsprechend entleert und die verschiedenen Schriftstücke zu einem Briefe vereinigt. Die entleerten Hüllen gehen an die darauf vermerkte Abteilung zur weiteren Verwendung zurück. Briefe an Adressen, die im Gesamtbetriebe nur vereinzelt vorkommen (sog. Einzeladressen), ferner alle vertraulichen und persönlichen Schreiben werden von jeder Abteilung bereits selbst fertig kuvertiert und erst dann der Postzentrale zur Frankierung und zum Versande übermittelt.

Durch diese Einrichtung werden unnötige Portoausgaben vermieden, die entstehen, wenn, wie früher, täglich von den einzelnen Abteilungen aus Briefe an dieselbe Adresse abgesandt werden.

Alle Briefschaften müssen somit der Zentrale in Sammelhüllen oder in verschlossenen Einzelkuverts zugeleitet werden, wobei auf die Schlußzeiten des Hauptpostamtes, der Auslandsposten und auf die für die Bearbeitung der Post in der Zentrale erforderliche Zeit Rücksicht zu nehmen ist. Die Zeiten der Einlieferungen durch die Abteilungen werden in der Zentrale kontrolliert.

Zur Vorbereitung der Frankierung werden alle Postsachen nach den Portowerten geordnet und in Körben gesammelt, nachdem zuvor alle Adressen nochmals übergeprüft und die nach den Postvorschriften erforderlichen Leitvermerke angebracht sind.

Das Bestreben, die Verwaltungsunkosten durch Benutzung von Maschinen zu verringern, hat dazu geführt, in der Postzentrale alle Postsachen durch eine Frankierungsmaschine zu frankieren, mit der zugleich eine Portokontrolle verbunden ist. Die mit der Maschine zu frankierenden Postsachen können von beliebiger Breite und Länge und verschiedener Stärke sein. Durch die elektrisch angetriebene Maschine wird die zu verwendende Marke von der Rolle (Postwertzeichen in Rollen sind von der Reichspost zu beziehen) abgewickelt, von dem Streifen abgetrennt, automatisch angefeuchtet, mit dem Firmenzeichen „N. D. L." gestanzt, auf den Brief aufgeklebt, gezählt und zu den vorher gebrauchten Marken aufaddiert. Gleichzeitig wird der frankierte Brief in einen Korb abgeworfen. Jede verwendete Marke der verschiedenen Markensorten wird durch je einen von außen sichtbaren Zähler ihrem Werte nach registriert, so daß der Verbrauch von jeder Markensorte sofort abzulesen ist. Die Menge der im ganzen verwendeten Marken wird gleichzeitig noch automatisch durch ein besonderes Registrierwerk aufgezeichnet und ergibt die Gesamtzahl der überhaupt durch die Maschine frankierten Postsachen. Die Markenvorräte sind in dem Gehäuse der Maschine eingeschlossen; die Maschine wird zur Einlegung neuer Markenrollen nur von einer am Briefversandgeschäft nicht beteiligten Vertrauensperson geöffnet.

Die Umständlichkeiten, die früher mit der Führung der zahlreichen Portokassen verbunden waren, werden durch die mit dem Frankierapparat verbundene automatische Registrierung des Portoverbrauchs erspart; Portounterschlagungen jeder Art werden mit Sicherheit verhindert.

Die fertigen Briefschaften werden durch Beamte des Kaiserl. Hauptpostamtes von einem am Schalter der Postzentrale befindlichen Briefkasten 7 mal täglich abgeholt und direkt der Briefabfertigung des genannten Amtes zur Beförderung zugestellt. — Die Einschreibsendungen werden der Postzentrale von den Abteilungen gegen Quittung übergeben, von dieser in einem vom Postamt vorgeschriebenen Post-Einschreibebuch zusammengestellt und mit den numerierten von der Postverwaltung gelieferten Einschreibemarken beklebt. Die Einlieferung der Einschreibesendungen bei der Post wird auf diese Weise bedeutend erleichtert.

Die Postzentrale untersteht der Kontrollabteilung, von welcher der Betrieb täglich revidiert wird. — Über die Zahl der abgefertigten Briefe und die dafür verwendeten Portobeträge, sowie über die Zeiten, in denen die Briefschaften von den einzelnen Abteilungen eingeliefert worden sind, wird von der Postzentrale täglich berichtet.

Die Postzentrale bearbeitet monatlich im Durchschnitt 35 000 Postsachen; die dafür zu verwendenden Portobeträge belaufen sich auf durchschnittlich 5000 Mark.

Die Postzentrale hat von Anfang an ohne Störung funktioniert und wesentlich zur Erleichterung der Briefexpedition und der Kontrolle über die aufzuwendenden Portobeträge beigetragen.

DER GEPÄCKVERKEHR DES NORDDEUTSCHEN LLOYD

Annähernd zweihunderttausend Gepäckstücke seiner Passagiere hat der Norddeutsche Lloyd in jedem Jahre mit seinen Dampfern über Bremen zu befördern. Die meisten Menschen werden nicht imstande sein, sich ein Bild zu machen, welche Unsumme mühseliger Arbeit erforderlich ist, um die prompte Abfertigung dieser großen Anzahl Gepäckstücke zu gewährleisten und die sachgemäße Verladung der Tausende von Kolli, die häufig mit einem einzigen Dampfer zu befördern sind, durchzuführen. Das [zur Verladung mit den Dampfern des Norddeutschen Lloyd bestimmte „ausgehende" Passagiergepäck wird in der Regel vom Binnenlande als Eil- oder Frachtgut von den Eigentümern an die Gepäckabteilung des Norddeutschen Lloyd in Bremen im voraus abgesandt. Der Versand muß so zeitig erfolgen, daß das Gepäck spätestens zwei Tage vor Abfahrt des Dampfers in Bremen eingetroffen ist. Das an die Gepäckabteilung in Bremen beförderte Gepäck wird dann für die in Betracht kommenden Dampfer geordnet und mit besonderen Zügen so rechtzeitig an Bord des betreffenden Dampfers befördert, daß der Passagier, wann und wo er an Bord kommt, es sofort zur Verfügung hat.

Die Abfertigung bildet nicht nur einen wichtigen, sondern auch einen recht komplizierten Teil des Lloydbetriebes, zumal auch nach dieser Richtung hin die Ansprüche der Reisenden gegen früher erheblich gewachsen sind. Daß sie heute in dem Maße erfüllt werden können, wie es tatsächlich der Fall ist, ist nur durch die organische Ausbildung dieses mit der Passagierbeförderung in engem Zusammenhang stehenden Zweiges des gewaltigen Lloydbetriebes möglich gewesen. Man muß sich vergegenwärtigen, daß es sich hier nicht, wie meistens im Eisenbahnverkehr, um einzelne Gepäckstücke handelt, sondern daß überseeische Passagiere, insbesondere die für Monate und Jahre lediglich zum Vergnügen reisenden Amerikaner, in der Regel zahlreiche Kolli verschiedenster Art mit sich zu führen pflegen. Da ein Teil dieses Gepäcks für die tägliche Benutzung unterwegs bestimmt ist, müssen diese Gepäckstücke in den Kabinen selbst untergebracht werden. Andere Teile des Gepäcks, die auf der Reise gelegentlich verlangt werden, werden in den Gepäckräumen der Schiffe so verstaut, daß die Passagiere täglich die Möglichkeit haben, sie leicht zu erreichen. Ein weiterer Teil des Gepäcks, der direkt für überseeische Häfen oder Inlandplätze bestimmt ist, wird regelrecht verstaut und kann so direkt weiterbefördert werden.

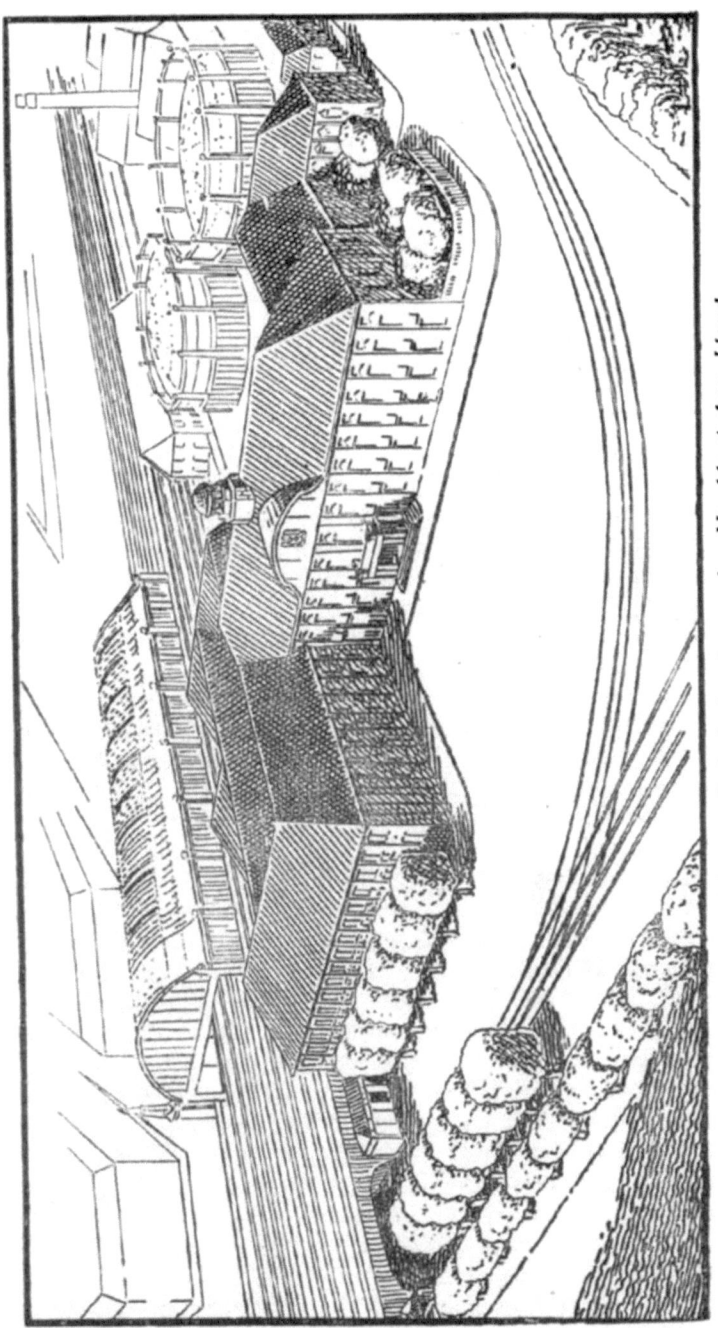

Gesamtansicht der Bahnhofsanlagen des Norddeutschen Lloyd.

Dabei hat die Gepäckabteilung in Bremen nicht allein für den Dienst in Bremen Sorge zu tragen, sondern den gesamten Gepäckbetrieb in allen Auslandshäfen zu regeln und zu überwachen. In einzelnen Häfen und Inlandsplätzen ist der Gepäckbetrieb so groß, daß besondere Gepäckbureaus, die sich lediglich auf die Abfertigung des Gepäcks beschränken, wie zum Beispiel in Hoboken, Paris, Neapel, Genua und Oderberg, eingerichtet werden mußten. Ferner ist ein besonderer Gepäck-Abfertigungsdienst von London nach Southampton, von Paris nach Cherbourg und Boulogne sur Mer, von Berlin nach Bremerhaven und von Alexandrien nach Kairo eingerichtet. Passagiere, die von London, Paris, Berlin und Kairo fahren, haben so die Annehmlichkeit, ihr Gepäck den Geschäftsstellen des Lloyd übergeben zu können, ohne sich weiter weder um den Eisenbahn-Transport zum Einschiffungshafen, noch um die Verladung kümmern zu müssen. Sie finden ihr Gepäck vielmehr an Bord in ihren Kabinen wieder vor.

Die Abfertigung in Bremen erfolgt in der Regel am Tage vor Abfahrt des Dampfers auf Grund der gelösten Schiffskarte. Zum größten Teil wird das Gepäck am Tage vor Abgang des Dampfers mit den Abendzügen als Eilgut, bei Schnelldampfern auch mit Gepäcksonderzügen nach Bremerhaven überführt; später eintreffendes Gepäck wird am Morgen des Abfahrtstages des Dampfers mit den Passagier-Sonderzügen an Bord befördert. Ähnlich vollzieht sich die Behandlung des Gepäcks der Zwischendecks-Passagiere, das entweder von diesen selbst oder durch die Auswandereragenten am Tage vor Abfahrt des Dampfers des Norddeutschen Lloyd in Bremen der Gepäckabteilung übergeben wird.

Im einkommenden Verkehr spielt sich die Behandlung des Gepäcks in folgender Weise ab: Sobald der Dampfer in Bremerhaven festliegt, wird das Gepäck der Passagiere I. Klasse zuerst gelandet, und zwar in der Weise, daß das bahnseitig abzufertigende Gepäck der Zollrevision vorweg zugeführt wird. Ihm folgen die für Bremen-Stadt bestimmten Gepäckstücke und das dem Gepäckmeister an Bord zur Spedition ab Bremen übergebene Gepäck. Das bahnseitig abzufertigende Gepäck, das auf Grund von Fahrkarten, die an Bord der großen New Yorker Dampfer ohne irgendwelchen Preisaufschlag nach bestimmten binnenländischen Stationen gelöst werden können, kann direkt von Bremerhaven nach dem Binnenlande weiterbefördert werden, während die Passagiere die Möglichkeit haben, bei voller Ausnutzung der Gültigkeitsdauer ihrer an Bord gelösten Fahrkarten noch 3 bis 4 Tage in Bremen zu verweilen. Dies Gepäck wird separat verladen und nach Ankunft in Bremen sofort den Anschlußzügen zugeführt, während die für Bremen-Stadt bestimmten Gepäckstücke direkt nach der Lloydgepäckhalle in Bremen überführt und dort entweder den Passagieren ausgehändigt, oder als Eil- oder Frachtgut nach dem Inlande weiter gesandt werden. Die Landung des Gepäcks der Zwischendeckspassagiere in Bremerhaven erfolgt gleichzeitig mit der Landung dieser Passagiere selbst.

Den nach Oderberg weiterreisenden Zwischendeckspassagieren (Rückwanderern) wird das Handgepäck in Bremerhaven abgenommen und in be-

Gebäude der Gepäck-Abteilung des Norddeutschen Lloyd.

sondere dem Lloyd von der Eisenbahnverwaltung zur Verfügung gestellte Gepäckwagen verladen. Das große Gepäck der Zwischendecker wird ihnen als Eil- oder Frachtgut nachgesandt.

Die Tätigkeit der Gepäckabteilung hat sich, wie schon eingangs erwähnt, in den letzten Jahren auf die Bearbeitung von annähernd 200 000 Kolli pro Jahr erstreckt, so daß die Notwendigkeit der Ausdehnung der Geschäftsräume mehr als je in den Vordergrund gerückt ist. Um den steigenden räumlichen Bedürfnissen der Gepäckabteilung des Norddeutschen Lloyd nunmehr Rechnung zu tragen und um die im Laufe der Zeit vielfach hervorgetretenen Mängel zu beseitigen, die sich durch die Abfertigung der überseeischen Passagiere auf dem Bahnhofe für den allgemeinen Verkehr in steigendem Maße bemerkbar gemacht haben, soll nunmehr gleichzeitig mit der in Angriff genommenen Umgestaltung der bremischen Bahnhofsanlagen auch in dieser Beziehung Wandel geschaffen werden und zwar durch Aufführung eines Neubaus für die Gepäckabteilung an der Nordseite des Bahnhofsgeländes.

Es handelt sich hier um die Herstellung besonderer Tunneleinrichtungen und im Anschluß daran gesonderter, ausschließlich für die Zwecke des Lloydverkehrs bestimmter Bahnsteiganlagen, nebst Gepäck-, Unterkunfts- und Untersuchungsräumen. Das dazu erforderliche ca. 6800 qm große Areal ist dem Norddeutschen Lloyd auf die Dauer von 60 Jahren vom bremischen Staate zu Erbbaurecht übergeben worden. Über die neue Anlage dürften nachstehende Mitteilungen von Interesse sein:

Für Kajütspassagiere wird von seiten der Königlich Preußischen Eisenbahnverwaltung ein 500 qm großer Wartesaal errichtet, der durch einen besonderen, in der Regel dem Lloydverkehr, Sonntags aber auch dem Lokalverkehr dienenden Tunnel mit den Bahnsteigen in direkte Verbindung gebracht wird. Zwischendeckspassagiere dagegen werden den Zügen von dem neuen Gebäude der Gepäckabteilung an der Gustav-Deetjen-Allee durch den erwähnten Tunnel zugeführt. Der Zugang zu den Lloydzügen wird sich also nach Fertigstellung der Bauten, die für Oktober 1913 in Aussicht steht, nicht mehr, wie bisher, auf der Westseite, sondern auf der Ostseite des Bahnhofsgebäudes befinden, so daß die Eingangshalle des Hauptbahnhofs von dem stoßweisen und daher dem allgemeinen Verkehr häufig störenden Massenandrang der Zwischendeckspassagiere sowie von deren Gepäck frei gehalten wird.

Freihafen I in Bremen.

DIE HAFENANLAGEN BREMENS UND BREMERHAVENS

So wenig günstig die Lage Bremens von Natur im Verhältnis zu seiner mächtigen Rivalin an der Elbe ist, so hat es doch die alte Handelsstadt verstanden, ohne jede Unterstützung durch fremde Mittel, nur getragen durch die Tüchtigkeit und Unternehmungslust seiner heute annähernd 299 000 Einwohner*) zählenden Bevölkerung, sich an die zweite Stelle aller deutschen See- und Handelsplätze zu stellen. Die Anfänge der bremischen Schiffahrt reichen weit ins Mittelalter zurück. Schon zu Beginn des 12. Jahrhunderts ankerten Schiffe vor den Mauern Bremens auf der Weser. Es waren jene eigenartig gebauten einmastigen Fahrzeuge, Koggen genannt, wie man sie heute auf alten Gemälden und Stichen abgebildet sehen kann. Der Tiefgang dieser Schiffe, welche Handel an den Küsten der Nord- und Ostsee trieben, war gering, die Transportfähigkeit klein, so daß der Weserstrom ihnen kein Hindernis bot, um mit der Ladung an die Stadt zu kommen. Solange die Schiffe ihren kleinen Raumgehalt behielten, konnten sie unbehindert weseraufwärts bis Bremen gelangen, als dann aber die Fahrzeuge im Laufe der Jahrhunderte größer wurden, erwuchsen den Seeschiffen vielfach Schwierigkeiten auf der Fahrt nach Bremen, zumal die Weser einer außerordentlich starken Versandung ausgesetzt war. Sie mußten daher vielfach unterhalb Bremens bei Vegesack, Elsfleth oder Brake vor Anker gehen und die Ladung in Leichtern nach Bremen befördern. Der Mangel eines guten Hafens und Ankerplatzes machte sich mit der Zeit immer drückender fühlbar, namentlich als nach Beseitigung der Kontinentalsperre Napoleons der bremische Staat mit Großbritannien, den Vereinigten Staaten von Amerika, mit Brasilien und endlich auch mit Preußen Handels- und Schiffahrtsverträge abschloß. Schon mit dem Ende des 18. Jahrhunderts hatte sich Bremens Handel mit Nordamerika schnell entwickelt. Im Jahre 1786 befanden sich unter 487 in Bremen angekommenen Schiffen fünf aus Nordamerika. Der Tonnengehalt der bremischen Schiffe, welche in der nordamerikanischen Fahrt beschäftigt waren, betrug 1790: 1987 Tons (10 Schiffe) und 1796: 12988 Tons (ca. 30 Schiffe). Die Gewalt-

---

*) Bremen Staat ca. 299 000 Einwohner, davon in Stadt Bremen 240 000 Einwohner im Jahre 1911.

Freihafen II in Bremen.

herrschaft Napoleons, hat wohl auf eine Reihe von Jahren diese Schiffahrt unterbunden, aber mit dem Sturze Napoleons erholte sie sich wieder, dank einer zielbewußten Schiffahrtspolitik.

Auf Grund der Wiener Kongreßakte wurde unter den sämtlichen Weserstaaten im Jahre 1823 die Weserschiffahrtsakte vereinbart. Diese führte unter Beseitigung der zahlreichen auf Handel und Schiffahrt schwer lastenden Zoll- und Schiffahrtsabgaben ein geregeltes Zollsystem ein und damit gleichzeitig die Verpflichtung, das Strombett der Weser zu unterhalten. Mit dem Wachstum des Handels mit Nordamerika und der zunehmenden Größe der Schiffe wurde die Hafenfrage für Bremen zur wahren Kalamität, um so mehr, als sich das Verhältnis zwischen Bremen und Oldenburg immer mehr durch den Zoll verschärft hatte und Elsfleth sich bemühte, den Bremer Handel an sich zu bringen.

Die Bremerhavener Hafenanlagen.

Im Jahre 1827 gelang es dem bremischen Staate infolge der Tatkraft des damaligen Bürgermeisters Smidt, vom Königreich Hannover einen Land-

Ausrüstungshafen mit Lloydkantine.

Besuch der Kriegsmarine in Bremerhaven.

streifen von 342 Morgen nördlich von der Mündung der Geeste in die Weser, 70 km unterhalb Bremens, gegen Zahlung von 74 000 Talern zu erwerben, um dort einen Hafen anzulegen, das heutige Bremerhaven. Bremen mußte sich verpflichten, binnen drei Jahren im ganzen 200 000 Taler für Hafenbauten auf diesem Landstreifen zu verwenden.

Diese älteste Anlage, der „Alte Hafen", welcher 1830 eröffnet wurde, steht mit der Weser durch eine Kammerschleuse in Verbindung. Die Breite der Schleuse beträgt 11,0 m, die größte Tiefe auf den Drempeln 5,86 m unter gewöhnlich Hochwasser. Das Hafenbassin ist 750,0 m lang und 96,0 m bezw 115,74 m breit, seine Wasserfläche umfaßt 7,20 ha.

Als nach Einführung der Dampfkraft in dem Schiffahrtsbetriebe die Breite der zunächst nur mit Seitenrädern ausgestatteten Schiffe beträchtlich stieg und der infolge des Baues des alten Hafens ständig wachsende Verkehr einen weiteren kräftigen Aufschwung durch die Auswanderung nach Nordamerika erfuhr, sah sich Bremen Ende der vierziger Jahre gezwungen, einen neuen, den gesteigerten Ansprüchen der Schiffahrt entsprechenden Hafen zu schaffen.

Das zweite Hafenbecken, der „Neue Hafen", ist im Jahre 1851 dem Verkehr übergeben, er besitzt zur Verbindung mit der Weser eine nur

Ankunft eines Schnelldampfers in Bremerhaven.

zur Schleusenzeit offene Dockschleuse von 22,0 m Breite und 7,61 m größter Tiefe unter gewöhnlichem Hochwasser. Die Länge des Hafenbassins beträgt 879,0 m und die Breite 86,81 m bezw. 115,74 m, die Wasserfläche 8,27 ha.

Die Hoffnungen, welche man auf die Entwicklung dieses Hafens gesetzt hatte, erfüllten sich anfangs nicht, zumal da auch die Ocean Steam Navigation Comp., welche die letzte Veranlassung zur Erweiterung des neuen Hafens gewesen war, wieder einging. Erst dem Norddeutschen Lloyd war es vorbehalten, dem Hafen von Bremerhaven Leben in solchem Maße zuzuführen, daß man im Jahre 1872 den Bau eines dritten Hafenbeckens, des Kaiserhafens, in Angriff nehmen konnte. Der Kaiserhafen ist dazu bestimmt, hauptsächlich die großen Dampfer des Norddeutschen Lloyd aufzunehmen. In seiner ursprünglichen Gestalt, mit der 17,0 m breiten Dockschleuse von 7,86 m größter Tiefe unter gewöhnlichem Hochwasser, wurde er im Jahre 1876 eröffnet. Als aber der Norddeutsche Lloyd in den achtziger Jahren die ersten Schnelldampfer bauen ließ, erwiesen sich die Bremerhavener Häfen als zu schmal und die Schleusen als zu kurz. Der Lloyd mußte daher zur regelmäßigen Expedierung seiner Schnelldampfer nach Nordenham übersiedeln. Um diesen wichtigen Verkehr wieder nach Bremerhaven zu ziehen, wurde beschlossen, den Kaiserhafen bedeutend zu erweitern und durch eine Kammerschleuse mit der Außenweser zu verbinden. In den Jahren 1892—1897 erfuhr der Kaiserhafen dann seine erste Erweiterung und erhielt gleichzeitig eine zweite Einfahrt. Diese neue Einfahrt enthält eine 28,0 m breite und 10,56 m unter Hochwasser gleichmäßig tiefe Kammerschleuse, die „große Kaiserschleuse" genannt, deren Länge zwischen den Toren gemessen 223,2 m beträgt; das gesamte Hafenbecken ist 1420 m lang. Es ist in seinem südlichen Teile 115 m breit, während es sich nach Norden zu allmählich erweitert, und an der großen Kaiserschleuse derart bemessen ist, daß Schiffe von 250 m Länge bequem gedreht werden können. Die Gesamtwasserfläche des Kaiserhafens I beträgt 20,75 ha.

Mit der Indienststellung der großen Schnelldampfer „Kaiser Wilhelm der Große", „Kronprinz Wilhelm", „Kaiser Wilhelm II." und „Kronprinzessin Cecilie" sowie der mächtigen Dampfer der „Barbarossa-Klasse" stiegen aber die Anforderungen des Norddeutschen Lloyd an Liegeplätzen im Hafen fortdauernd, und schon wenige Jahre nach der Eröffnung der Kaiserhafenerweiterung stellte sich die Notwendigkeit zu neuen Hafenbauten heraus, um genügend Platz zur bequemen und schnellen Abwickelung des Lösch- und Ladegeschäfts zu schaffen. Wieder mußte Bremen sich wegen Abtretung von Grund und Boden zu der jetzt in Ausführung begriffenen Vergrößerung der dortigen Hafenanlagen an Preußen wenden. An den Kaiserhafen I schließt sich nunmehr ein im Oktober 1907 dem Verkehr übergebenes Becken, der rund 6 ha große „Kaiserhafen II" an. Er hat eine vorläufige Länge von 500 m, eine Breite von 125 m und eine Tiefe von 10 m bei mittlerem Hafenwasserstande erhalten.

An der Ostseite stehen zwei große Kajeschuppen von je 200 m Länge und 61,5 m Breite. Die Schuppen haben massive Seitenwände, hölzerne Dachkonstruktion und sind auf Pfählen fundiert, die mit Rücksicht auf die große Tiefenlage des tragfähigen Bodens Längen bis zu 22 m erhalten haben. Die Schuppen sind aus Gründen des Feuerschutzes in vier feuersicher voneinander abschließbare Abteilungen geteilt. In jedem Schuppen können etwa 12000 Ballen Baumwolle gelagert werden. Im Gegensatz zu den älteren Schuppen, an denen das Löschen der hoch aus dem Wasser ragenden Dampfer in einfacher Weise unter Zuhilfenahme hölzerner Rutschen geschieht, sind die neuen Schuppen an der Wasserseite mit je 6 Kränen von je 2,5 Tonnen Tragfähigkeit ausgerüstet, die den Lösch- und Ladebetrieb wesentlich erleichtern und die Zeit des Löschens und Ladens abkürzen.

Während der Kaiserhafen II dem allgemeinen Hafenverkehr dient, ist die Benutzung des Kaiserhafens III in erster Linie den Schiffen des Norddeutschen Lloyd vorbehalten. Der Kaiserhafen III, ein großes Becken von vorläufig 600 m Länge, 150 m Breite und 11 m Tiefe bei mittlerem Hafenwasserstande, ist am 10. Oktober 1909 dem Norddeutschen Lloyd zur Benutzung übergeben worden. Die Ostseite des Hafens besitzt 3 große Schuppen von je 170 m Länge und 61,5 m Breite. Die Bauart und Anordnung dieser Schuppen

Die große Kaiserschleuse in Bremerhaven. (Schleusentore geöffnet.)

Der Riesenkran in Bremerhaven (Ausrüstungshafen).
(Tragkraft 150 t   150000 kg.)

ist die gleiche wie bei den vorgenannten Schuppen am Kaiserhafen II. Die Anzahl der Kräne vor jedem Schuppen beträgt fünf. Der südliche Schuppen ist für den New Yorker Verkehr des Norddeutschen Lloyd, der mittlere für den Baltimore- und Galveston-Verkehr und der nördliche für die Reichspostdampferlinien und die La Plata-, Brasil- und Austral-Frachtdampfer bestimmt. Jeder Schuppen faßt etwa 10 000 Ballen Baumwolle.

Die Westseite des Kaiserhafens III dient als Anlegestelle für die großen Schnell- und Postdampfer des Norddeutschen Lloyd. Umfangreiche Kohlenlagerplätze und Gleise sind hier vorgesehen, aus denen die Ozeanriesen von der Landseite her ihre Kohlen empfangen; die Bekohlung von der Wasserseite aus besorgen eigens für diesen Zweck gebaute Kohlenprähme, die wiederum ihre Kohlen von einem an der älteren Hafenanlage befindlichen Kohlenelevator erhalten.

In dem neuen Kaiserhafen III steht dem Norddeutschen Lloyd eine mit allen modernen Einrichtungen versehene großzügige Anlage zur Verfügung, die eine wünschenswerte Konzentration des Lösch- und Ladebetriebes herbeiführt.

Als weiterer Teil der zum Abschluß gelangten Hafenerweiterungsbauten ist noch erwähnenswert ein großer Schwimmkran (Schwimmdrehkran), dessen größte Tragfähigkeit 60 Tonnen bei 17,5 m Ausladung über Bord beträgt, und der außerdem noch ein besonderes Hubwerk besitzt, das für eine Last von 10 Tonnen bei einer Ausladung von 31,5 m eingerichtet ist, diese Last also über das bislang breiteste Schiff hinwegheben kann. Der Kran hat sich bereits bei den verschiedensten Gelegenheiten bestens bewährt und als durchaus brauchbar erwiesen.

Im Anschluß an die gegen Ende des vorigen Jahrhunderts errichteten Reparatur- und Dockanlagen des Norddeutschen Lloyd am sogenannten Kaiserdock wird zurzeit an der Fertigstellung eines neuen, großen Trockendocks gearbeitet, das an Größe bisher von keinem anderen Dock in Europa übertroffen wird. (S. Artikel „Dockanlagen".)

Das derzeitige Bauprogramm für die Hafenerweiterungsbauten umfaßt außer den vorgenannten Bauten noch die Erbauung einer neuen, großen Schleuse und eines Verbindungshafens, der die neue Schleuse mit den älteren Hafenanlagen verbinden soll. Diese beiden Neubauten sollen nach der Vollendung des Trockendocks in Angriff genommen werden.

Um das Baugelände, in dem später die neue Schleuse und der Verbindungshafen erbaut werden sollen, vor Überschwemmungen zu sichern, ist bereits in den Jahren 1906/07 ein neuer Weserdeich angelegt worden, der etwa 600 m weiter westlich als der alte Deich liegt und eine Geländefläche von etwa 47 ha nutzbar gemacht hat. Sämtliche Neubauten werden vom Bremer Staat ausgeführt; an den Baukosten beteiligt sich der Norddeutsche

Aus dem Technischen Betrieb des Norddeutschen Lloyd in Bremerhaven.
Reparatur-Werkstätten. Abt. Schmiede

Aus dem Technischen Betrieb des Norddeutschen Lloyd in Bremerhaven.
Reparatur-Werkstätten. Werkzeugmacherei.

Lloyd teils durch Zahlung von Pachtbeträgen, teils durch Übernahme einer Zinsgarantie.

Kaiserhafen und Neuer Hafen stehen untereinander durch eine 16,0 m breite Schleuse von 7,56 m größter Tiefe unter Hochwasser in Verbindung.

Die ganzen Hafenanlagen besitzen rund 55 ha Wasserfläche. Sie sind an ihren Kajen mit Gleise- und Krananlagen, Schuppen- und Speicherbauten reichlich ausgestattet.

Die Hafengeleise stehen mittels zweier Verbindungsgeleise mit der preußischen Staatsbahn in Verbindung. Der Alte und der südliche Teil des Neuen Hafens sind im Zollinlande gelegen, während der nördliche Teil des Neuen Hafens und die Kaiserhäfen I, II und III Freihäfen sind. Die Gesamtlänge der senkrechten und geböschten Kajen an den Häfen, Vorhäfen, Schleusenkammern, Dockvorbassins, Reparaturbecken an der Weser und an der Geeste beträgt 12 750 m.

In unmittelbarer Nähe der Häfen befinden sich die umfangreichen Anlagen des Norddeutschen Lloyd, die im Laufe der Jahrzehnte entstanden und dem ganzen Lloydbetriebe entsprechend allmählich vergrößert worden sind. Zu nennen sind in erster Linie die großen Reparaturwerkstätten mit dem Lloyddock am Neuen Hafen, das an den Norddeutschen Lloyd verpachtete große Kaiserdock am Kaiserhafen, die große Wartehalle des Norddeutschen

DIE HAFEN-ANLAGEN

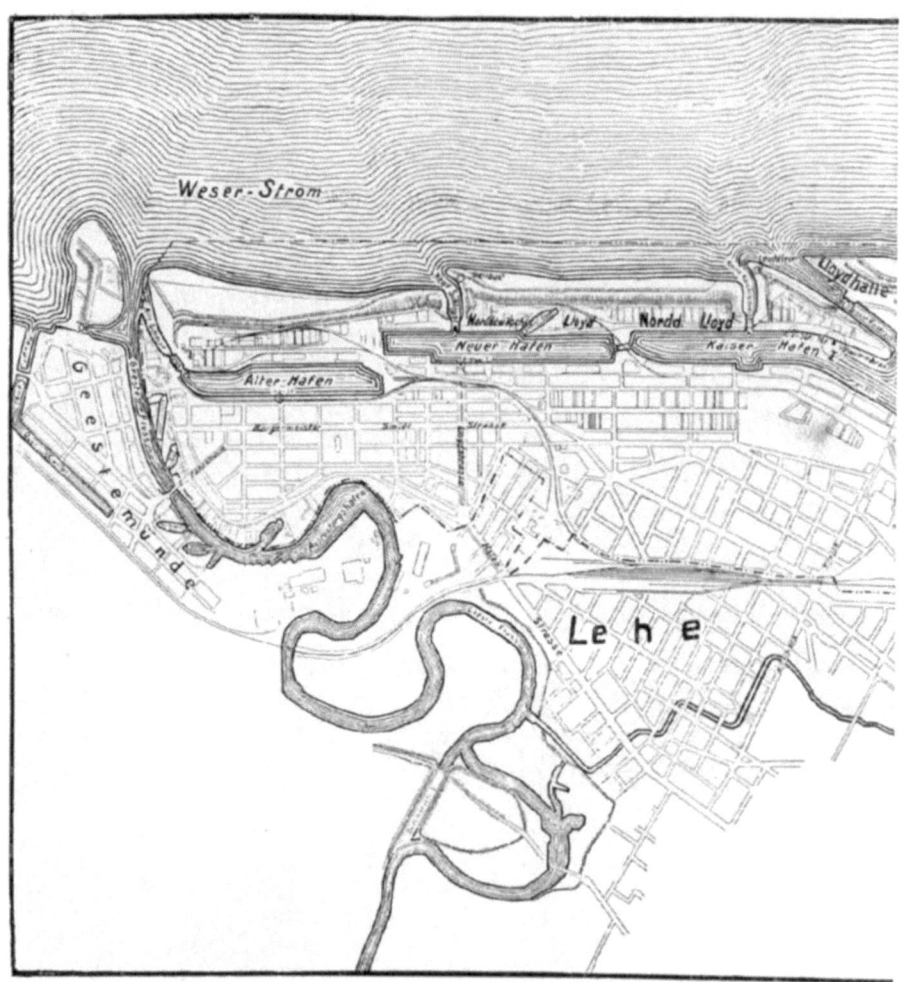

Die Grenze Bremerhavens wird auf obigem Plan durch die Linie bezeichnet. Der **„Alte Hafen"** wurde im Jahre 1830, der **„Neuer Hafen"** 1850, der erste Teil des **„Kaiserhafen I"** 1876, seine Erweiterung mit der großen Kammerschleuse 1897, der **„Kaiserhafen II"** im Oktober 1908, der

IN BREMERHAVEN

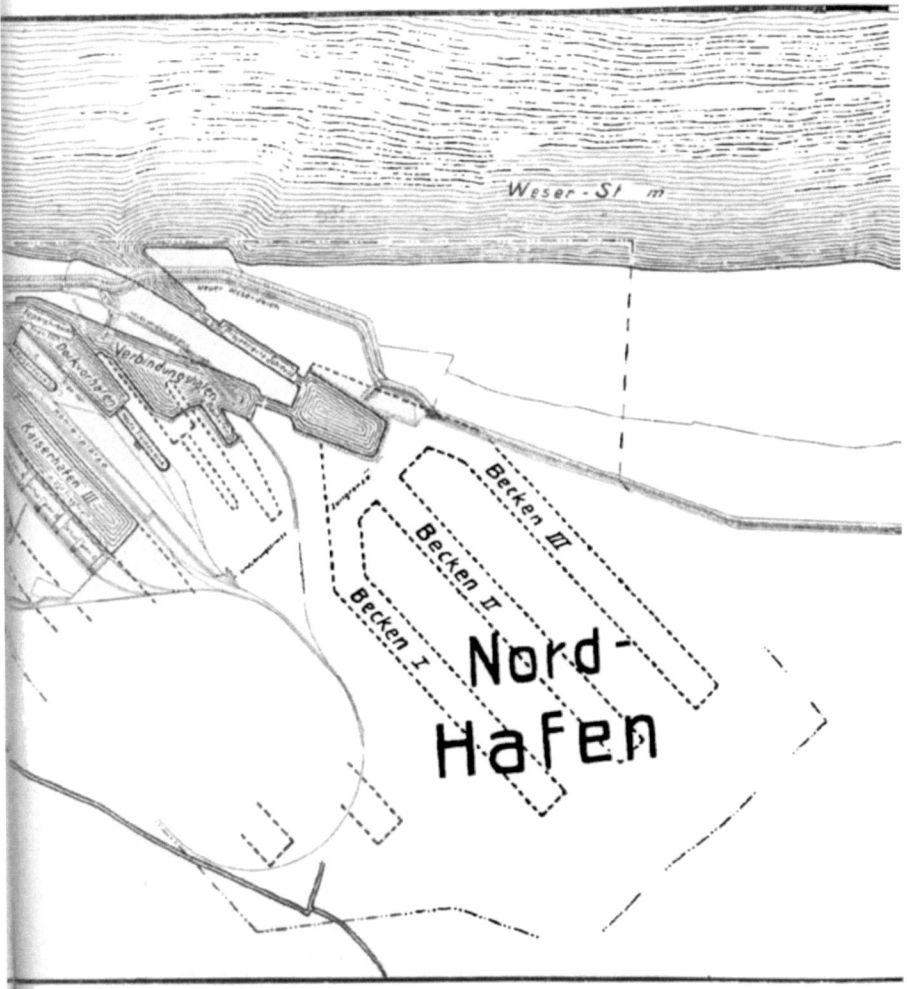

„**Kaiserhafen III**" im Oktober 1909 eröffnet. Im Bau sind z. Zt. der Verbindungshafen, das neue Trockendock und die neue Kammerschleuse. Der „**Nordhafen**" (Becken I, II, III) ist für später projektiert.

Lloyd nebst den Zollrevisionshallen am Kaiservorhafen, die Station für drahtlose Telegraphie, die an anderer Stelle in diesem Hefte näher beschriebene Modellschleppversuchsstation, die staatliche Quarantäneanstalt usw. — Bei der Gründung Bremerhavens umfaßte das Areal 99 ha. Es wuchs dann in den Jahren 1851, 1861 und 1869 durch Abtretung von preußischen Gebietsteilen auf 177,77 ha an, erhielt 1892 noch einen Zuwachs von 114,67 ha zur Erweiterung des Kaiserhafens und stieg 1905 durch die Neuerwerbung bezw. Gebietsaustausch auf 869,61 ha. Diese Zunahme des Gebiets ist in der Hauptsache der ungeahnten Entwicklung des Norddeutschen Lloyd und der Seeschiffahrt überhaupt zuzuschreiben.

Die Dockanlagen des Nordd. Lloyd in Bremerhaven.

Eine der wichtigsten Einrichtungen für die modernen Häfen bilden die Anlagen von Docks, in welchen die Schiffe notwendigen Reparaturen unterworfen und nach den langen Reisen wieder gründlich instand gesetzt werden. Es gibt zwei Arten von Docks: Schwimmdocks und Trockendocks. Durch die ersteren werden die Schiffe aus dem Wasser gehoben, während die letzteren, nachdem das Schiff in das Dock hineingefahren ist, mittels mächtiger Pumpen leer gepumpt werden, um das auf Klötzen ruhende Schiff vollständig trocken zu legen.

In Bremerhaven befinden sich eine Reihe von Dockanlagen, von denen eins, das Lloyddock, am Neuen Hafen dem Norddeutschen Lloyd gehört,

Das große Kaiserdock in Bremerhaven.

während ein anderes, das sogenannte Kaiserdock am Kaiserhafen, vom bremischen Staat an den Norddeutschen Lloyd verpachtet ist.

Das Lloyddock ist ein Doppeldock, welches in den Jahren 1870/71 von Baurat Hanckes erbaut und 1881 verlängert ist. Seine Länge beträgt 114,29 m bezw. 138,67 m, seine Breite in der Einfahrt 17,20 m. Die Tiefe des Drempels unter mittlerem Hochwasser 6,30 m. Wesentlich größer ist das Kaiserdock, dessen Dimensionen folgende sind: Nutzbare Länge 226 m, mittlere Breite 28 m, Tiefe unter gewöhnlichem Hochwasser der Weser. Neben dem Dock liegt ein schmales Hafenbecken, das als Reparaturbecken dient. In diesem von Holzbollwerken eingeschlossenen Becken, in welchem ein 200 m langes und ein 150 m langes Schiff bequem liegen können, werden Schiffe repariert, welche nicht trocken gelegt zu werden brauchen, oder es werden dort auch an im Trockendock gewesenen Schiffen diejenigen Arbeiten ausgeführt, welche ein weiteres Liegen im Trockendock nicht erheischen.

Der Abschluß der Dockkammer gegen das Vorbassin geschieht durch einen Hebeponton, der nicht nur am äußersten Ende des Docks, sondern auch 60 m weiter dockeinwärts eingelegt werden kann. Dadurch kann an Betriebskosten gespart werden, weil dann bei kleineren Schiffen die leer zu pumpende Dockkammer um 60 m kleiner sein kann. Zum Leerpumpen ist ein Dampf-

Schnelldampfer im Dock.

Maschine des Dock-Pumpenwerks.

schöpfwerk hergerichtet, welches imstande ist, das ganze Dock innerhalb 2 bis 2½ Stunden in den Hafen zu entleeren. Dasselbe besteht aus zwei Zentrifugalpumpen, deren Gehäuse einen Durchmesser von 5 m haben. Sie werden

Bremerhaven: Neues Trockendock im Bau.
Herstellung des rund 8 m starken Betonfundaments unter Wasser.

angetrieben durch direkt gekuppelte Dampfmaschinen von je 600 Pferdestärken und fördern in der vorerwähnten kurzen Zeit 75 000 cbm Wasser. — Der Dockbetrieb des Norddeutschen Lloyd ist bei der Größe des Unternehmens sehr bedeutend. Im Jahre 1907 wurden beispielsweise in den beiden genannten Docks insgesamt 167 Schiffe gedockt, und zwar im Kaiserdock 103 Schiffe mit 847 126 Brutto-Register-Tons und im Lloyddock am Neuen Hafen 64 Schiffe mit zusammen 173 944 Brutto-Register-Tons. Das Dock ist indessen nicht auf die Dampfer des Lloyd beschränkt, sondern auch anderen Schiffen zugänglich. Für die Bewegung schwerer Maschinenteile sind an den Seiten des Docks drei elektrisch betriebene Kräne, zwei von 50 und einer von 150 Tonnen oder 3000 Zentner Tragfähigkeit, vorhanden. Der Riesenkran hat eine Höhe von 36 m und eine Ausladung von 15 m.

Inzwischen ist bereits mit dem Bau eines weiteren Trockendocks begonnen worden, das einschließlich eines Vorhafens einen Kostenaufwand von 8 750 000 Mk. erfordert. Es wird ein gewaltiges Werk werden, wie es wohl noch nirgends existiert. Das neue Dock wird westlich vom Kaiserhafen III erbaut, es erhält eine Länge von 260 m und eine Breite in der Docksohle von 35,2 m und eine Tiefe von 11 m unter mittlerem Hafenwasserstand. Die Bauart und Ausstattung des neuen Docks entsprechen denen des Kaiserdocks. Der bremische Staat wäre bereit gewesen, mit der Länge des neuen Docks auf 300 m zu gehen.

Bremerhaven: Neues Trockendock im Bau.
Betonfundament trocken gelegt. Beginn der Aufführung der Seitenmauern.

Allein der Lloyd erklärte, daß die Längenzunahme der auf der Weser beheimateten Schiffe mit Rücksicht auf die Fahrwasserverhältnisse begrenzt sei, so daß er für seinen Bedarf mit 260 m auch in Zukunft auskommen werde. Überhaupt sind die ganzen neueren Hafenanlagen auf Verträgen mit dem Lloyd gegründet, und zwar derart, daß er entweder eine die Zinsen nebst Unterhaltung und Verwaltung deckende Pachtsumme zahlt oder entsprechende Einnahmen verbürgt. Außer diesen Docks sind noch mehrere Docks an der Geeste vorhanden, welche im Besitz der Werften sind.

Pieranlagen des Norddeutschen Lloyd in Hoboken (New York).

DIE PIERANLAGEN DES NORDD. LLOYD IN HOBOKEN

Der Umstand, daß der Norddeutsche Lloyd während seines Bestehens ca. 6 Millionen Passagiere allein im Verkehr mit den Vereinigten Staaten von Amerika befördert, Passagiere, von denen die meisten im Hafen von New York gelandet oder von dort abgefahren sind, der Umstand ferner, daß die Lloyddampfer einen der wesentlichsten Träger des Handelsverkehrs zwischen der alten und der neuen Welt darstellen, lassen es erklärlich erscheinen, daß der Lloyd nicht nur in New York, sondern in den Vereinigten Staaten von Amerika überhaupt einen Wirtschaftsfaktor bildet, den jedermann kennt und dessen Bedeutung jeder Amerikaner zu schätzen weiß. Man kann ohne große Übertreibung sagen, daß der Lloyd noch bis vor wenigen Jahren in den Vereinigten Staaten bekannter gewesen ist als in Deutschland selbst. Jedes neue Schiff des Norddeutschen Lloyd bildet für die amerikanische Presse einen willkommenen und gründlich bearbeiteten Redaktionsstoff. An den Geschicken des Lloyd hat das amerikanische Volk, dies soll besonders hervorgehoben werden, von jeher einen mehr als gewöhnlichen Anteil genommen. Als Hauptträger der Post zwischen der alten und der neuen Welt nehmen die Lloydampfer im amerikanischen Leben noch eine besondere Stelle ein. Der Ankunft und Abfahrt einen jeden Lloydschiffes pflegen Hunderte und häufig Tausende im Hafen von New York und besonders an den Pieranlagen des Lloyd beizuwohnen. Das erste Erscheinen der großen Schnelldampfer bildete ein Ereignis, so daß z. B. der „Kaiser Wilhelm der Große", „Kronprinz Wilhelm", „Kaiser Wilhelm II." und „Kronprinzessin Cecilie" bei ihrem ersten Eintreffen in New York an einem einzigen Tage von je mehr als 40000 Menschen besucht wurden.

Die zu Anfang dieses Jahrhunderts nach einem verheerenden Brande neuerstandenen Landungsanstalten des Norddeutschen Lloyd in Hoboken sind in jeder Beziehung mustergültig. Sie bilden ohne Zweifel heute die besteingerichteten und sichersten Anlagen, die nicht nur in der Stadt New York, sondern in der ganzen Welt gefunden werden können.

Als Grundprinzip bei dem Neubau hatte die Gesellschaft die Sicherheit und Bequemlichkeit ihrer Passagiere im Auge, und im Einklang hiermit richtete sie daher ihr Hauptaugenmerk auf die Auswahl einer Konstruktion, welche, wenngleich teilweise nicht absolut unzerstörbar durch Feuer — dies zu erreichen war unter den gebotenen Verhältnissen nicht möglich —, doch durch Einbauung von Abteilungen und durch den Charakter des verwendeten Baumaterials es möglich machen würde, eines etwa ausgebrochenen Feuers Herr zu werden, ehe es beunruhigende Dimensionen annehmen oder ein Element der Gefahr für die Passagiere werden könnte. In zweiter Linie war die Gesellschaft darauf bedacht, vorteilhafte Bedingungen für die bequeme Bewältigung des Passagier- und Frachtverkehrs zu schaffen. Aus diesen Grundgedanken wurden die neuen Gebäude aus den besten Materialien in denkbar bester Art und Weise ausgeführt.

Ein zweistöckiges Backstein-, Stahl- und Betongebäude erhebt sich am Ufer, parallel mit dem Hudsonfluß, 900 Fuß (275 m) lang und 130 Fuß (40 m) breit, genannt das „Bulkheadgebäude", in welchem der Passagier- und Güter-

Obere Halle eines „Bulkheadgebäudes".

verkehr bewältigt wird. Dieses Gebäude ist absolut feuersicher, da bei seiner Erbauung auch nicht ein Pfund brennbaren Materials Verwendung gefunden hat. Rechtwinklig zu diesem feuersicheren Gebäude erstrecken sich drei Piers in den Fluß hinaus, von welchem Pier Nr. 1 908 Fuß (277 m) lang und 80 Fuß (24,5 m) breit, Pier Nr. 2 889 Fuß (270 m) und 80 Fuß (24,5 m) breit und Pier Nr. 3 869 Fuß (262 m) lang und 90 Fuß (27,5 m) breit ist. Die Piers sind durch 250 Fuß breite Wasserflächen (Slips) voneinander getrennt. An diesen Piers, die den Ankunfts- und Abfahrtsplattformen einer Eisenbahnstation ähneln, landen die Dampfer ihre Passagiere und deren Gepäck, wie auch die Fracht. — Die Kajütspassagiere werden auf der zweiten Etage der Piers ausgeschifft und begeben sich dann in das große, feuersichere Bulkheadgebäude, wo ihr Gepäck in einem großen, bequemen und gut erleuchteten und geschützten Saal, ausgestattet mit allen Bequemlichkeiten, wie Sitzen, Toilettenzimmern, Telegraphenbureaus, Erfrischungsbuden usw., untersucht wird, während die Fracht auf dem ersten Stockwerk der Piers gelandet und sie dann nach dem ersten Stockwerk des Bulkheadgebäudes befördert wird, wo sie nach Märken und Nummern gesichtet den Empfängern übergeben und von deren Wagen abgeholt wird. Umfangreiche Stückgüter und Waren, die zur Ablieferung durch Leichterschiffe bestimmt sind, werden von den Piers direkt auf Leichter übergeladen.

Abgehende Kajütspassagiere begeben sich von dem zweitem Stockwerk der Piers an Bord der Dampfer, während ausgehende Frachtgüter von dem unteren Stockwerk verladen werden. Zwischendeckspassagiere, ankommend sowohl wie ausgehend, werden auf der unteren Etage der Piers und des Bulkheadgebäudes untergebracht.

Durch diese Maßnahmen werden die Kajütspassagiere von den Zwischendeckspassagieren und der Ladung absolut getrennt gehalten. Ihren Freunden, welche sie empfangen oder von ihnen Abschied nehmen wollen, steht eine geräumige Promenade auf dem Dach des feuersicheren Bulkheadgebäudes zur Verfügung, von wo aus sie vollständig geschützt die Ankunft der einkommenden oder die Ausfahrt der abgehenden Dampfer beobachten können. In ihrer Höhe von 50 Fuß (15 m) über dem Wasserspiegel bietet die Promenade den Besuchern eine großartige Aussicht auf den Hudson-Fluß.

Im Abfertigungsraum eines der drei Piers.

Proviantlager in Hoboken.

Die Konstruktion der drei Piers, die sich rechtwinklig von dem Bulkheadgebäude in den Fluß erstrecken, ist im wesentlichen die folgende: Infolge der außergewöhnlichen Tiefe des Schlickes, der an dem Fußende des Piers bis zu 150 Fuß (46 m) vom Flußbett bis auf Felsen oder harten Sand sich erstreckt, ist die Erbauung von Steinfundamenten für Piers im Hafen von New York, mit Ausnahme einiger weniger Stellen, wie z. B. an der Battery, wo der Felsengrund bis nahe an das Flußbett aufsteigt, unmöglich. Es war daher notwendig, die neuen Piers des Norddeutschen Lloyd auf Pfählen von 50 Fuß (15 m) bis 90 Fuß (27 m) Länge zu bauen. Diese Pfähle wurden in den Schlick eingerammt und ruhen darin; sie wurden in Abständen von je 6 Fuß in einfachen und doppelten Querreihen, 9 Fuß voneinander entfernt, eingerammt und sind an den Seiten der Piers durch 10 Zoll (0,25 m) dicke Fichtenbohlen bis auf 1 Fuß unter Niedrigwasserstand verschalt. Auf dieser Verschalung sind 8 Zoll (0,20 m) dicke eichene Planken angebracht, die bis auf 1 Fuß unter Niedrigwasserstand hinabreichen, wodurch etwa schwimmende brennende Körper verhindert werden, unter die Piers zu treiben. Um eine genügende Ventilation unter den Piers zu erzielen, sind in der seitlichen Verschalung Öffnungen angebracht, 2 Fuß (0,60 m) hoch und 7 Fuß (2,1 m) lang, je 9 Fuß (2,75 m) voneinander entfernt. Der Raum unter den Piers ist ebenfalls in drei Abteilungen geteilt. Zum Bau dieser drei Piers wurden im ganzen ca. 8600 Pfähle verwendet, welche alle wenigstens 14 Zoll (0,37 m) am abgeschnittenen Ende im Durchmesser haben und durch horizontal und diagonal an denselben angebrachte Planken gehörig versteift sind. Wo der weiche Schlick zu tief war, um harten Boden zu erreichen, wurde den Pfählen dadurch ein Extrahalt im Schlick verliehen, daß man an jeden Pfahl vier Hölzer, 30 bis 35 Fuß lang und 6 Zoll im Quadrat, schraubte, ehe man dieselben einrammte. Die Tragbalken für den Boden sind mit vierzölligen Planken diagonal belegt, auf welch letzteren dann der Betonboden ruht.

Die auf den Piers errichteten Schuppen sind aus Stahl und Beton konstruiert. Sie sind 8 Fuß (2,45 m) schmäler und 45 Fuß (14 m) kürzer als die Piers, auf welchen sie stehen, so daß ein 4 Fuß (1,2 m) breiter Fußweg an beiden Seiten der Piers und eine breite, offene Plattform am Fußende der Piers geschaffen wird. Die auf den Piers errichteten Schuppen, welche gleich in Konstruktion sind, sind zwei Stockwerke hoch. Die Dachrinne befindet sich 42 Fuß 6 Zoll (13 m) über dem Pierboden. — Die Lösch- und Ladevorrichtungen auf den neuen Piers sind völlig der Neuzeit entsprechend und wohl die besten, welche die Technik gegenwärtig aufweisen kann. Auf jedem Pier befinden sich acht elektrische Doppelwinden für Lösch- und Ladezwecke, und vier elektrische Kohlenwinden zur Bearbeitung der Kohlen für die Dampfer.

Dem Passagierverkehr vom unteren zum oberen Stockwerk des Bulkheadgebäudes und umgekehrt dienen acht elektrische Fahrstühle, jeder zu 30 Pferdekräften. Für die Bearbeitung des Gepäcks ist im Plattformgebäude ein Baggage-Conveyor vorhanden, welcher ebenfalls durch einen elektrischen Motor betrieben wird. Außerdem sind im ganzen 18 Treppen vorhanden.

In dem südlichen Teil des Bulkheadgebäudes sind die Werkstätten und Lagerräume eingebaut, welche für den Betrieb erforderlich sind, nämlich: Maschinenanlage mit Kesselhaus und der dazu gehörige Kohlenraum, eine

Pier 2 von der Landseite aus.

Schmiede, Lagerraum für Tauwerk und sonstiges Lösch- und Ladegeschirr, Lagerraum für Lampen und andere Beleuchtungsgegenstände, Küperei, Lagerraum für Kohlengeschirr, Malerwerkstätte und Lagerraum für Farben und Öl, ferner eine große Zimmermannswerkstätte, eine Segelmacherei und ein großer Gepäckraum mit der dazugehörigen Gepäckoffice. Diese Räume sind der Feuersicherheit halber ebenfalls aus Eisen und Wellblech hergestellt. — Obgleich nun Piers und Bulkheadgebäude soweit wie möglich feuersicher gebaut sind und jeder Pier durch doppelte eiserne Feuerwände mit seitlich verschiebbaren eisernen Doppeltüren in drei Abteilungen, und das Bulkheadgebäude durch Steinmauern und ebenfalls durch seitlich verschiebbare doppelte Eisentüren in sechs Abteilungen geteilt werden kann, sind dennoch im **Falle eines Feuers die weitgehendsten Sicherheitsvorrichtungen** getroffen worden. Über die Piers in ihrer ganzen Ausdehnung, sowie im Bulkheadgebäude oben und unten laufen sechszöllige Wasserrohre, welche mit 97 automatisch arbeitenden Ventilen versehen sind; an jedem Ventil befindet sich ein Feuerschlauch von je 75 Fuß Länge. Außerdem sind auf jedem Pier noch 8, also im ganzen 24 Reserveverschraubungen angeordnet, welche ebenfalls bei Feuersgefahr benutzt werden können und im übrigen zur Versorgung der Dampfer mit Frischwasser dienen. Die Feuerlösch-Rohrleitungen sind mit den zwölf- und achtzölligen Hauptrohren der städtischen Wasserleitung verbunden. Außerdem befinden sich vor dem Bulkheadgebäude 5 doppelte Feuerhydranten, welche im Falle eines Feuers von der städtischen Feuerwehr benutzt werden können.

Im Bulkheadgebäude und auf dem Pier ist ein elektrisches Feueralarmsystem mit 34 Alarmstationen angeordnet, welche in einer Hauptzentrale

„Prinzeß Irene" am Pier in Hoboken. D. „Rhein" einkommend.

zusammenlaufen und mit der städtischen Feuerwehrstation und mit einer großen Alarmglocke am Pier verbunden sind. — Die Beleuchtung auf den Piers im Bulkheadgebäude, in den Werkstätten, Lagerräumen und Offices ist ausschließlich elektrisch; es sind dafür vorhanden: 487 Bogenlampen à 1000 Kerzenstärken, 96 Clusters à 50 Kerzenstärken und 185 einzelne Glühlampen à 16 Kerzenstärken. Zur Regelung u. Kontrollierung des ganzen Betriebes befinden sich für die verschiedenen Abteilungen auf den jetzigen Piers und dem Bulkheadgebäude 15 Bureauräume.

Abschiednehmende auf dem Pier.

Durch ein Eisenbahngeleise ist eine Verbindung mit der Eisenbahn, die von Norden her am Fluß entlang zieht, hergestellt.

———————— ◻ ◻ ◻ ————————

Bremen.

BREMENS HANDELS- UND SCHIFFAHRTS-VERKEHR

Mehr als früher wohl lenkt sich heute der Blick unserer Kaufleute und unserer Staatsmänner auf die Anhaltspunkte, aus denen zu ermessen ist, ob eine Seehandelsstadt sich behauptet, ob sie im Range ihrer Schwestern vordringt oder ob sie zurückgedrängt wird. In alten Zeiten wurden die Konkurrenzbedingungen meist mehr als etwas Natürliches, für immer Gegebenes angesehen; die Hauptverkehrsstraßen lagen fest, das „Hinterland" konnte nicht wesentlich vergrößert oder verkleinert werden. In der Gegenwart ist alles in Bewegung. Neue Handelswege tun sich auf und machen die alten entbehrlich. Mit der Natur tritt der Mensch in Wettbewerb. Er baut Häfen, wo sie unzugängliche Ufer geschaffen hatte, seichten Strömen verleiht er die Schiffbarkeit und in wasserarmen Landstrecken zaubert er Kanäle hervor. Auch Bremen hat sich an diesem Tatendrang unserer Zeit kräftig beteiligt, es hat mit der Korrektion der Unterweser ein Werk geschaffen, das bis jetzt noch einzigartig dasteht, und es hat sowohl in Bremerhaven wie in Bremen Häfen gebaut, die der Kaufmann wie der Reeder und Schiffer als mustergültig ansehen. Es würde noch weiter vordringen, wenn nicht hindernde Kräfte sich in den Weg stellten. Kein Zweifel, daß Bremen ohne seine tatkräftige Selbsthilfe weit zurückgeblieben wäre. Jetzt aber ist es vorwärts gekommen, nicht bloß absolut, sondern auch relativ.

Die nachfolgende interessante Übersicht über die Entwickelung der bremischen Wareneinfuhr und -Ausfuhr in den Jahren 1847—1911, wie sie das bremische Statistische Amt veröffentlicht, läßt das deutlich erkennen.

Die Baumwollbörse in Bremen.

Die bremische Wareneinfuhr

gestaltete sich danach nach den Hauptrichtungen, nach dem Nettogewicht, dem Wert und Prozentverhältnis wie folgt:

Gewicht der Einfuhr in Doppelzentnern:	1847—1851 durchschnittlich	1887—1891 durchschnittlich	1897—1901 durchschnittlich	1902—1906 durchschnittlich	1907—1911 durchschnittlich	1911
überhaupt	3 115 635	23 012 099	38 182 798	47 277 576	58 513 772	67 333 240
darunter:						
seewärts	1 372 252	13 334 196	23 208 733	26 846 632	33 443 928	39 584 027
landwärts	818 704	7 887 678	11 416 006	15 968 067	18 903 792	22 407 975
flußw. a. d. Oberweser	924 679	1 790 225	3 558 059	4 462 877	6 166 052	5 341 238
land- und flußwärts	1 743 383	9 677 903	14 974 065	20 430 944	25 069 844	27 749 213
und zwar von:						
d. Deutschen Reich	2 063 121	10 737 272	16 730 091	22 339 723	28 048 269	31 587 575
Großbritannien	224 353	1 750 970	2 872 491	3 783 903	4 217 796	3 293 591
d. übrigen Europa	232 977	2 885 903	4 515 428	7 407 606	10 869 669	16 310 929
Grönld. u. Brit. Nordam.	606	9 053	4 794	1 586	3 572	4 379
d. Ver. Staat. v. Nordam.	296 258	4 251 998	9 604 405	8 348 895	8 669 382	9 453 405
Mittelamerika	11 465	29 982	158 449	57 962	75 869	44 073
Südamerika	68 889	526 128	1 091 209	1 644 329	1 880 537	1 490 518
Westindien	158 562	198 647	180 526	354 352	271 785	294 032
Afrika	3 999	52 600	157 382	286 612	888 941	1 533 171
Asien	46 200	2 474 170	2 623 660	2 662 052	2 766 784	2 272 264
Australien und Inseln	9 205	95 376	244 363	390 556	821 168	1 049 313
oder:						
von Europa	2 520 451	15 374 145	24 118 010	33 531 232	43 135 734	51 192 085
übrige Einfuhr	595 184	7 637 954	14 064 788	13 746 344	15 378 038	16 141 155
Doppelztnr. no.	3 115 635	23 012 099	38 182 798	47 277 576	58 513 772	67 333 240
Gleich	100,00	738,60	1 225,52	1 517,43	1 878,07	2 161,14

Wert der Einfuhr in Mark:						
überhaupt	105 858 332	657 225 458	980 807 479	1 285 765 013	1 861 913 999	2 124 729 584
darunter:						
seewärts	50 696 138	442 150 395	702 059 158	919 793 990	1 276 316 075	1 478 538 180
landwärts	47 669 695	207 239 523	257 662 353	345 366 770	552 781 166	620 371 467
flußw. a. d. Oberweser	7 492 499	7 835 540	21 085 968	20 604 253	32 816 758	25 819 937
land- und flußwärts	55 162 194	215 075 063	278 748 321	365 971 023	585 597 924	646 191 404
und zwar von:						
d. Deutschen Reich	59 562 536	219 234 595	306 903 640	397 453 573	646 819 631	731 688 171
Großbritannien	7 619 787	41 836 779	52 939 901	59 590 157	70 822 649	76 206 250
d. übrigen Europa	8 453 103	57 943 866	72 278 347	109 601 803	164 443 346	213 430 139
Grönld. u. Brit. Nordam.	43 919	154 422	51 259	73 171	155 226	181 714
d. Ver. Staat. v. Nordam.	14 465 255	191 945 085	349 509 951	485 726 298	648 091 489	751 476 929
Mittelamerika	165 297	3 337 174	6 248 744	3 337 510	3 666 101	3 418 735
Südamerika	4 565 494	56 583 141	63 176 200	85 078 899	105 382 883	101 662 994
Westindien	8 555 430	10 913 448	9 085 861	11 978 443	11 651 800	11 662 429
Afrika	220 455	9 221 244	11 179 913	13 824 909	27 589 341	38 696 183
Asien	1 621 557	54 649 878	63 097 604	75 042 380	89 777 985	89 070 197
Australien und Inseln	585 499	11 405 826	26 336 059	44 057 870	93 513 548	107 235 843
oder:						
von Europa	75 635 426	319 015 240	432 121 888	566 645 533	882 085 626	1 021 324 560
übrige Einfuhr	30 222 906	338 210 218	548 685 591	719 119 480	979 828 373	1 103 405 024
Mark	105 858 332	657 225 458	980 807 479	1 285 765 013	1 861 913 999	2 124 729 584
Gleich	100,00	620,85	926,53	1 214,01	1 758,57	2 007,14

Die bremische Warenausfuhr

gestaltete sich danach nach den Hauptrichtungen, nach dem Nettogewicht, dem Wert und Prozentverhältnis wie folgt:

Gewicht der Ausfuhr in Doppelzentnern:	1847—1851 durchschnittlich	1887—1891 durchschnittlich	1897—1901 durchschnittlich	1902—1906 durchschnittlich	1907—1911 durchschnittlich	1911
überhaupt	1 462 117	15 201 179	27 990 961	35 652 564	43 182 612	50 333 552
darunter:						
seewärts	738 369	7 460 725	12 975 656	18 929 508	22 482 053	25 758 739
landwärts	490 637	6 851 724	12 544 452	13 987 278	17 475 885	21 294 121
flußw. a. d. Oberweser	233 111	888 730	2 470 853	2 735 778	3 224 674	3 280 692
land- und flußwärts	723 748	7 740 454	15 015 305	16 723 056	20 700 559	24 574 813
und zwar nach:						
d. Deutschen Reich	1 015 364	8 722 417	17 026 310	19 157 764	23 533 322	28 024 678
Großbritannien	162 093	631 123	1 204 305	1 250 664	1 331 810	1 512 728
d. übrigen Europa	126 977	1 835 439	2 897 062	3 678 252	4 620 481	4 976 217
Grönld. u. Brit. Nordam.	217	4 241	2 411	2 307	5 449	14 128
d. Ver. Staat. v. Nordam.	85 092	1 194 632	1 913 270	3 069 623	4 477 494	5 705 630
Mittelamerika	2 952	10 852	9 927	28 365	33 948	23 649
Südamerika	8 354	357 473	516 235	1 143 375	1 588 122	1 800 437
Westindien	15 720	86 705	107 245	222 220	400 094	390 135
Afrika	1 951	22 285	51 210	65 310	155 540	193 976
Asien	1 070	223 742	424 471	729 195	903 428	949 967
Australien und Inseln	879	88 350	304 728	390 710	710 441	820 750
z. Ausrüst. d. Handelsfl.	41 448	2 023 920	3 533 787	5 914 779	5 422 483	5 921 262
oder:						
nach Europa	1 304 434	11 188 979	21 127 677	24 086 680	29 485 613	34 513 618
übrige Ausfuhr (einschl. Ausrüst. d. Handelsfl.)	157 683	4 012 200	6 863 284	11 565 884	13 696 999	15 819 934
Doppelztnr. no.	1 462 117	15 201 179	27 990 961	35 652 564	43 182 612	50 333 552
Gleich	100,00	1 039,67	1 914,41	2 438,42	2 953,43	3 442,51
Wert der Ausfuhr in Mark:						
überhaupt	92 091 377	618 630 844	934 843 042	1 233 024 296	1 796 283 536	2 047 813 792
darunter:						
seewärts	44 874 482	274 086 050	410 633 429	569 479 183	874 113 078	966 228 823
landwärts	38 712 819	331 378 130	493 853 413	628 911 169	872 586 451	1 034 211 290
flußw. a. d. Oberweser	8 504 076	13 166 664	30 356 200	34 633 944	49 584 007	47 373 679
land- und flußwärts	47 216 895	344 514 794	524 209 613	663 545 113	922 170 458	1 081 584 969
und zwar nach:						
d. Deutschen Reich	55 576 891	343 961 517	548 650 170	680 230 318	914 157 185	1 047 753 048
Großbritannien	2 535 381	28 426 598	50 378 775	81 875 984	145 351 586	150 971 323
d. übrigen Europa	7 161 824	100 439 148	158 513 169	238 662 262	349 345 527	402 470 554
Grönld. u. Brit. Nordam.	21 618	107 504	108 430	95 239	399 081	1 123 662
d. Ver. Staat. v. Nordam.	21 188 303	100 824 804	93 340 955	114 572 708	198 355 301	215 785 722
Mittelamerika	724 064	588 315	457 313	803 184	1 043 890	1 036 379
Südamerika	1 521 221	11 415 811	16 121 273	26 804 808	58 960 087	81 391 050
Westindien	1 895 209	1 635 351	1 685 108	4 969 921	10 619 159	12 924 738
Afrika	134 575	896 576	1 805 445	2 926 777	5 208 654	6 686 599
Asien	243 892	15 146 080	36 670 571	50 084 937	61 864 323	70 090 493
Australien und Inseln	114 641	8 101 767	16 795 788	16 867 642	34 605 074	40 442 125
z. Ausrüst. d. Handelsfl.	973 758	7 087 373	10 316 045	15 040 516	16 373 709	16 438 099
oder:						
nach Europa	65 274 096	472 827 263	757 542 114	1 000 768 564	1 408 854 298	1 601 194 925
übrige Ausfuhr (einschl. Ausrüst. d. Handelsfl.)	26 817 281	145 803 581	177 300 928	232 255 732	387 429 238	446 618 867
Mark	92 091 377	618 630 844	934 843 042	1 233 024 296	1 796 283 536	2 047 813 792
Gleich	100,00	671,76	1 015,13	1 338,91	1 950,54	2 223,68

Um Bremens Vorankommen in den letzten Jahren zu ermessen, bietet sich am besten ein Vergleich mit der mächtigen Schwesterstadt Hamburg dar. Gerade die letzten Jahre haben Bremen mehr gefördert als seine Konkurrentin an der Elbmündung, deren Binnenschiffahrtstraßen bis Berlin, Breslau und Böhmen gehen.

Was die Schiffs-Ankünfte im Seeverkehr anbelangt, so bietet sich folgendes Bild dar:

Bremen			Hamburg		
Zunahme oder Abnahme in Reg.-Tons gegen das Vorjahr					
1908	3 882 000	—	1908	11 914 000	—
1909	3 958 000	76 000	1909	12 184 000	270 000
1910	4 130 000	172 000	1910	12 656 000	472 000
1911	4 517 000	387 000	1911	13 176 000	520 000
	Total	635 000		Total	1 262 000
	in % gegen 1908: 16,62.			in % gegen 1908: 10,51.	

Demnach hat Bremen das Glück gehabt, in den letzten drei Jahren relativ rascher fortzuschreiten als Hamburg.

Das Vorstehende gilt für den Bremer Seeverkehr im ganzen, wie für die Ankünfte für bremische Rechnung in allen Weserhäfen. Dabei ist die Stadt Bremen am besten weggekommen, auch Brake und Nordenham haben sich gut entwickelt, während Bremerhaven durch die seit 1907 stark zurückgebliebene Auswanderung zu schweren Prüfungen verurteilt war. Bremens Anteil stieg von 1 504 000 Tons auf 1 994 000 Tons, während Bremerhaven (das 1907 gar 2 063 000 Tons gehabt hatte) nur 1 906 000 Tons erreichte.

Blicken wir nun auf die Richtungen des bremischen Seeverkehrs, so bemerken wir, daß 1908 647 000 Tons, gleich 16,4 v. H., aus deutschen Häfen kamen, 1911 dagegen 843 000 Tons, gleich 18,4 v. H. Der Anteil der deutschen Häfen ist also sowohl absolut wie relativ sehr gewachsen. Von dem Verkehr mit deutschen Häfen entfallen allein 560 000 Tons auf Hamburg. Der Verkehr mit Hamburg umfaßt hauptsächlich den Gütertransport durch Seeleichter. Bei unserer wichtigsten transatlantischen Verbindung, den Vereinigten Staaten, liegen die Verhältnisse anders. Hier ist die absolute Tonnenzahl von 1 466 000 auf 1 511 000 gestiegen, der relative Anteil ist dagegen von 37,8 auf 33,4 v. H. zurückgegangen. Die Ursache ist wieder der soeben schon erwähnte Rückgang der Auswanderung; ihm hatte sich noch der Einfluß der kleineren Baumwollernte in Amerika für die beiden zwischenliegenden Jahre hinzugesellt, doch hat dieser für 1911 aufgehört, was denn auch im Vergleich zum Vorjahr einen Zuwachs von 86 000 Tons bewirkt hat.

Bremens Handel mit Mittel- und Südamerika zeigt umgekehrt seit 1908 einen Rückgang von 348 000 auf 308 000 Tons. Derjenige nach Asien hat sich auf gleicher Höhe gehalten und der nach Australien um 11 000 Tons zugenommen. Gerade verdoppelt haben sich die Ankünfte von Afrika: jetzt 76 800 gegen 38 000 Tons vor drei Jahren.

Bei der Bestimmung der Schiffe zeigt sich in einigen Punkten ein charakteristischer Unterschied. Sehr viele Schiffe, die hier mit Baumwolle,

Reis, Getreide, Holz, Kohlen ankommen, gehen in Ballast nach englischen Kohlenhäfen. Angekommen von England sind nur 390 Schiffe von zusammen 406000 Tons (davon leer 44500), abgegangen nach England dagegen 1136 Schiffe von zusammen 1254000 Tons (davon leer nicht weniger als 912000 Tons, d. h. ein Fünftel der ganzen ausgehenden Tonnage, die 1911 4480000 Tonnen betrug!) — Angekommen von Britisch-Ostindien sind 14 Schiffe von zusammen 38000 Tons, fast ausnahmslos von den hinterindischen Reishäfen, abgegangen dorthin nur 3 von zusammen 9500 Tons, alle nach Calcutta. Die Dampfschiffahrts-Gesellschaft „Hansa" läßt die Schiffe ihrer ostindischen Linie auf Hamburg fahren, den Verkehr der bremischen Waren jedoch durch Leichter vermitteln; so kommt es, daß trotz des geringen direkten Schiffsverkehrs für 41 Millionen Mark (darunter Reis nur 12 Millionen Mark) von Britisch-Ostindien gekommen und 12 Millionen Mark dorthin abgegangen ist. — Die bedeutende Zahl von 91500 Tons aus dem asiatischen Rußland angekommener Schiffe betrifft nur Noworossisk am Schwarzen Meer.

Jeder Hafen ist stolz auf die Mannigfaltigkeit der bei ihm verkehrenden Flaggen, zugleich aber auch stolz auf die starke Beteiligung seiner nationalen Farben und seiner eigenen Fahrzeuge an dem Verkehr. Diese beiden Empfindungen liegen miteinander in einem Streit, den zu schlichten wir keine Veranlassung haben. Wir wollen nur die Tatsachen schildern. Überblicken wir den Zeitraum von 1906 bis 1911, so sehen wir die deutsche Flagge in den Weserhäfen von 2377000 auf 2935000 Tons steigen. Das ist die große Mehrheit der Gesamttonnage und eine ganz stattliche Zunahme, jedoch ist der relative Anteil um ein kleines gefallen, nämlich von 67,7 v. H. auf 65,0 v. H. Weitaus der größte Teil der deutschen Schiffe trägt neben dem schwarzweißroten Banner Bremens rotweiß gestreifte Flagge („gestreiften Speck", wie der plattdeutsche Witz der Hamburger Seefahrer sagt). Diese Flagge steht aber in der Seefahrt der Welt in großem Ansehen. In dem genannten Zeitraum mehrte sich die Tonnage ihrer Ankünfte in den Weserhäfen von 2040000 auf 2441000 Tons. Der relative Anteil sank von 57,9 auf 54,0 v. H. Der relative Rückgang ist also noch etwas größer als der der deutschen Flagge im allgemeinen. Immerhin macht die bremische noch reichlich die Hälfte der Gesamtheit aus. Die übrigen deutschen Flaggen sind wie folgt beteiligt:

	1906	1911
die preußische....	42 600 Tons	95 300 Tons
oldenburgische	38 900	56 900
hamburgische..	250 900	329 800
lübeckische..	2 800	2 300
mecklenburgische ..	1 200	8 800

Wie man leicht sieht, erfreut sich die preußische Flagge des stärksten relativen Fortschritts. Die starke Beteiligung der hamburgischen Drei-Turm-Flagge ist wesentlich auf den Leichterverkehr zurückzuführen, nicht auf den Großseeverkehr.

Unter den fremden Flaggen ist selbstverständlich hauptsächlich die englische weitaus am stärksten vertreten. 1906 kamen 848000 Tons unter dem Union Jack an, 1911 1 048 000. Demnächst steht die norwegische (gestiegen von 56 000 auf 127 000), worauf überraschenderweise die österreichische folgt, die sich von 22 600 auf 119 300 Tons gehoben hat. Noch mehr wird überraschen, daß darauf schon die griechische folgt (gestiegen von 15 400 auf 75 800 Tons). Die Erscheinung dürfte mit der starken Getreideeinfuhr vom Schwarzen Meer zusammenhängen. Die russische, die 1906 noch 26 100 Tons hatte, ist bis auf 1900 Tons gesunken. Sonst zu erwähnen sind noch die schwedische (54 500), die dänische (30 500), die holländische (60 200), die französische (11 500) und die spanische (23 700). Unter dem Sternenbanner Nordamerikas sind seit 1906 nur 9 Schiffe auf der Weser gewesen, seit 1909 keins. Dabei war es ein Schiff unter amerikanischer Flagge, das als allererstes in den alten Hafen zu Bremerhaven einfuhr. So ändert manchmal die Welt ihr Antlitz.

Der Schiffsverkehr unserer Zeit vollzieht sich zu einem großen Teil in direkten Linien, jedenfalls in regelmäßigen Fahrten. Auch hierin ist Bremen bedeutend vorwärts gekommen. Es besitzt jetzt an regelmäßigen Linien allein 16 nach der Ostsee, 2 nach Dänemark und Skandinavien außerhalb der Ostsee, 1 nach dem Dortmund-Ems-Kanal, 1 nach Rheinhäfen, 6 nach England, 5 nach Holland und Belgien, 7 nach der atlantischen Küste von Frankreich, Spanien und Portugal, 3 nach dem Mittelmeer, westliche Hälfte, 6 nach dem Mittelmeer, östliche Hälfte und dem Schwarzen Meer, 5 nach Nordamerika, 1 nach Mittelamerika, 3 nach Südamerika, Ostküste, 2 nach Südamerika, Westküste, 24 nach Afrika, von denen jedoch 15 über Hamburg gehen, 7 nach Asien, von denen 6 gemeinschaftliche Expedition Bremen und Hamburg haben; endlich 2 nach Australien. Das sind zusammen 101 direkte Verbindungen.

Endlich noch ein kurzer Blick auf die Zunahme der bremischen Handelsflotte. Ende 1897 zählten die bremischen Seeschiffe 450 000 Reg.-Tons, 1906 765 000 Tons, 1909 851 000 Tons, 1910 861 000 Tons und 1911 894 000 Tons. Die Zunahme ist zwischen 1907 und 1910 wegen der ungünstigen Geschäftslage der Reederei verlangsamt worden. Nachdem nunmehr bessere Zeiten begonnen haben, tritt auch hierin eine kräftige Flut ein. Möge die bremische Schlüsselflagge der Weserflotte eine gute Zeit erschließen.

LOYD- UND RIVIERA-EXPRESS

Die gewaltige Zahl der vom Auslande kommenden Reisenden, die mit deutschen Dampfern in Europa eintreffen, fand früher in den beiden größten Hafenplätzen Deutschlands, Hamburg und Bremen keine entsprechende Gelegenheit zur Weiterbeförderung auf dem Landwege. Luxuszüge, welche von dem an höchsten Komfort und größtmögliche Schnelligkeit gewöhnten internationalen Reisepublikum vorwiegend benutzt werden, fehlten bis zum Jahre 1908 auf den von Bremen und Hamburg ausgedehnten Eisenbahnlinien. Für alle am Reiseverkehr beteiligten Unternehmungen Deutschlands, in erster Linie natürlich für die Passagiere, war es deshalb von höchster Wichtigkeit, daß die Internationale Schlafwagengesellschaft in Gemeinschaft mit dem Norddeutschen Lloyd einen Luxuszug in Betrieb setzte, der anfangs unter dem Namen Lloyd-Expreß, neuerdings unter der Bezeichnung Lloyd- und Riviera-Expreß verkehrt, und zwar vom 30. November bis Ende April täglich in der Richtung Nord-Süd von Hamburg/Bremen bezw. Berlin, oder Amsterdam und dem Haag nach Genua durch den St. Gotthard oder nach Ventimiglia über Marseille. In umgekehrter Richtung berührt der Zug dieselben Stationen. Es ist damit dem Publikum die Möglichkeit gegeben, ohne umsteigen zu müssen, vom Norden nach dem Süden und zurück mit einem erstklassigen Beförderungsmittel zu reisen. Der Zugteil, der Hamburg um 1^{21} und Bremen um 2^{58} nachmittags verläßt, hält außer in Bremen in Osnabrück, Münster, Gelsenkirchen, Essen, Mülheim und Duisburg und vereinigt sich in Düsseldorf mit dem von Holland kommenden Zugteil.

In Mülhausen wird der so aus drei Teilen zusammengesetzte Zug in den nach Genua weiterfahrenden Lloyd-Expreß und in den Riviera-Expreß geteilt. Der Lloyd-Expreß fährt über Basel mit Anschluß nach Chur und St. Moritz, Olten, Luzern, Bellinzona, Lugano, Chiasso, Como und Mailand nach Genua, der Riviera-Expreß über Alt-Münsterol, Petit Croix, Belfort, Montbéliard, Besançon-Viotte, Mouchard, Lons le Saunier, Bourg, Sathonay-Rillieux, Lyon, Valence, Avignon, Marseille, Toulon, St. Raphael-Valescure, Cannes, Nizza, Beaulieu, Monaco, Monte Carlo, Mentone und Mentone-Garavan.

Die Durchschnittsgeschwindigkeit auf der ganzen Strecke beträgt 70 bis 80 km, die Dauer der Reise von Bremen bis Genua 25 Stunden.

Die Fahrzeiten des Lloyd- und Riviera-Expreß sind so eingerichtet, daß die Abfahrt von den Hauptstädten Nord- und Mitteldeutschlands zu guter Tageszeit erfolgt und daß ebenso das Passieren der durch ihre Naturschönheiten berühmten Gegenden Südfrankreichs und vor allem der herrlichen Szenerien der Alpen und des St. Gotthard-Tunnel auf die Tagesstunden verlegt ist. Damit gestaltet sich dieser Teil der Reise sehr unterhaltend und entrollt, wenn auch nur im Fluge, das Alpenpanorama in seiner ganzen erhebenden Größe. Durch vorzügliche Schlafwageneinrichtungen ist für die Bequemlichkeit der Passagiere während der Nachtstunden gesorgt.

In dem Lloyd- und Riviera-Expreß befinden sich folgende durchlaufende Schlafwagen:

Altona/Bremen-Genua über Köln-Wiesbaden-Ludwigshafen-Basel-Gotthard-Mailand,
Haag. -Genua über Köln-Wiesbaden-Ludwigshafen-Basel-Gotthard-Mailand,
Berlin -Genua über Frankfurt a. M.-Ludwigshafen-Basel-Gotthard-Mailand,
Altona/Bremen-Ventimiglia über Köln-Wiesbaden-Ludwigshafen-Mülhausen-Belfort-Lyon-Marseille,
Amsterdam -Ventimiglia über Köln-Wiesbaden-Ludwigshafen-Mülhausen-Belfort-Lyon-Marseille,
Berlin -Ventimiglia über Frankfurt a. M.-Ludwigshafen-Mülhausen-Belfort-Lyon-Marseille.

Der Lloyd- und Riviera-Expreß.

In der Zeit vom 9. Dezember bis 9. März führt der Expreß ferner einen durchlaufenden Schlafwagen Berlin-Chur über Ludwigshafen-Straßburg-Basel mit, der an letzterer Station dem Engadin-Expreß angehängt wird. Von Chur nach Berlin verkehrt derselbe Wagen vom 10. Dezember bis 10. März 1912. Außer den durchlaufenden Wagen werden noch tagsüber auf allen Strecken Salon-Speisewagen mitgeführt. — Jeder Reisende, der den Lloyd- und Riviera-Expreß benutzen will, muß eine Schnellzugs-Fahrkarte I. Klasse und einen Zuschlag lösen. — Auf den deutschen, niederländischen und schweizerischen Bahnen, jedoch nicht auf den italienischen und französischen Bahnstrecken, hat der Reisende das Recht, gegen Zahlung von nur einer Fahrkarte und

Inneres der Wagen des Lloyd- u. Riviera-Expreß.

1½ Zuschlägen ein Halbabteil für sich allein zu beanspruchen.

Die Zahl der Plätze im Lloyd- und Riviera-Expreß ist eine beschränkte. Dringend zu empfehlen ist daher, sich die Plätze im voraus zu sichern. Für die Vorausbestellung von Plätzen wird von den Reisenden eine Vormerkgebühr erhoben.

Bestellungen nehmen alle Vertretungen des Norddeutschen Lloyd, Bremen, und der Internationalen Schlafwagengesellschaft, das Amtliche Bayerische Reisebureau, München, und seine Filialen, die Filialen des Reisebureaus Cook & Son sowie das Weltreisebureau Union, Berlin, Unter den Linden 22, entgegen, die auch alle gewünschten Auskünfte kostenlos erteilen.

Die Beförderung des Reisegepäcks erfolgt auf Grund der von den betreffenden Eisenbahnen festgesetzten Tarife und Bestimmungen, jedoch wird besonders darauf aufmerksam gemacht, daß der Tarif für aufzugebendes Gepäck beim Lloyd- und Riviera-Expreß nicht höher ist, als bei irgendeinem anderen Zuge.

Salon im Lloyd- und Riviera-Expreß.

Sämtliche Zollrevisionen finden in den Zügen während der Fahrt statt. Die Reisenden werden seitens der Angestellten der Internationalen Schlafwagengesellschaft rechtzeitig aufgefordert, sich in den Gepäckwagen zu begeben, um der Zollrevision beizuwohnen.

Besondere Beachtung verdient, daß für Reisende, die mit Lloyddampfern von Genua weiterfahren, jegliche Zollrevision fortfällt, und zwar nicht nur, wenn sie am Tage vor Abfahrt des Dampfers, sondern auch in dem Fall, daß sie schon mehrere Tage früher eintreffen. Hierbei ist es notwendig, die den Zug begleitenden Beamten der Internationalen Schlafwagengesellschaft rechtzeitig darauf aufmerksam zu machen, daß die Reise auf einem Norddeutschen Lloyddampfer fortgesetzt wird, der Reisende sich daher einer Zollrevision nicht zu unterziehen braucht.

Für Reisende, die ab Genua nach der Schweiz, Deutschland und den Niederlanden weiterfahren, entfällt die zollamtliche Revision des Gepäcks italienischerseits, sofern es rechtzeitig zur ordnungsmäßigen Abfertigung dem Gepäckmeister des Dampfers übergeben wird.

Die zunehmende Benutzung des Lloyd- und Riviera-Expreß läßt klar erkennen, daß auch in diesem Betriebe die verbesserten Verkehrsmittel einen erweiterten Verkehr gezeitigt haben. Im Verein mit den Dampfern des Norddeutschen Lloyd von Marseille nach Alexandrien, sowie den verschiedenen Linien von Genua, die der Norddeutsche Lloyd nach Algier und Südspanien, nach Neapel, Alexandrien und der Levante sowie nach dem fernen Osten und Australien unterhält, bildet diese Bahn ein Verkehrsmittel, das auch bei scharf bemessener Zeit die berühmten Bäder und altertümlichen Erinnerungen sowie die Naturschönheiten des Mittelmeers aufzusuchen gestattet.

Die Linien des Norddeutschen Lloyd Bremen.

Bremen—New York mit Schnellpostdampfern über Southampton und Cherbourg nach New York und zurück über Plymouth und Cherbourg.

Bremen—New York mit Salonpostdampfern und Postdampfern direkt oder über Boulogne s. m. oder Southampton und Cherbourg und zurück über Plymouth und Cherbourg.

Bremen—Baltimore.   **Bremen—Philadelphia.**   **Bremen—Galveston.**

Bremen—Kanada.

Bremen—Kuba über Antwerpen nach Havana, Manzanillo und Cienfuegos.

Bremen—Brasilien über Antwerpen Leixões, Oporto u. Lissabon (ev. Madeira oder Las Palmas) nach Pernambuco, Bahia, Rio de Janeiro und Santos.

Bremen—Argentinien über Antwerpen und ev. Coruña, Villagarcia und Vigo (ev. auch über Madeira oder Las Palmas).

Marseille—Alexandrien (direkt).   **Marseille—Neapel—Alexandrien.**

Venedig—Alexandrien (direkt).

Mittelmeer—New York mit Salondampfern von Genua über Neapel, Palermo und Gibraltar nach New York (heimkehrend Oktober bis Mai auch über Algier).

Bremen/Hamburg—Ostasien mit Reichspostdampfern über (Rotterdam) Antwerpen, Southampton, Gibraltar, Algier, Genua, Neapel nach Port Said, Suez, Aden, Colombo, Penang, Singapore, Hongkong, Shanghai, Tsingtau oder Nagasaki, Kobe (Hiogo) und Yokohama. Rückkehrend laufen einzelne Dampfer auch Manila an.

Bremen—Australien mit Reichspostdampfern über Antwerpen, Southampton, Algier, Genua, Neapel nach Port Said, Suez, Aden, Colombo, Fremantle, Adelaide, Melbourne und Sydney.

Bremen—Australien. Frachtdampfer-Linie.

Austral-Japan-Linie von Sydney über Brisbrane, Rabaul (Bismarckarchipel), Friedrich-Wilhelmshafen (Neu-Guinea), Maronn, Jap, Angaur, Manila und Hongkong nach Kobe und Yokohama.

Singapore—Neu-Guinea von Singapore über Batavia, Makassar, Amboina, Banda, Eitape-Reede, Potsdamhafen, Friedrich-Wilhelmshafen, Erima (Stephansort), Finschhafen, Rabaul und zurück über Morobe (Adolfhafen), Finschhafen, Erimahafen (Stephansort), Friedrich-Wilhelmshafen, Eitape-Reede, Makassar und Singapore.

Hinterindische u. chinesische Küstenfahrt mit verschiedenen Linien.

Von Bremen, Bremerhaven und Wilhelmshaven nach den Nordseebädern mit vier verschiedenen Linien.

Passagier- und Schleppdampferverkehr auf der Unterweser und Schleppdampferverkehr nach Hamburg.

Vergnügungsfahrten nach den Polarländern, nach dem Kaukasus, zur Kieler Woche und nach Westindien.

AUFSICHTSRAT UND VORSTAND DES NORDDEUTSCHEN LLOYD.

a. Aufsichtsrat.

Präsident: Konsul *Fr. Achelis*.
Vizepräsident: Konsul *H. A. Nolze*.

Mitglieder:

Herm. Melchers, Bremen.
Dr. jur. *H. Jordan*, Schloß Mallinckrodt b. Wetter a. d. R.
Casp. G. Kulenkampff, Bremen.
Generalkonsul Dr. *P. v. Schwabach*, Berlin.
Generalkonsul *George W. Wätjen*, Bremen.
J. H. Kulenkampff, Bremen.
Direktor *P. Mankiewitz*, Berlin.
Generalkonsul *Fr. Hincke*, Bremen.

b. Vorstand.

Philipp Heineken, Vorsitzender des Direktoriums.
F. Bremermann.
A. Petzet.
Dr. jur. *W. Greve.*
M. Walter.
C. Stapelfeldt.
K. A. Freiherr von Plettenberg.
J. Föhr.

INHALTS-VERZEICHNIS.

I. Die Geschichte des Norddeutschen Lloyd.
    Seite
1. Wesen und Bedeutung des Nordd. Lloyd..   5—9
2. Gründung und Entwicklung des Nordd. Lloyd   10—54

II. Die Flotte des Norddeutschen Lloyd.
1. Schnelldampfer des Nordd. Lloyd   55—81
2. Passagier- und Frachtdampfer des Nordd. Lloyd.   83—102
3. Kadettenschulschiffe des Nordd. Lloyd   103—109
4. Flottentabelle des Nordd. Lloyd   110—114
5. Sch'epp-Versuchsstation des Nordd. Lloyd in Bremerhaven   115—120
6. Sicherheitseinrichtungen an Bord der Lloyddampfer   121—141

III. Aus dem Betriebe des Norddeutschen Lloyd.
1. Das Verwaltungsgebäude des Nordd. Lloyd........   145—157
2. Verschiedenes aus dem Riesenbetriebe des Nordd. Lloyd..   158—162
3. Proviantamt und Dampfwäscherei des Nordd. Lloyd ..   163—174
4. Seepostverkehr zwischen Europa und New York   175—181
5. Postzentrale des Nordd. Lloyd .   182—183
6. Gepäckverkehr des Nordd. Lloyd   184—188

IV. Hafen- und Dockanlagen.
1. Hafenanlagen Bremens und Bremerhavens ...   190—202
2. Dockanlagen in Bremerhaven..........   203—207
3. Pieranlagen des Nordd. Lloyd in New York.   209—215

V. Verschiedenes.
1. Handelsverkehr Bremens ...   217—222
2. Lloyd- und Riviera-Expreß   223—227
3. Die Linien des Nordd. Lloyd in Bremen   228

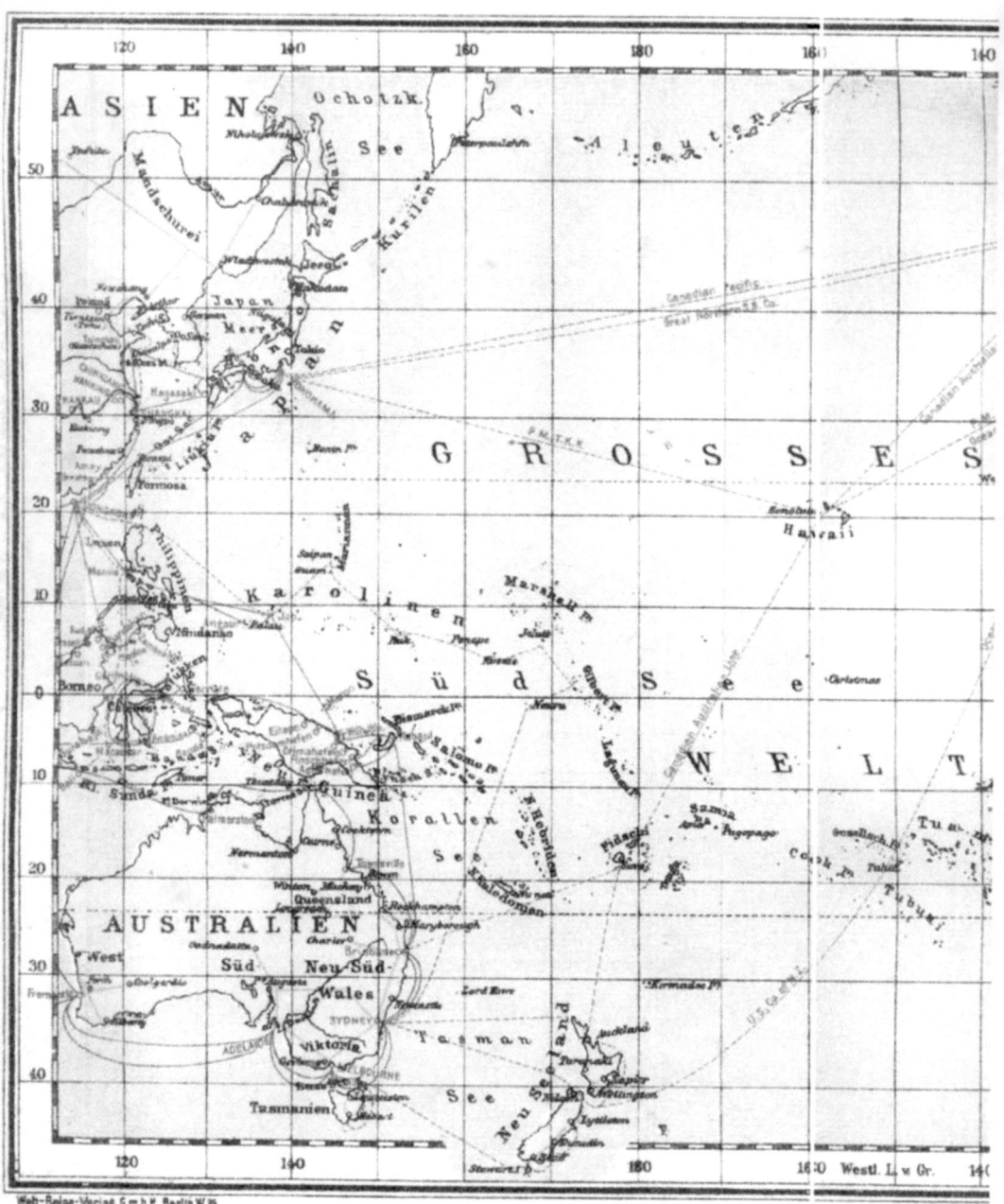

Weltkarte der Dampferlinien des Nord

Erklärungen ——— Vom Norddeutschen Lloyd befahrene Linien

deutschen Lloyd, Bremen.

Anschlußlinien. Alle Anlaufhäfen des Norddeutschen Lloyd in rot.